AF178203

AUFGANG 13 · 2016

AUFGANG

Jahrbuch für Denken, Dichten, Kunst

Band 13 · 2016

Facetten des Wachstums

Herausgegeben von
José Sánchez de Murillo

Mit Beiträgen von:

Heinrich Beck, Barbara Bräutigam, Christian Dries, Silja Graupe, Anna Grear, Klaus Haack, Rüdiger Haas, Michael Hüther, Ingrid Lanzl, Christoph Lütge, Abdel-Hakim Ourghi, Thomas Rusche und Dieter Witt

AUFGANG

Jahrbuch für Denken, Dichten, Kunst

Herausgeber:
Prof. Dr. Dr. José Sánchez de Murillo
Schriftleitung:
Dr. phil. Rüdiger Haas
Bgm.-Bohl-Str.68 H
86157 Augsburg
Tel.0821-5895325
E-mail: RHaas@kabelmail.de

Redaktion:
Renate Bürckmann, Dagmar Lick-Haas, Christoph Rinser,
Renate M. Romor, Elke C. Tilk

AUFGANG erscheint jährlich in 1 Band. Der Bezug des Jahrgangs 2016 kostet im Abonnement € 20,- zuzüglich Porto- und Versandkosten; das Einzelheft € 23,- zuzüglich Versandkosten. In den Bezugspreisen sind 7% MWSt. enthalten. Kündigung des Abonnements ist bis zum Jahresende für das Folgejahr beim Verlag möglich.

Verlag: Aufgang Verlag ◆ Bgm. Bohl-Str. 68H ◆ 86157 Augsburg
e-mail: aufgang@rinser.de

Sonderdrucke einzelner Artikel erhalten Sie über die Schriftleitung zum Preis von € 3,00 pro Stück zuzgl. Versandkosten.

ISBN 978-3-945732-18-2 (Paperback) bzw. 978-3-945732-19-9 (Hardcover)

INHALTSVERZEICHNIS

II. Zum Dialog der Religionen

III. Zeitgeschehen

Vorwort

Die Beiträge im vorliegenden Band stellen die Frage nach dem Wesen des Wachstums aus verschiedenen Perspektiven. Es geht also primär nicht um wirtschaftliches Wachstum, sondern um das Phänomen selbst und um die Vielfalt von Wachstumsmöglichkeiten.

Hinter der Frage nach dem Wesen des Wachstums verbirgt sich die Grundfrage des Menschen nach sich selbst, nach dem Sinn des Ganzen, in dem er steht und das zugleich in ihm wirkt. Genau gesehen *ist* der Mensch nicht. Sein Wesen *geschieht* vielmehr als ein Insgesamt von Gängen und Übergängen, die man Lebensphasen nennt: Kindheit und Jugend, Adoleszenz und Alter. So ist er nie derselbe, obwohl er meint, immer derselbe zu sein. Der Mensch verändert sich, wächst in verschiedene Richtungen. Er blüht, expandiert, wuchert sogar, er welkt aber auch, schrumpft und stirbt. Welches Geheimnis liegt diesem Auf und Ab zugrunde? Gibt es hier überhaupt einen erkennbaren Grund oder ist dieses Zu-Grunde-Gehen der letzte grundlose Grund?

Das Wachstum der Natur zeigt sich zyklisch und rhythmisch. Während die Erde sich mit Achsenschräglage um die Sonne dreht, erleben wir die Wiederholung der Jahreszeiten. Die Natur wächst im Frühling und Sommer nach außen, blüht, erschafft neues Leben. Sie welkt dahin im Herbst und Winter, wenn wiederum das Innenleben wächst und sich Ruhe und Bewegungslosigkeit ausbreiten. So hat das natürliche Wachstum zwei Richtungen, eine extrovertierte und eine introvertierte. Beide gehören zusammen. Die Natur ist in der Lage, Maß zwischen beiden zu halten. Mit bestechender Präzision kommt sie in den Tag- und Nachtgleichen immer wieder in die Mitte. Dies gelingt ihrer Kreatur Mensch kaum. Sein äußeres und inneres Wachstum ist meist unausgewogen. Aber das Kind von Mutter Erde sucht ständig nach Ausgewogenheit, Gerechtigkeit und Frieden. In dieser Unruhe, die stets nach Harmonie und Stille sucht, wächst der Mensch. Ist sein Wesen das Wachsen in diese Mitte?

Herausgeber, Schriftleiter und Verleger haben sich entschlossen, mit dem vorliegenden Band die Schrifttype zu wechseln: Statt der über viele Jahre bevorzugten Schrift Times New Roman mit 10,5 pt haben wir uns für die Garamond mit 12 pt entschieden, da wir der Meinung sind, das Schriftbild sei viel freundlicher und besser lesbar. Wir hoffen, dass auch Sie, geneigte Leserin, geneigter Leser, diesen Wechsel begrüßen und den AUFGANG noch lieber lesen als bisher.

Den Beitrag von Anna Grear „Growing Justice" haben wir angesichts der Qualität seines Inhalts im englischen Original übernommen, da keine angemessene Übersetzung ins Deutsche vorliegt. Wir bitten Sie um Ihr Verständnis.

Augsburg, den 17. April 2016

Rüdiger Haas
Schriftleiter

Eröffnung

Klaus Haack

Die Treppe des Lebens
Wachsen, Blühen, Welken

Im 16. Jahrhundert stellten Künstler in Europa den Verlauf des menschlichen Lebens gerne in einem Stufenmodell, der Lebenstreppe, dar. In einer ersten Phase des Wachsens, Stufe um Stufe, erreichte der Mensch von seiner Geburt an, zwischen dem 40. und 50. Geburtstag, die Blüte seiner Jahre im Zenit seines theoretischen Erdendaseins, die höchste Blüte seiner vitalen Entwicklung. Dann setzte das Welken ein, der stufenweise Niedergang, begleitet von einem körperlichen und geistigen Verfall hin bis zum Tod.

Eine der ersten Darstellungen dieser Treppe des Lebens wurde 1540 vom Augsburger Maler und Zeichner Jörg Breu dem Jüngeren geschaffen. Das Motiv wurde bis in das 19. Jahrhundert hinein immer wieder aufgegriffen, um den Lebensweg des Menschen anschaulich darzustellen. Auch denen, die des Lesens nicht mächtig waren, sollte die Vorstellung von der Endlichkeit ihres Daseins nähergebracht werden. Die Werke standen zunächst in einem engen religiösen Zusammenhang und die zweiseitige Treppe wollte nicht die Realität abbilden, sondern allegorisch Anstieg und Abstieg, Wachsen, Blühen und Welken, kurz das Werden und Vergehen alles irdischen Lebens.

Sterben und Tod waren für die Menschen im Mittelalter bis in die frühe Neuzeit nichts Wesensfremdes, sondern eine unmittelbare Alltagserfahrung, eingebettet in den Glauben an Erlösung, an das Paradies, aber auch an Fegefeuer, Hölle und ewige Verdammnis. Der Tod bedeutete, mehr noch als heute, keine endgültige Trennung von den Hinterbliebenen und demnach kein absolutes Ende der Beziehungen zwischen den Verstorbenen und den Lebenden.[1]

---

[1] Richard van Dülmen, *Kultur und Alltag in der frühen Neuzeit.* Erster Band, München 2005, 216.

Die Treppe des Lebens im Mittelalter

Jörg Breu d. J., Augsburg 1540, British Museum

Kaum ist aus dem Neugeborenen ein Jüngling, dann ein Mann
geworden, zeigt sich schon auf der obersten Stufe der Treppe
drohend der Tod, bewaffnet mit Pfeil und Bogen. Schnell altert
danach der Mann, verliert seine Vitalität und wird zum Greis. Unter
der Treppe ist im Gewölbe das Jüngste Gericht zu sehen, dessen
Urteil entweder Himmel oder Hölle, Belohnung oder Strafe
verspricht. Dazwischen sind die Etappen des Lebens durch Tiere
gekennzeichnet. Vom springenden Zicklein über das junge Kalb, dem
starken Stier zum mächtigen Löwen, schnürt auf dem höchsten
Treppenpodest der schlaue Fuchs. Abwärts geht es mit dem listigen
Wolf, der dösenden Katze, dem schon altersschwachen Hund, bis
hinunter zum störrischen alten Esel.

William Shakespeare lässt in seinem Theaterstück „Wie es Euch
gefällt" den Edelmann Lord Jacques zu Wort kommen:

> Die ganze Welt ist Bühne
> Und alle Fraun und Männer bloße Spieler.
> Sie treten auf und gehen wieder ab,
> Sein Leben lang spielt einer manche Rollen

Durch sieben Akte hin. Zuerst das Kind,
Das in der Wärtrin Armen greint und sprudelt;
Der weinerliche Bube, der mit Bündel
Und glattem Morgenantlitz wie die Schnecke
Ungern zur Schule kriecht; dann der Verliebte,
Der wie ein Ofen seufzt mit Jammerlied
Auf seiner Liebsten Braun; dann der Soldat,
Voll toller Flüch und wie ein Pardel bärtig,
Auf Ehre eifersüchtig, schnell zu Händeln,
Bis in die Mündung der Kanone suchend
Die Seifenblase Ruhm. Und dann der Richter
Im runden Bauche, mit Kapaun gestopft,
Mit strengem Blick und regelrechtem Bart,
Voll weiser Sprüch und Allerweltssentenzen
Spielt seine Rolle so. Das sechste Alter
Macht den besockten, hagern Pantalon,
Brill auf der Nase, Beutel an der Seite;
Die jugendliche Hose, wohl geschont,
'ne Welt zu weit für die verschrumpften Lenden;
Die tiefe Männerstimme, umgewandelt
Zum kindischen Diskante, pfeift und quäkt
In seinem Ton. Der letzte Akt, mit dem
Die seltsam wechselnde Geschichte schließt,
ist zweite Kindheit, gänzliches Vergessen,
Ohn Augen, ohne Zahn, Geschmack und alles.[2]

Auch in Shakespeares Drama klingt bei Lord Jacques' Rede eine Stufung des Lebensablaufes an. Dass er nur von sieben Akten spricht, ist dabei nicht von ausschlaggebender Bedeutung. Der Bogen vielmehr ist es, der sich vom greinenden Kind zum quäkenden Kinde spannt, so wie es auch in den Treppenbildern der folgenden Jahrhunderte von Malern und Bildschnitzern immer wieder, angepasst an die jeweilige Epoche, dargestellt wurde.

---

[2] William SHAKESPEARE, *Wie es euch gefällt*. II,7, Übers. August Wilhelm von Schlegel.

Das Stufenalter im 19. Jahrhundert

Das Stufenalter des Menschen im 19. Jahrhundert beginnt natürlich auch mit der Geburt. Ein Säugling in seiner Wiege wächst zum Kind heran. Aus ihm entwickelt sich der Jüngling und wird zum Mann. Im Laufe der tätigen Jahre erreicht er den höchsten Treppenabsatz, das körperliche und geistige Wachstum kommt auf diesem Hochplateau von zehn Jahren Dauer zum Stillstand. Jetzt beginnt der Abstieg des Alterns mit nachlassender Vitalität und ab dem sechzigsten Lebensjahr schaut Gevatter Tod über die Schulter. Mit siebzig ist der Mann ein Greis, seine Haare werden weiß. Der Neunzigjährige wird zum Gespött der Kinder und mit Hilfe der Gnade Gottes erlebt der Uralte seinen hundertsten Geburtstag. Liegt zu Beginn des Lebens ein abhängiges, pflegebedürftiges Kind in einer hölzernen Wiege, wartet am Ende auf den wieder abhängigen, pflegebedürftigen Alten der hölzerne Sarg. Der Todesengel mit Stundenglas und Sense wacht über diesen ewigen Kreislauf des Werdens und Vergehens auch in dieser Darstellung.

---

[3] Das Stufenalter des Menschen, Federlithographie um 1840, Germanisches Nationalmuseum, Nürnberg.

Dass – wie im Treppenbild – ein hohes Sterbealter von 100 Jahren erreicht wurde, war sicher im Einzelfall möglich, aber doch eher für die meisten Menschen der damaligen Zeit unwahrscheinlich. Alle Informationen deuten darauf hin, dass die reale und durchschnittliche Lebenszeit wesentlich geringer war als heute. Um die Zeit der Entstehung der Lebenstreppe von Jörg Breu dürfte sie bei etwa 35 Lebensjahren gelegen haben. Natürlich wurde dies auch durch eine sehr hohe Säuglings- und Kindersterblichkeit wesentlich beeinflusst. Bis ins 19. Jahrhundert hinein blieb die Lebenserwartung niedrig. Ein Alter von 30 Jahren durchschnittlicher Lebensdauer erreichten noch im 18. Jahrhundert nur rund 30 bis 40% der Menschen.[4]

Gründe für diese niedrige Lebenserwartung neben der erwähnten hohen Kindersterblichkeit gab es genug: Seuchen, Epidemien, Infektionen, schlechte Hygiene, mangelhafte ärztliche Versorgung, widrige Lebensumstände, Missernten, Armut, Hunger, Unglücksfälle, Verletzungen, Verbrechen, Todesstrafe, Kriege …

Im 20. Jahrhundert haben die wirtschaftliche Entwicklung, der medizinische Fortschritt, die Verbesserung der hygienischen Bedingungen, ausreichende und gesündere Ernährung, sportliche Betätigung und gesundheitliche Vorsorgemaßnahmen in den europäischen Industrienationen die Lebenserwartung beträchtlich erhöht. Verbunden damit ging eine Steigerung der körperlichen und geistigen Leistungsfähigkeit einher, die sich in Richtung auf ein höheres Alter erweiterte.

Seit der Einführung der deutschen Versicherung für Angestellte im Jahr 1913 gehörte der Mensch, der das 65. Lebensjahr überschritten hatte, „zum alten Eisen", ungeachtet der wachsenden Lebenserwartung. Auch heute gilt diese rechtliche Grenze noch immer. Kinder, die im Jahre 1910 auf die Welt kamen, wurden im Durchschnitt etwa 47 bzw. 51 Jahre alt, hatten also schlechte Karten, das Rentenalter überhaupt zu erreichen. Seit dieser Zeit hat sich die Situation gravierend verändert; die Menschen in Deutschland werden heute im Durchschnitt etwa 80 Jahre alt.

---

[4] Richard VAN DÜLMEN, *Kultur und Alltag in der frühen Neuzeit*. Erster Band, München 2005, 207.

Joachim Gauck, der Präsident der Bundesrepublik Deutschland, erklärte in seiner Rede zum Thema „Die neue Kunst des Alterns" am 31. März 2015:

> Die Lebenstreppe früherer Jahrhunderte bildet die Realität also längst nicht mehr ab. Aber die neue Wirklichkeit ist in unserer Vorstellungswelt und teilweise auch in unserem gesetzlichen Regelwerk noch nicht richtig angekommen. Tatsache ist: Für die meisten von uns geht es ab fünfzig nicht unaufhaltsam abwärts. Es folgt eher ein Hochplateau, eine früher sehr seltene Lebensphase in guter körperlicher und mentaler Verfassung, die persönliches Fortkommen und Neuorientierung ermöglicht. Die Wissenschaft sagt uns: Als Individuen haben wir· die Möglichkeit, diese Hochplateau-Zeit auszudehnen.

Und Joachim Gauck fährt fort:

> Was ist also zu tun? Die erste Konsequenz muss heißen: Beim demographischen Wandel geht es nicht allein um die gewonnenen Jahre und die Belange älterer Menschen. Altern beginnt bei der Geburt. Wir müssen das verlängerte Leben insgesamt in den Blick nehmen. Und wir müssen die Lebenszeit neu strukturieren. Wir brauchen neue Muster für lange Lebensläufe, neue Verflechtungen von Lernen, Arbeit und Privatem.

Gedanken eines Betroffenen

„Grau, teurer Freund, ist alle Theorie, und grün des Lebens goldner Baum", raunt mir beim Lesen dieser Rede des Bundespräsidenten Goethes Mephistopheles ins Ohr und er flüstert: „Was machst du denn mit deinem Mehr an Zeit, wenn deine Freunde alle gehen und du einsam bist und frierst?"

Woher kennt denn Faustens dienstbarer Geist dieses Abschiedslied, das mich immer wieder ein wenig traurig stimmt, wenn ich es höre?

Erich Kästner beschreibt diese Einsamkeit:

> Einsam bist du sehr alleine.
> Aus der Wanduhr tropft die Zeit.
> Stehst am Fenster. Starrst auf Steine.
> Träumst von Liebe. Glaubst an keine.
> Kennst das Leben. Weißt Bescheid.
> Einsam bist du sehr alleine –
> Und am schlimmsten ist die Einsamkeit zu zweit.

Ja, ja, ich weiß, die Einschläge kommen näher. So höre ich manchmal meine Altersgenossen witzeln, wenn wieder ein Jahr dahingegangen ist und die weniger werdenden Gratulanten nur noch, vor allem aber, Gesundheit wünschen, mit dem ernst gemeinten Hinweis, dass dies in meinem Alter auf jeden Fall das Wichtigste sei, ein bisschen Glück könnte natürlich auch nicht schaden. Danke, antworte ich dann und erwidere: „Merk dir eines, mein lieber Freund, alt werden ist gar nicht so schlimm, alle nehmen daran teil, auch du."

Apropos Geburtstag. Jeder dieser regelmäßig wiederkehrenden jährlichen Erinnerungstage an meinen Start ins Leben ist fast automatisch für mich ein Anlass, mein Alter mit der durchschnittlichen Lebenserwartung des Mannes von heute zu vergleichen. Die Anzahl der Lebensjahre soll ja ansteigen, sagt auch unser Bundespräsident. Aber selbst mit meinem bescheidenen Wissen ist mir völlig klar, dass dieser kletternde Wert nur ein statistischer sein kann. Gültig für eine sehr große Zahl von Probanden. Also praktisch nicht für mich, auch nicht für dich, sondern nur für uns alle in summa, und da wird es Gewinner und Verlierer geben müssen.

Trotzdem, solange ich nicht weiß, ob ich ein lebensverkürzendes Übel mit mir herumtrage, was auch nur eine Frage genauerer ärztlicher Untersuchung wäre, oder ein unvorhersehbares Unglück mir den Löffel abnimmt, wirkt die Nachricht wie ein Blasebalg, der einen glimmenden Funken Hoffnung immer wieder vor dem Erlöschen bewahrt.

Und jedes Mal kommt mir dann diese Rechnung in den Sinn: Mutter 95, Vater 81, das sind zusammen nach Adam Riese 176. Teile ich das nun durch zwei, wird der Funke Hoffnung, der ja immer zuletzt sterben soll, spätestens mit mir zur Flamme. Mit dem Ergebnis, träfe es denn ein, könnte ich mich, von heute aus betrachtet, noch einigermaßen abfinden. So flüstert wenigstens zuversichtlich mein innerer Optimist. Der Pessimist in meinem Gehirn ist da völlig anderer Meinung und plärrt mir wieder statistisches Grundwissen ins Ohr, von Risiken und so. Doch der Optimist lässt sich so leicht nicht unterkriegen. Der Rudi, der Gundolf, der Walter, der Gerhard, auch der Otto, meine Freunde, der Karl-Heinz, der Gunther, meine Kollegen, wenig älter, etwa gleich alt oder sogar jünger, sie sind schon gegangen. Rein statistisch gesehen ergäbe das doch – wenn ich genau überlege – für mich, Risiko hin, Risiko her, eine Chance oder? Wegen der Statistik raunt der Optimist. Träum weiter, keift der unangenehme ewige Verneiner.

Obwohl, ich meine, da hat der ja recht. Ja, ich neige dazu, ihm mehr und mehr zu glauben. Aber wer träumt nicht lieber einen schönen Traum als einen Alptraum?

Genieße den Tag, raten die Lebens- und Glücksberater in ihren Büchern, und ich möchte gern zustimmen. Aber wie viele Tage werden es noch sein, die genießbar sind? Wie viele Wochen, Monate, Jahre? Gut, dass ich das nicht weiß.

Das seltsame Gefühl lässt mich einfach nicht los, dass mit der Zeit etwas nicht mehr in Ordnung sein kann. Heute sind die Tage kürzer. Sie vergehen wie im Fluge. Hat das vielleicht doch etwas mit diesem Albert Einstein zu tun? Mit seiner Theorie von der Relativität der Zeit? Er behauptet doch, wenn ich richtig gelesen habe, ich müsste mich nur schneller bewegen, dann würde die Zeit weniger schnell vergehen. Ich würde langsamer altern. Das habe ich mehrmals versucht; es hat nicht geholfen.

Jedenfalls dauern die Winter, auch wenn sie keine richtigen mehr sind, jetzt gefühlt länger und die Sommer erscheinen kürzer.

Hugo von Hofmannsthal schrieb für die Oper *Der Rosenkavalie*r von Richard Strauss:

> Die Zeit, die ist ein sonderbar Ding. Wenn man so hinlebt, ist sie rein gar nichts. Aber dann auf einmal spürt man nichts als sie. Sie ist um uns herum, sie ist auch in uns drinnen. In den Gesichtern rieselt sie, im Spiegel da rieselt sie, in meinen Schläfen fließt sie. Und zwischen mir und dir da fließt sie wieder, lautlos wie eine Sanduhr.

Dass sie in den Gesichtern rieselt, das sehe ich manchmal beim Betrachten alter Bekannter, denen ich nach längerer Zeit wieder einmal begegne. Die sehen teilweise richtig – ich will mal so sagen – sehr gereift aus. Wahrscheinlich behaupten die das auch von mir. Was den Blick in den Spiegel betrifft, er zeigt mir täglich, dass sie recht haben. Und trotzdem erklären neuerdings einige Physiker, dass es die Zeit gar nicht gebe, dass sie reine Illusion sei. Ja vielleicht, denn die Zeiger der Uhr überstreichen doch nur eine Fläche auf ihrem Rundkurs über das Zifferblatt. Das soll also die Zeit sein? Ich muss es glauben. So wie ich glauben muss, dass ein bedruckter Fetzen

Papier einen Wert von fünf, zehn, zwanzig, hundert oder mehr Euro haben kann.

Aber auch Augustinus hatte so seine Zeitprobleme:

> Was ist also Zeit? Wenn mich niemand danach fragt weiß ich es, wenn ich es aber einem, der mich fragt, erklären sollte, so weiß ich es nicht. Das jedoch kann ich zuversichtlich sagen: Ich weiß, daß es keine vergangene Zeit gäbe, wenn nichts vorüberginge, keine zukünftige, wenn nichts da wäre. Wie sind nun aber jene beiden Zeiten, die Vergangenheit und die Zukunft, da ja doch die Vergangenheit nicht mehr ist, und die Zukunft noch nicht ist?[5]

Mein Leben *bestand* also bis heute, wenn ich Augustinus richtig interpretiere, zunächst einmal aus einer gehörigen Portion Vergangenheit: Kindheit im Weltkrieg, Jugend, Verliebtheit, Enttäuschung, Abitur, Militär, Studium, Segelkurs, Liebe, Hochzeit, zweites Studium, Beruf, schöne Tage; Bücher lesen, Franz Marcs gelben Tiger und das blaue Pferd bewundern; Krisen, Hausbau, schöne Tage, wieder Krisen, Pensionierung, depressives Loch, daraus herausklettern; Bücher schreiben, Bücher lesen, Freunde treffen, Feste feiern, Medikamente schlucken, Fieber messen, Südtirol genießen; La Traviata, Silberhochzeit, Goldene Hochzeit, Figaros Hochzeit, gute Tage, schlechte Tage, Freunde verlieren, an Gräbern stehen, Tiefs und Hochs …

Es *besteht* aus der Gegenwart. Doch was bedeutet sie, diese gegen Null gehende Zeitspanne auf der Atomuhr, viel kürzer als ein Lidschlag, die schon vorbei ist, kaum dass sie begonnen hat und alles Geschehen und Erleben postwendend in die Vergangenheit entsorgt. Nein, entsorgt ist nicht das richtige Wort, in den „Speicher" verschiebt klingt moderner, denn die Sorgen sind ja noch da, in der Datei abgeheftet und können jederzeit wieder abgerufen werden.

Und es *wird bestehen*, so Gott will, aus einer kleinen Portion Zukunft, die im Moment gerade begonnen hat und sich verhält wie die Wunschhaut des Wildesels in Balzacs Roman „Das Chagrinleder", die bei jedem erfüllten Begehren schrumpft wie die Lebenszeit ihres Besitzers.

---

[5] AURELIUS AUGUSTINUS, Bischof von Hippo (354–430), *Confessiones* XI,14.

Diese verbleibende Zeit wird anders sein als die vergangene. Wie stelle ich sie mir vor? Wird sie langsam verrinnen wie der Sand im Stundenglas? Oder wird sie rasen wie der Sekundenzeiger einer Stoppuhr? Und wird sie mir noch etwas bieten können, was Herz, Sinne und Gemüt erfreut?

Natürlich, die „wilden" Jahre sind vergangen. Die kommen auch nicht wieder. Die Schmetterlinge im gerundeten Bauch sind träge geworden. Schlaflose Nächte haben nicht mehr die Ursachen der jungen Jahre. Die Muskeln verweigern den Berg und freuen sich auf ebene Wege. Sie „katern" schon bei wenig Sport. Die Sehnen sind verkürzt, die Adern enger. Die Gelenke ächzen, schmerzen schon bei kleinen Biegewinkeln. Das Fahrrad hängt an der Steckdose. Der Atem wird kürzer, der Lift zur Regel. Die Essensportionen in den Gaststätten kommen zu groß aus der Küche. Auch ist die erregende Zeit längst vorbei, in der ein Blick in die Augen einer Frau gelegentlich eine Reaktion sichtbar werden ließ. Die Jungen sagen sowieso, wenn sie nett zu mir sein wollen, Opa, wenn nicht, dann nennen sie mich einen alten Sack.

Da stellt sich mir auf einmal dringend die Frage, was ich tun muss, tun kann und tun werde, wie ich die letzte Phase meines Lebens gestalten soll, will und kann, in dem sicheren Wissen, dass der verbliebene Rest, mit an Unsicherheit grenzender Wahrscheinlichkeit, nicht mehr sehr lang sein wird. Oder soll ich gleich resignieren? Goethe meinte ja, dass man jung sein müsse, um große Dinge zu tun.

In der berühmten Schrift des antiken Dichters und Philosophen Lucius Annaeus Seneca *De brevitate vitae* können wir lesen:

Die meisten Menschen, mein Paulinus, klagen über die Bosheit der Natur: unsere Lebenszeit, heißt es, sei uns zu kurz bemessen, zu rasch, zu reißend verfliege die uns vergönnte Spanne der Zeit, so schnell, daß mit Ausnahme einiger weniger den anderen das Leben noch mitten unter den Zurüstungen zum Leben entweiche. Und es ist nicht etwa bloß der große Haufe und die unverständige Menge, die über dies angeblich allgemeine Übel jammert, nein, auch hoch angesehene Männer haben, von dieser Stimmung angesteckt, sich in Klagen ergangen.[6]

Beim Lesen dieser Gedanken stelle ich fest, dass auch ich, zwar nicht zu den hoch angesehenen Männern, aber zu dem „großen Haufen" gehöre und immer öfter über dieses Übel jammere. Was läuft da schief? Was mache ich falsch? Seneca meinte dazu:

Nein, nicht gering ist die Zeit, die uns zu Gebote steht; wir lassen nur viel davon verloren gehen. Das Leben, das uns gegeben ist, ist lang genug und völlig ausreichend zur Vollführung auch der herrlichsten Taten. Wenn es nur von Anfang bis zum Ende gut verwendet würde; aber wenn es sich in üppigem Schlendrian verflüchtigt, wenn es keinem edlen Streben geweiht wird, dann merken wir erst unter dem Drucke der letzten Not, dass es vorüber ohne dass wir auf sein Vorwärtsrücken achtgegeben haben. So ist es: nicht das Leben, das wir empfangen, ist kurz, nein, wir machen es dazu; wir sind nicht zu kurz gekommen; wir sind vielmehr zu verschwenderisch.[7]

Ich hätte es mir denken können. Was schon im alten Rom nicht richtig erfolgreich war, wie sollte es mir gelingen. Aber ist es denn schon zu spät? Oder reicht es noch für herrliche Taten? Naja, die Lebenszeit, mit der ich zu oft verschwenderisch umgegangen bin, im jugendlichen Irrtum befangen ewig zu leben, lässt sich nicht zurückholen und ein Reset-Button ist nicht vorgesehen. Der Philosoph hatte recht, wenn er meinte, dass die Natur sich als gütig erwiesen habe und das Leben lang sei, wenn man es recht zu brauchen wüsste. Und dank der modernen Medizin und ihren gesunderhaltenden und regenerierenden Techniken wird es ja eher länger, sagen die Leute. Nur statistisch betrachtet natürlich. Ganz zu schweigen von den Nahrungsergänzungsmitteln mit den hoch dosierten Vitaminen und Mineralstoffen, die mir immer wieder schwärmend und werbend empfohlen werden, von Bekannten, die sich durch den Vertrieb dieser Wundermittel mit satten Erfolgsprämien nur ihre Rente aufbessern wollen.

---

[6] SENECA (etwa 1 bis 65 n.Chr.), *Von der Kürze des Lebens.* Aus dem Lateinischen von Otto Apelt, 11. Aufl., 2014.

[7] A.a.O.

Also jetzt aufgepasst! Es herrscht absoluter Änderungsbedarf. Aber was muss ich ändern? Was soll ich tun, damit die Spanne Lebens, die mir noch bleibt, ein wahres Leben ist und nicht bloße Zeit, die aus der Wanduhr tropft? Zeit, in der die Erwartungen mehr und mehr schrumpfen und die Erinnerungen wachsen …

Zunächst einmal, vor allen euphorischen Plänen, muss ich Dank sagen. Dank dafür, dass ich die Krisen meines Lebens mit Hilfe meiner Lebenspartnerin so gut bewältigen konnte. Natürlich haben sie tiefe Narben hinterlassen, die gelegentlich noch schmerzen. Dank auch meinen Eltern für ihre Erziehung und die meist unbeschwerte Jugend. Dank, dass ich die strenge katholische Unterweisung mit ihren hohen Ansprüchen an ein Leben ohne lässliche, schwere oder gar Todsünden in Gedanken, Worten und Werken, unter Strafandrohung mit Fege- und Höllenfeuer, mit ertragbaren seelischen Blessuren überstanden habe. Dank meinen Ausbildern, Lehrern und Dozenten, dass sie mir meinen Hürdenlauf der Bildung erleichtert haben. Dank den Vorgesetzten, den guten nur, den Ärzten, auch nur den guten, und all den vielen Helfern, die für mich tätig waren. Dank auch für alle die Menschen und Freunde, die mich liebevoll begleitet haben. Dank für die Möglichkeit, das Leben im Alter nicht in Armut verbringen zu müssen, ein Heim zu haben und andere Menschen unterstützen zu können. Und, und, und …

Und jetzt sofort an die Planung der herrlichen Taten.

Eines ist sicher, den roten Sportwagen kaufe ich mir nicht. Obwohl dieser *911 Speedster* ein Jugendtraum war. Aber deine Bandscheiben, deine Gelenke, unkt wieder der Pessimist, die machen das ja nicht mehr mit, vom Ein- und Aussteigen nicht zu reden. Und es sieht doch lächerlich aus und macht dich auch nicht jünger. Komisch, aber der Optimist gibt ihm, in seltener Einigkeit, diesmal recht. Das rote Modell auf meinem Schreibtisch muss genügen.

Nein, das also nicht, aber Bücher. Ohne Bücher will ich nicht leben. Sie sind für mich ein unentbehrliches Mittel, mich aus der Endphase meines Erdendaseins zu entführen, wenn die Phantasie allein nicht mehr ausreicht, die von der Festplatte in meinem Hirn aus der Vergangenheit versorgt wird.

Auch die Kunst möchte ich keinesfalls missen, die Dichtung, die Musik, die Malerei, die Vorträge, Theater, Konzerte, Opern, Galerien …

Die Geschichte, Altertum, Mittelalter, Neuzeit soll im Blickpunkt meines Interesses bleiben. Die Werke der Romanik, Gotik, Renaissance, des Barock und Rokoko ganz sicher.

Nicht zu vergessen die Natur im Wandel der Landschaften und Jahreszeiten, die Blumen, die Bäume, die Tiere, die Berge, die Wälder, Wiesen und Seen …

Besondere Bedeutung aber kommt der Begegnung mit den lieben Menschen zu, die mich noch auf meiner kürzer werdenden Wanderung begleiten, die mitmachen bei meinem Altwerden. Der Austausch von Gedanken, Gespräche, ernste, lustige, witzige, streitbare, interessante Diskussionen, gegenseitige empathische Anteilnahme, Hilfe und Trost in der Not werden helfen, diesen Weg solange wie möglich gemeinsam nach vorne zu gehen.

Aber jetzt nur nicht in Hektik verfallen, in der neuen Euphorie nicht übertreiben. Auch im Müßiggang kann Weisheit liegen, verspricht zumindest Robert Louis Stephenson. Ruhig, bedacht und ohne Stress die richtige Auswahl treffen. Mit dem goldgleichen Gut Zeit nicht mehr so verschwenderisch umgehen, besser so wie der Philosoph und Grabredner Søren Kierkegaard empfiehlt: „Es gilt jeden Tag zu leben, als wäre er der letzte.“

Das Wichtigste jedoch in diesem letzten, auch von manischen und depressiven Tagen gekennzeichneten Abschnitt meines Lebens, ist für mich, dass ich ihn möglichst lange gemeinsam mit meiner lieben Frau gehen kann. Denn ich weiß, es wird einsam werden auf den letzten Schritten. Dann werde ich wieder die Stille hören und frieren, dann, wenn meine Freunde alle gegangen sind. So wie Mephisto es mir prophezeit hat.

Oh, jetzt hätte ich beinahe das Wichtigste vergessen, das, worüber ich heute noch so ungern etwas hören will, den Tod. Nicht nur meinen eigenen.

Jedes Menschen Tod ist mein Verlust, denn ich bin Teil der Menschheit; und darum verlange nie zu wissen, wem die Stunde schlägt; sie schlägt dir selbst. (… any man's death deminishes me, because I am involved in mankind; and therefor never send to know for whom the bell tolls; it tolls for thee.)[8]

Ich möchte hier den griechischen Philosophen Epikur zu Wort kommen lassen:

> So ist also der Tod, das schrecklichste der Übel, für uns ein Nichts: Solange wir da sind, ist er nicht da, und wenn er da ist, sind wir nicht mehr. Folglich betrifft er weder die Lebenden noch die Gestorbenen, denn wo jene sind, ist er nicht, und diese sind ja überhaupt nicht mehr da.

Den Knochenmann mit der Sense und dem Stundenglas, gibt es ihn überhaupt? Wenn ja, dann ist es nicht der Tod, sondern mein Tod. Ich beanspruche ihn für mich. Er gehört mir, wie mein Leben. Er kommt aus der Mitte meines Seins, genauso wie der Mittelpunkt meines Universums immer da ist, wo ich bin. Und eigentlich bin ich ja unsterblich, ich werde immer da sein. Keines der Moleküle und Atome meines Leibes, Sternenstaub, wird je vergehen, sie werden da sein, solange die Erde nicht verglüht, aber auch danach, im Universum, nur nicht im geordneten, beseelten Verband. Aber das ist ja nicht so wichtig. Für das Universum.

Noch ist er nicht hörbar, der Schnitter. Noch lebe ich meist so, als gäbe es ihn nicht, versuche die Gedanken an ihn zu verscheuchen. Doch manchmal kommt doch die Angst in mir hoch, auf der letzten Stufe meiner Lebenstreppe, zurück in die frühe Kindheit, in die Windeln zu müssen. Die Angst meine Selbstständigkeit zu verlieren, abhängig zu sein, die Angst vor Schmerz und Leid und Einsamkeit. Und wäre er dann nicht doch ein gern gesehener Gast?

Warum fällt mir jetzt gerade „Der Brandner Kaspar und das ewig Leben" ein? Der 74-jährige Schlosser aus der Erzählung von Franz von Kobell, dem es gelang, mit dem Tod so lange „Kerschgeist" zu trinken, bis der einen in der Krone hatte, um ihm dann im Kartenspiel noch zusätzliche 18 Jahre Lebenszeit abzuschwindeln.

---

[8] John DONNE (1572–1631), *Meditation XVII.*

Versuchen könnte ich das ja einmal. Der Schnaps sollte auf jeden Fall jederzeit bereitstehen.

Doch dann beginnt wieder so ein Tag, an dem die Sonne scheint, die Vögel zwitschern. Wenn ich am See sitzen kann – ein Weißbier vor mir – und die Gipfel der Berge sehe, schneebedeckt im Süden, dann flammt der Hoffnungsfunke wieder mächtig auf und der Gevatter ist hinter den Horizont verbannt.

Aber dann kommt wieder so eine Einladung eines ehemaligen Schulkameraden, sich noch einmal einzufinden in der alten Domstadt an der Donau, in der es die besten Bratwürste der Welt gibt, und ich muss damit fertig werden, dass der eine oder andere meiner Mitläufer, auf unserer Aschenbahn zum Ziel der Reife, aus dem Rennen geschieden ist. Nun ja, der Schnitter mäht, auftragsgemäß, nach seinem besonderen Plan, Halm um Halm. Vielleicht, und es liegt nicht in meiner Hand, geht es mir einmal so, wie dem 94-jährigen Anhalter in dem Liedertext des bairischen Mundartdichters und Professors für Pädagogik Helmut Zöpfl, der auf der Fahrt zu seinem Klassentreffen vom Fahrer des Autos gefragt wird:

„Wia fui san denn da no da?"
„O mei", sagt der, „der Kreis is kloa, de letztn Jahr war i alloa."[9]
 („Wie viele sind denn noch da?"
 „O", sagt der, „der Kreis ist klein, die letzten Jahr war ich allein.")

Und auf der Rückfahrt werde ich mich fester in meinen Mantel kuscheln, der mir schon zu groß geworden ist, und dann leise mein Abschiedslied vor mich hin summen:
Wenn meine Freunde alle geh'n,
hör ich die Stille und ich frier.

---

[9] Helmut ZÖPFL, *Das Klassentreffen*, Liedtext.

Ingrid Lanzl
Berufliches Wachstum
Ein Gespräch[1]

Vorbemerkung

München, den 21. November 2015, 11.00 Uhr. Der Schriftleiter von Aufgang, Herr Dr. Rüdiger Haas, trifft Frau Dr. Ingrid Lanzl in einem Café in München an der Donnersberger Brücke. Es ist ein Samstag. Das Ambiente ist ruhig und entspannt, die Gesprächsteilnehmer sitzen an einem kleinen Tisch. Beim persönlichen Kennenlernen ist Frau Lanzl überrascht, mit philosophischen Fragen konfrontiert zu werden, und betont, keine Philosophin zu sein. Nach der kurzen Klärung, dass man nicht Philosophie studiert haben müsse, um über Sinnfragen des Lebens sprechen zu können, leitet das Gespräch direkt über zum beruflichen Werdegang von Frau Dr. Lanzl.

*

Das Gespräch

Aufgang: Unser Thema „Facetten des Wachstums" fragt nach den verschiedenen Wachstumsaspekten. Was uns interessiert, ist Ihr persönliches berufliches Wachstum, die Stationen und persönlichen Erfahrungen, die Sie durchlaufen haben, um Ihre verantwortungsvolle Tätigkeit in der privaten Wirtschaft ausführen zu können. Welche Schulausbildung haben Sie genossen?
Lanzl: Es für mich schon frühzeitig klar, dass ich aufs Gymnasium gehen würde. In der siebten Klasse konnten wir uns zwischen dem mathematisch-naturwissenschaftlichen und dem neusprachlichen Zweig entscheiden. Da meine Interessen im Bereich Naturwissenschaften lagen, war auch hier die Entscheidung klar.

---

[1] Das Gespräch mit Frau Dr. Ingrid Lanzl führte der Schriftleiter von Aufgang, Dr. Rüdiger Haas.

Aufgang: Wie ging es nach Ihrem naturwissenschaftlichen Abitur weiter?

Lanzl: Schon während meiner Schulzeit habe ich mich für Technik interessiert. Bei Wanderungen mit der Familie durfte ich als Kind Wasserkraftwerke besichtigen. Die Nutzung der vorhandenen Wasserkraft und die Möglichkeiten einer effizienten Energiegewinnung haben mich so begeistert, dass ich mir überlegte, so etwas auch einmal machen zu wollen. So entstand mein Berufswunsch: Maschinenbau-Ingenieurin.

Aufgang: War das damals nicht ungewöhnlich, als Mädchen Maschinenbau studieren zu wollen?

Lanzl: Meine Begeisterung für Technik und mein Berufswunsch waren für mich überhaupt nicht ungewöhnlich. Es war für mich selbstverständlich, für eine bessere Energieversorgung arbeiten zu wollen. Dass nicht jeder die Vorstellung einer geschlechterunabhängigen Berufswahl teilt, erkannte ich erst, nachdem ich einige negative und aggressiv ablehnende Reaktionen auf meinen Berufswunsch erhalten hatte.

Davon habe ich mich nicht einschüchtern lassen. Es gibt keinen Grund dafür, ein bestimmtes Fach nicht zu studieren, nur weil man eine Frau ist. Dasselbe gilt auch für Männer.

Aufgang: Sie haben Ihr Studium mit Freude geradlinig bis zum Diplom durchgezogen.

Lanzl: Ich habe konsequent und mit Begeisterung Maschinenbau mit dem Schwerpunkt Energie- und Kraftwerkstechnik studiert. Danach konnte ich im Fachbereich Thermodynamik promovieren und auf diese Art auch das wissenschaftliche Arbeiten lernen.

Aufgang: Wie lange hatten Sie die Forschungsstelle und wann schlossen Sie Ihre Promotion ab?

Lanzl: Ich war fünf Jahre an der Technischen Universität München als wissenschaftliche Mitarbeiterin angestellt. Mit Auslauf des Forschungsauftrags wurde ich promoviert.

Aufgang: Sie wurden mit 28 Jahren zum Doktor Ing. promoviert. Was war das Besondere an Ihrer Doktorarbeit?

Lanzl: Das Thema hieß „Teilkondensation am horizontalen Rohrbündelwärmetauscher". Es ging um Kondensation in Anwesenheit von Luft und Wasserdampf und darum, herauszufinden, wie man diese Kondensationseffekte berechnet. Mein Beitrag war die

Entwicklung einer neuen Formel sowie die Korrektur einer Phänomen-Beschreibung.

Aufgang: In der Phänomenologie beschreiben wir menschliche Phänomene, die aber nicht berechenbar sind, weil das Phänomen der Psyche grundsätzlich über den Berechnungsaspekt hinausgeht.

Lanzl: Auch die Phänomene in der Thermo- und Strömungsdynamik sind nicht so einfach zu berechnen.

Aufgang: Sie mussten aber vertiefte mathematische Erkenntnisse in die Arbeit einbringen.

Lanzl: Es war eine experimentelle Arbeit, bei der ich einen Prüfstand aufbaute und mit studentischen Hilfskräften Messungen durchführte. Aus den Messdaten habe ich versucht, einen logischen Zusammenhang zu entwickeln, was mir dann auch gelungen ist. Dieser Zusammenhang musste beschrieben werden. Ich bin ein Mensch, der nicht so schnell aufgibt. Natürlich gab es bei der Forschung immer wieder reale Hindernisse. Wenn bei der Durchführung von Versuchen etwas nicht funktioniert hatte, musste man es eben auf anderem Weg noch einmal probieren. Durchhaltevermögen zeigen und an der Sache dranbleiben sind wichtige Grundvoraussetzungen für den Erfolg.

Aufgang: Durchhaltevermögen und die Überwindung von Hindernissen führten Sie zu kontinuierlichem beruflichem Wachstum. Nun waren Sie Mitte der 90er Jahre promoviert. Was war Ihre erste berufliche Station außerhalb der Uni?

Lanzl: Die Lage auf dem Arbeitsmarkt war zu dieser Zeit sehr schlecht. Aufgrund meiner Vorkenntnisse in der Energietechnik und Thermodynamik konnte ich trotzdem eine sehr interessante Aufgabe in der Entwicklung bei einem Automobilzulieferer bekommen. Für meine berufliche Entwicklung war das eine wichtige Stelle, weil ich schon sehr früh Verantwortung übernehmen durfte. Zudem konnte ich das nutzen, was ich während der Promotionszeit gelernt hatte, einschließlich des Durchhaltevermögens.

Aufgang: Wie lange waren Sie in diesem Betrieb?

Lanzl: Sieben Jahre. Ich bekam immer mehr Aufgaben übertragen, mehr Verantwortung und auch Führungsverantwortung. Zudem fand ich es sehr interessant, gesammelte Erfahrungen an Leute weiterzugeben und sie entsprechend anzuleiten, nicht sofort beim ersten Hindernis aufzugeben. Auch von netten Kollegen durfte ich in dieser Firma viel lernen, sodass sich ein großes persönliches Wachstum einstellte.

Aufgang: Neben der Durchhaltekraft haben Sie auch gelernt, Menschen zu führen. Das ist nicht leicht. Gehört das zu Ihren persönlichen Stärken?

Lanzl: Es ist überhaupt nicht leicht, Menschen zu führen. Auf diesem Gebiet lernt man nie aus. Aber es ist ein schönes Erlebnis für mich, zu sehen, wenn Menschen, unterstützt durch meine Führung erfolgreich und auch mit Freude arbeiten.

Aufgang: Welche Fähigkeit brauchen Sie, um Menschen führen zu können?

Lanzl: Ich muss eine klare Vorstellung vom Weg haben, auf den ich führen möchte. Dabei muss ich überlegen, wie Leute eingebunden werden können und welche Informationen sie benötigen, um die Ziele zu sehen. Es ist wie beim Bergwandern. Wenn der Führer seinen Weg nicht kennt, nicht weiß, auf welchen Gipfel er will oder was er seinen Leuten zumuten kann, dann geht es schief. An diesem Bild erkenne ich meine Führungsaufgabe.

Aufgang: Souveränität in der Fach- und Sachkompetenz sind Voraussetzungen.

Lanzl: Nicht einmal so sehr. Ich hatte Gott sei Dank ausgezeichnete Mitarbeiter, die mir in manchen fachlichen Aspekten überlegen waren. Ich muss in der Lage sein, diese Überlegenheit anzuerkennen und zu nutzen. Ich muss die Fachkompetenzen der einzelnen Leute zusammenführen und darauf achten, dass sie sich gegenseitig unterstützen, um ein gemeinsames Ziel zu erreichen.

Aufgang: Das sind sogenannte Soft Skills [Fähigkeit im Umgang mit Menschen], also emotional-soziale Fähigkeiten. Braucht man dazu auch Intuition?

Lanzl: Man muss menschliche Fähigkeiten analysieren können. Was kann der Mitarbeiter und was kann er nicht? Natürlich hilft auch Intuition. Je länger ich diese Prozesse leite, desto besser kann ich mich auf die Intuition verlassen. Aber gerade als Anfänger muss man analysieren und überlegen. Ich muss nicht unbedingt fachlich besser sein als meine Mitarbeiter, aber ich muss in der Lage sein, ihnen Ziele und Richtung vorzugeben. Weil es wichtig ist, dass sie in ihrer Arbeit nicht eingeschränkt werden, gehe ich sehr systematisch und analytisch vor. Wenn ich dann sehe, wie die einzelnen Prozesse ineinandergreifen, Mitarbeiter gut und mit Erfolg zusammenarbeiten, habe ich Freude an meiner Arbeit. Es ist eine wunderbare Aufgabe, zu sehen, wenn sich die Mitarbeiter gegenseitig motivieren und am Ende Ergebnisse herauskommen, die meine Erwartungen übertreffen.

Aufgang: Analyse ist wichtig, aber es muss auch ein Gesamtbild entstehen.

Lanzl: Die Analyse steht am Anfang, die verschiedenen Kräfte müssen sich stärken, damit Synergien entstehen können.

Aufgang: Diese Fähigkeiten sind nicht jedem gegeben.

Lanzl: Stimmt. Diese Fähigkeit braucht aber auch nicht jeder. Wenn alle Menschen führen wollen, hat man am Ende nur noch einen Kampf um die wenigen Führungspositionen. Man braucht mehr Spezialisten, die mit hervorragenden Fachkenntnissen ausgezeichnete und detaillierte Lösungen erarbeiten. Es muss unterschiedliche Talente und Aufgaben geben.

Aufgang: Und Ihr Talent ist das Führen?

Lanzl: Man hat mir zumindest oft gesagt, ich könne gut führen. Ich war hier immer anerkannt und es bereitet mir auch Spaß.

Aufgang: Dann stehen Sie am richtigen Ort. Hatten Sie nie Angst?

Lanzl: Angst nie. Ich habe aber öfter Zweifel. Man muss sich immer wieder selbst hinterfragen: Ist es richtig, was ich mache? Gebe ich meinen Mitarbeitern den richtigen Input? Stimmt die Zielrichtung? Wenn man sich nicht selbst hinterfragt, ist die Gefahr groß, dass man etwas Falsches macht. Man braucht Abstand, aber Angst ist nicht im Spiel.

Aufgang: Was muss konkret hinterfragt werden?

Lanzl: Von einfachen fachlichen Dingen angefangen, z.B., ob Methode oder Arbeitsgeschwindigkeit richtig sind, bis hin zum Führungsstil: Habe ich mit meinen Mitarbeiter passend kommuniziert? Es gibt auch Konflikte und Krisengespräche, bei denen man durchaus kritische Worte finden muss. Dann muss geprüft werden, ob man den betreffenden Mitarbeiter verletzt hat und er sich deswegen vielleicht zurückzieht. Oder: Bin ich gegenüber einem Mitarbeiter nicht klar genug, bin ich zu nachgiebig, woraufhin der Mitarbeiter zu viel Eigennutz durchsetzt. Diese Situationen mit den richtigen Worten auszubalancieren ist sehr schwer.

Aufgang: Sich selbst hinterfragen heißt auch, offen zu sein für andere und seine Position nicht absolut zu setzen. Hier geht es um bewusstes

Wahrnehmen. Herbert von Karajan hat diese Rolle bei der Führung der Berliner Philharmoniker nicht gespielt.

Lanzl: In einem Orchester kann man kaum darüber diskutieren, welche Interpretation die richtige ist. Sie wird vom Dirigenten vorgegeben. Ich denke aber, dass Karajan sich die Frage, welche Interpretation die angemessene ist, sicherlich gestellt hat. Und in diesem Punkt war er dann bestimmt auch selbstkritisch, wenngleich er sich nach außen hin als Autorität zeigen musste. In der Industrie kann man als Führungskraft mit guten Mitarbeitern durchaus diskutieren und ihnen die Frage stellen, was sie vom eingeschlagenen Weg halten.

Aufgang: Ich denke beim Führen auch noch an eine andere Persönlichkeit: Steve Jobs, von dem berichtet wird, er führte die straffe Regentschaft auf Kosten seiner Mitmenschen.

Lanzl: Ich habe gehört er sei ein Genie gewesen, mit dem die Leute zusammengearbeitet haben oder auch nicht. Aber scheinbar gab es auf menschlichem Gebiet genügend Konflikte.

Aufgang: Steve Jobs hat seine Ziele scheinbar mit aller Härte verfolgt. Das Menschliche war für ihn weniger wichtig. Priorität hatte der Erfolg des Produkts. Sie aber berichten von der Kunst der Menschenführung. Für den menschlichen Menschen steht das Phänomen des Staunens und der Offenheit gegenüber Mitmenschen im Vordergrund. Von hier aus ist der Bogen zum Sich-selbst-Hinterfragen nicht weit. Die Kunst der Menschenführung ist nicht selbstverständlich. Es wird hier sehr viel Missbrauch getrieben. Menschen in Führungspositionen stellen sich oft zu wenig die Frage nach dem richtigen eigenen Handeln.

Lanzl: Es gibt Dinge, die man lernen kann. Gerade von meinem ersten Vorgesetzten in der privaten Wirtschaft habe ich in dieser Hinsicht sehr viel gelernt, zum Beispiel, dass man sich als Führungskraft hinterfragen muss. Wenn Mitarbeiter nur zehn Prozent weniger Leistung erbringen, weil sie sich über den Chef ärgern, dann wird bei zehn Mitarbeitern eine ganze Stelle verschwendet. Solche Dinge wurden mir von meinem Chef ans Herz gelegt. Er hat mit mir darüber diskutiert, ob ich als Führungskraft richtig handle. Vor allem aber hat er einer Führungskraft zugestanden, auch einmal Fehler zu machen.

Aufgang: Wir sind alle nicht perfekt, machen alle Fehler. Als Junglehrer macht man viele, aus denen man dann lernt. Heißt sich selbst hinterfragen auch sich Fehler eingestehen können?

Lanzl: Auf alle Fälle. Ich möchte die Führungskraft sehen, die keine Fehler macht. Sie wäre nicht menschlich. Mittlerweile ist es Standard, sich bei Mitarbeitern zu entschuldigen, wenn man Führungsfehler gemacht hat. Diese Verhaltensweise ist heute nicht nur akzeptiert, sondern erforderlich. So autoritär führen wie in den 50er-Jahren ist nicht mehr möglich. Diesen Führungsstil lässt sich kein Mitarbeiter gefallen. Er sucht sich dann sehr schnell eine andere Firma.

Aufgang: Kann man sich das als Mitarbeiter leisten?

Lanzl: Selbstverständlich. Ich würde sogar sagen: wesentlich mehr als früher. Früher war man mit der Firma vielleicht sogar „ein bisschen verheiratet", aber heute gibt es den familiären Zusammenhalt zwischen Angestellten und der Firma nicht mehr.

Aufgang: An vielen Schulen haben die Rektoren heute die Qual der Wahl. Sie brauchen ihren Führungsstil oft nicht zu hinterfragen, weil sie bei der Einstellung von Bewerbern meist aus dem Vollen schöpfen können. Wenn jemand die Schule verlässt, wird eben ein anderer eingestellt.

Lanzl: An einer Schule kann man sich das vielleicht eher erlauben, weil man weniger im Team arbeitet. Im industriellen Unternehmen ist es fast immer auch ein finanzieller Verlust, wenn ein Mitarbeiter die Firma verlässt. Ein neuer Mitarbeiter muss sich erst einarbeiten und mit den Kollegen vernetzen. Es ist auch nicht klar, ob und wie er in die Gesamtkonstellation passt. Das kostet Geld, Zeit und Aufwand, ist also unökonomisch. An der Schule hingegen arbeiten Kollegen eher unabhängig voneinander. In der Industrie versucht man – mit Ausnahmen – Mitarbeiter zu halten.

Aufgang: Über finanzielle Anreize?

Lanzl: Unter Umständen ja. Man kann mit Geld kaum zusätzlich motivieren, aber man kann demotivieren. Wenn ein Mitarbeiter den Eindruck hat, er verdiene zu wenig, kann das so demotivierend sein, dass er kündigt. Dann muss auch an der Gehaltsschraube gedreht werden.

Aufgang: Welche anderen Möglichkeiten gibt es, Mitarbeiter zu halten?

Lanzl: Viele. Alle Mitarbeiter brauchen positives Feedback und Anerkennung. Hier können Vorgesetzte zur Motivation beitragen.

Wenn jemand unterfordert ist, kann man diesen Mitarbeitern spezielle Projekte übertragen. Es gibt die Möglichkeit einer Beförderung. Manchmal passt auch nur der Arbeitsplatz nicht, wenn es z.B. zu laut ist oder die Beleuchtung nicht stimmt.

Aufgang: Sie waren sieben Jahre in diesem Unternehmen. Was kam danach?

Lanzl: Ich war sieben Jahre in der Entwicklung von spezifischen Automobilkomponenten in den Funktionen Entwicklungsspezialist, Projektleiter und Abteilungsleiter. Das war interessant, aber auf Dauer auch etwas eintönig. Auf Basis meiner sehr fundierten Kenntnisse in der Automobilbranche habe ich mir eine Aufgabe gesucht, mit der ich meinen Horizont entscheidend erweitern konnte. Diese Aufgabe habe ich bei einem japanischen Unternehmen im Vertrieb von Automobilkomponenten gefunden.

Aufgang: Waren Sie öfters in Japan?

Lanzl: Ich war bis jetzt 15 Mal in Japan.

Aufgang: Sind Sie mit der Kultur des Landes auch in Kontakt gekommen?

Lanzl: Natürlich. Es gibt japanische Kollegen und Vorgesetzte, an deren Arbeitsstil man sich kulturell anpassen muss. Es war eine sehr reizvolle, schöne Aufgabe. Vorher war ich bei dem regional verwurzelten Unternehmen tätig und plötzlich fand ich mich in einem internationalen Konzern mit japanischer Führung wieder.

Aufgang: Was hat Sie an der japanischen Kultur besonders beeindruckt?

Lanzl: Die langfristige Denkweise.

Aufgang: Eine vorausschauende, philosophische Denkweise? Was machen die Japaner anders?

Lanzl: Unser Menschenbild ist mehr individuell ausgerichtet, während in Japan die Gruppe wichtiger ist. Bei uns bringt jeder seine eigenen Ideen ein und möchte diese oft durchsetzen, was natürlich auch eine unserer Stärken ist. Deswegen gelingen uns viele Erfindungen. Ein solches Verhalten finden wir in Japan weniger. Die Menschen sind sehr stark in Gruppen integriert. Aufgrund dieser Gruppendynamik überlegen die Mitarbeiter gemeinsam, welches Ziel sie verfolgen wollen. Entscheidungsprozesse dauern für europäische Maßstäbe sehr lange. Als Europäer braucht man hier viel Geduld. Aber wenn einmal eine Entscheidung vorliegt, ist sie Ergebnis eines Gruppenprozesses, die ein Einzelner dann kaum mehr umdirigieren kann. Dieser Findungsprozess ist langfristig angelegt. Es war für mich faszinierend, mit welcher Geduld, Entschlossenheit und Geschlossenheit eine japanische Firma agiert.

Aufgang: Ein kultureller Unterschied, Geduld, Geschlossenheit, Gruppenbewusstsein. Der Zen-Buddhismus ist eine seit vielen Jahrhunderten wichtige Tradition in Japan. Das Aufgehen in einem großen Ganzen und geistig-praktisches Handeln sind wichtig. Ein solcher Geist ist in Japan lange Zeit gepflegt worden. Anscheinend ist er trotz der Globalisierung heute immer noch anwesend.

Lanzl: Trotz der anscheinend globalisierten Welt gibt es immer noch regionale Unterschiede. Es ist sehr spannend in einer wirklich internationalen Umgebung zu arbeiten. Ich habe mich deshalb sehr gefreut, dass mir in diesem Unternehmen eine Beförderung zur Direktorin für Marketing im Bereich Bau und Industrie angeboten wurde. Ich konnte hier meine bisherigen Erfahrungen aus der Entwicklung und dem Vertrieb einbringen. Jetzt war ich dafür verantwortlich, die Produkte zu definieren, die diese Firma in der Zukunft braucht, um erfolgreich zu bleiben. Die technische Beratung und die Kommunikation gehörten ebenfalls zu meiner Aufgabe. Die Stelle war in Brüssel angesiedelt. Ich bin dazu drei Jahre zwischen Brüssel und München gependelt und habe in beiden Städten gelebt.

Aufgang: Sie waren also immer offen für Veränderungen in Ihrem Leben?

Lanzl: Ja. Das Grundlegende nimmt man natürlich immer mit. Wie führe ich Leute? Wie gehe ich mit Menschen um? Wie strukturiere ich meine Arbeit? Wichtig ist auch Verständnis für Technik und Physik.

Aufgang: Offenheit ist ein Aspekt dafür, sich verändern zu können. Viele Menschen haben Angst vor Veränderung. Hängen Offenheit und Angst indirekt zusammen? Kennen Sie Lebensangst?

Lanzl: Nein. Ich kann mich auch nicht erinnern, in der Kindheit Angst gehabt zu haben. Vielleicht waren hier Verhaltensweisen meiner Eltern maßgebend, die uns Kindern gesagt haben: Probiert doch etwas aus! Dieses Experimentieren-Dürfen wurde vom Elternhaus gefördert.

Aufgang: Und es scheint ein wichtiger Faktor für ein gesundes menschliches Wachstum zu sein.

Lanzl: Dazu kommt die Erlaubnis, auch Fehler machen zu dürfen.

Aufgang: So kommen Sie in der Führungsposition dahin zu sagen, ich kann mir Fehler eingestehen und korrigieren.

Lanzl: Wenn ich den Anspruch hätte, nie Fehler machen zu dürfen, wäre ich blockiert und damit handlungsunfähig. Mittlerweile hat sich in vielen Management-Schulen diese Haltung durchgesetzt: Verschleiere die Fehler nicht! Fehler zu verschleiern kostet sehr viel Geld. Fehler zu machen ist menschlich.

Aufgang: Sie haben noch einmal die Firma gewechselt und arbeiten als Global Marketing Direktorin wieder in München. Welche Aufgabe haben Sie jetzt?

Lanzl: Ich bin bei einem amerikanischen Unternehmen für das weltweite Marketing einer Division verantwortlich. Diese Division hat ihren Hauptsitz in Deutschland und stellt Komponenten her, die in der Labor-, Medizin- und Umwelttechnik eingesetzt werden.

Aufgang: Sie müssen eine Gruppe von Menschen führen. Wie viele Leute sind das?

Lanzl: Das sind im Moment fünfzehn, vier davon in USA, zwei in China, der Rest ist hier in München.

Aufgang: Dann fliegen Sie öfters nach USA und China?

Lanzl: Gott sei Dank ersparen Internet-Konferenzen heute viele der anstrengenden Flüge. Man muss sich natürlich auch persönlich treffen, damit man adäquat führen kann. Der menschliche Aspekt ist sehr wichtig.

Aufgang: Was würden Sie jetzt angesichts Ihrer langen beruflichen Erfahrung zum Thema Wachstum sagen? Was bedeutet für Sie ein gutes persönliches Wachstum?

Lanzl: Ich glaube, es ist wichtig, sich immer persönlich und fachlich zur eigenen Zufriedenheit hin zu entwickeln.

Aufgang: Eine sehr philosophische Antwort. Und was gehört für Sie zu einem guten ökonomischen Wachstum? Kann man es unabhängig vom Faktor Mensch sehen oder muss der Mensch in Analyse und Reflexion immer mit einbezogen werden?

Lanzl: Das ökonomische Wachstum hat nur dann Bestand, wenn der Mensch einbezogen wird. Es kann zwar kurzfristig auch einmal unabhängig vom Menschen wachsen, aber daraus ergeben sich für mich die sogenannten „bubbles". Irgendwann bricht eine vom Menschen unabhängige Wachstumsentwicklung ein. Wachstum wird vom Menschen erzeugt. In der Thermodynamik habe ich physikalische Grundregeln kennengelernt, die nach meiner Meinung weit über die Physik hinaus gelten. Eine davon ist: Jedes System strebt zum Gleichgewicht. Wenn ich ein System habe, das ein tolles ökonomisches Wachstum zeigt, aber die Menschen nicht mitnimmt, dann befindet sich das System im Ungleichgewicht. Dieser Zustand ist instabil und wird sich früher oder später ändern. Im schlimmsten Fall mit Gewalt. Eine weitere Regel aus der Thermodynamik lautet: Wenn man Wachstumsfortschritt möchte, muss man Energie in das entsprechende System stecken.

Aufgang: Frau Lanzl, ich bedanke mich für dieses wunderbare, aus meiner Sicht sehr philosophische Gespräch.

I. Hauptthema: Facetten des Wachstums

Rüdiger Haas

ALDI und das Phänomen des Unpersönlichen
Eine Betrachtung über die Wurzeln des Wachstums

Im Jahr 1946 übernahmen Karl und Theo Albrecht die Leitung des elterlichen Lebensmittelgeschäfts in Essen und eröffneten zwei Jahre später ihre erste Filiale in der Schonnebecker Saatbruchstraße. Nach weiteren zwei Jahren gab es 13 Albrecht-Filialen, sieben Jahre später bereits 30; ein zentraler Verwaltungsbau musste errichtet werden. 1955 waren es 100 Filialen, 1959 hatten die Albrechts 300 Geschäfte mit 90 Millionen DM Umsatz. Es folgte eine kurze Wachstumskrise und die Umstellung auf Selbstbedienung. 1970 hatte ALDI 600 Filialen mit einer Milliarde DM Umsatz und 1975 etwa 1000 Läden mit einem Umsatz von 6 Milliarden DM. Geschäftsniederlassungen gab es zu dieser Zeit in den Niederlanden, den USA, in Dänemark und Österreich. 1985 erwirtschafteten 2000 ALDI-Läden 17 Milliarden DM. Die Brüder wurden 1996 – 50 Jahre nach Übernahme des elterlichen Geschäfts – als reichste Deutsche eingestuft und belegten 2002 Platz drei der Welt-Milliardäre. Erst im Jahr 2003 war das Ende des ALDI-Wachstums in Deutschland erreicht, die Discounter-Konkurrenz ließ die Zahl der Läden stagnieren.[1] Worin gründen das Geheimnis dieses schnellen Wachstums und der Erfolg von Karl und Theo Albrecht?

Daten und Informationen über Betriebsinterna von Aldi zu bekommen, war seit jeher schwer; denn ein betriebliches Strukturmerkmal der Albrechts ist (nach wie vor) die konsequente Abschottung des Unternehmens nach außen. Mitarbeiter wurden zu rigorosem Schweigen verpflichtet; Karl und Theo mieden die Öffentlichkeit bis zuletzt. Als Karl endlich zu einem Gespräch über

---

[1] Martin KUHNA, *Die Albrechts. Auf den Spuren der ALDI-Unternehmer.* München 2015. Vgl. 179ff.

sein Unternehmen bereit war, starb er 94-jährig.[2] So sind wir beim Versuch unserer Interpretation über den Erfolg des Konzerns auf Sekundärquellen angewiesen. Dieter Brandes hat 1998 ein Buch veröffentlicht, das den Betrieb in seiner Erfolgsgeschichte von innen her ausleuchtet. Als langjähriger Geschäftsführer und seit 1975 Mitglied des Verwaltungsrates weist er darauf hin, dass der ALDI-Erfolg auch mit der *ethischen Einstellung* des Unternehmens zusammenhänge. ALDI sei in vielen Punkten ein „moralisches Unternehmen".[3] Er vertritt den Standpunkt, Geldverdienen an sich sei nichts Unmoralisches (pecunia non olet). Insofern lebten mit der Strukturbeschreibung des ALDI-Konzerns alte Tugenden wieder auf.

Eine der wenigen öffentlichen Beschreibungen des ALDI-Systems stammt aus einem Vortrag von 1953. Karl Albrecht betont darin die zwei wichtigsten Grundsätze des Unternehmens: das *kleine Warensortiment* und der *niedrige Verkaufspreis*. Auch mit einem kleinen Sortiment sei ein gutes Geschäft zu machen, weil damit die Unkosten des Betriebs sehr niedrig gehalten werden können. Bei der Kalkulation interessiere nur, wie billig eine Ware verkauft werden kann. Die Intention eines möglichst hohen Verkaufspreises wäre ökonomisch falsch und sei deswegen kein Management-Ziel. Beide Grundsätze seien nicht voneinander zu trennen. Eine Umsatzsteigerung ergebe sich dann, wenn die Werbung stark eingeschränkt ist und die Grundsätze strikt eingehalten werden. Theken und Regale sind einfach konstruiert, auf Dekorationen wird verzichtet. Das Warensortiment umfasste in der Anfangszeit 250 bis 280 Artikel und wurde bei ständiger Kontrolle bewusst klein gehalten. Es werden keine Parallelartikel geführt und bestimmte Waren überhaupt nicht verkauft. Der Grund dafür liege im Ziel einer wachsenden Umsatz-

---

[2] Ebd., 79: „… sie werden voraussichtlich bis an ihr Lebensende schweigen und schweigen lassen."

[3] Dieter BRANDES, *Konsequent einfach. Die ALDI-Erfogsstory.* Frankfurt/a.M. 1998, 14. Martin Kuhna (a.a.O., 57) sieht die Darstellung von Dieter Brandes allerdings „extrem wohlwollend", an einer anderen Stelle auch „verklärend" (95). Er vergleicht die Beschreibungen der Ex-ALDI-Manager Dieter Brandes und Eberhard Fedtke (*ALDI Geschichten. Ein Gesellschafter erinnert sich.* Herne 2012), die den Konzern von innen kennen, einschlägige Erfahrungen besitzen, aber zu sehr unterschiedlichen Beurteilungen kommen. Während Brandes ALDI sehr zugetan ist, bringt Fedtke auch Kritik am Unternehmen. Wir folgen zunächst Brandes, weil dessen Sichtweise eine philosophisch-ethische Dimension öffnet. Später werden wir sehen, inwieweit diese Dimension bei ALDI der Realität standhält.

und Verkaufsgeschwindigkeit. Das Verkaufsprogramm soll nur umschlagsfähige Konsumartikel führen. In der Anfangszeit wurde auf eine Vorverpackung generell verzichtet, weil diese oft wesentlich teurer war als die gesamten Personalkosten, was sich wiederum auf die Waren ausgewirkt hätte. Es wurde immer nur der Markenartikel geführt, der am besten geht. Weiter gab es feste Kalkulationssätze, die das ständige Rechnen vermieden. Ein wesentliches Ziel war, den Kunden davon dauerhaft zu überzeugen, nirgendwo billiger einkaufen zu können als bei ALDI. Werde dieses Ziel erreicht, nehme der Kunde alles dafür in Kauf.

Weil die aus der notwendigen Sparsamkeit entstandene Vermeidung von Verschwendung konsequent eingehalten wurde, avancierte ALDI 1980 zum erfolgreichsten Lebensmittel-Einzelhändler aller Zeiten. Bis in die Neunzigerjahre hat sich am Konzept des Unternehmens nichts geändert. Die landläufige Meinung vieler Analysten war, ALDI müsse sein Sortiment irgendwann ausdehnen und andere, bisher nicht praktizierte Prinzipien aufnehmen, um weiteres Wachstum erzeugen und so dem Wettbewerbsdruck standhalten zu können. Aber ALDI verfolgte die eigene Politik, die eigenen Grundsätze konsequent weiter. Die Artikelzahl wurde im Wesentlichen nicht erhöht, obwohl nach Erreichen einer bestimmten Umsatzgröße auch Non-Food-Aktionsartikel und Obst- und Gemüseartikel in das Sortiment aufgenommen wurden. Der Erfolg des Unternehmens ist nach wie vor ungebrochen.

1. Das ALDI-Konzept

Der heute inflationär verwendete Begriff „Unternehmensphilosophie" ist bei ALDI nicht vorhanden. Das Unternehmen passte sich zwar schrittweise an die Bedingungen des Wettbewerbs und die Märkte an, die dahinterstehende Strategie war aber eher intuitiv geleitet, das praktische Handeln durch wachsende Reflexion kontrolliert. Nach dem ersten Jahrzehnt schien sogar alles auf einen Zusammenbruch hinzusteuern, als 1959 die aufkommenden Selbstbedienungsmärkte die Preise von Albrechts Tante-Emma-Läden unterboten. Aus der Not musste ein neues Geschäftsmodell entwickelt werden. Die Albrechts stellten auf Selbstbedienungsläden unter dem Namen „Alio" um, die aber mit roten Zahlen floppten. Das Unternehmen stagnierte im Jahr des Mauerbaus 1961, der Unternehmenskurs war desorientiert, der Erfolg gefährdet. In dieser Krisenzeit teilte sich das Unternehmen in ALDI Nord und ALDI Süd, ein wichtiger Schachzug, der dem Konzern weiteres Wachstum bringen sollte.[4] Zur selben Zeit teilte sich Deutschland in Ost und West.

ALDI hatte nie ein ausgeklügeltes Geschäftskonzept entwickelt, sondern hielt sich an einige wichtige Grund-Prinzipien: *Askese, Bescheidenheit, Detailarbeit* und *strenge Konsequenz*.[5] Diese vier für wirtschaftliche Analysen wenig aussagekräftigen Faktoren entstammen nicht so sehr dem rein ökonomisch ausgerichteten Denken, als vielmehr einer menschlich orientierten Lebenseinstellung. Sie zielt auf den Erfolg der Gemeinschaft, hier der Kundenklientel. Aus dem Gelingen des Sinnganzen kann auch individueller Erfolg hervorgehen. Die vier Prinzipien offenbaren ein Geschäftsbewusstsein, das zwar den eigenen Erfolg anstrebt, diesen aber nur durch den Erfolg des Gemeinwohls garantiert sieht. Eine solche Grundhaltung ist deshalb nicht „unternehmensphilosophisch" abgegrenzt, sondern überschreitet die Grenzen partikularer Unternehmenspolitik; sie gründet in einer ethischen Einstellung. Es ist ein besonderes Verdienst von Dieter Brandes, diese vier Grundprinzipien herausgestellt zu haben, denn sie laufen für die meisten Menschen unbewusst und meist selbstverständlich, d.h. unerkannt ab. Wenn diese Eigenschaften analysiert werden, bewegen wir uns auf geisteswissenschaftlichem Gebiet, denn hier wird etwas ins Bewusstsein gehoben, das dem Menschen als Menschen eine besondere Stellung verleiht. Askese, Bescheidenheit, Detailarbeit und strikte Konsequenz sind als ethische Qualitäten schon im Altertum bekannt. Hier war der Grundsatz noch selbstverständlich, der besagte, nur in einem Staat, in dem es weder Armut noch Reichtum gebe,

---

[4] Martin KUHNA, a.a.O., vgl. 55ff. Kuhna bezweifelt die Meinung von Brandes, die Teilung als wichtigste Dezentralisation des Unternehmens sei damals Konzept-Punkt gewesen und meint, die Brüder hätten es wegen ihrer unterschiedlichen Geschäftsauffassungen miteinander einfach nicht mehr ausgehalten.
[5] Dieter BRANDES, a.a.O., vgl. 24. Martin Kuhna urteilt etwas vorsichtiger: „bedürfnislos bis an die Grenze der Askese".

können sich die edelsten Sitten entwickeln.[6] Von solchen Einsichten sind wir heute weit entfernt. Blickt man auf die Realität, müssen wir uns eingestehen, dass das Gegenteil in unserer globalisierten Gesellschaft gerade Gestalt annimmt.[7] Ein unternehmerischer Erfolg, der sich ökonomisch ausweist, liegt aber primär im Vollzug allgemeinmenschlicher – und insofern nicht bloß ökonomischer – Qualitäten begründet. Was den Brüdern möglicherweise nicht bewusst war, was sie aber praktizierten (der Umfang wird noch zu untersuchen sein), war der Vollzug bereits vorliegender alter ethischer Einsichten.

Auf der Grundlage dieser Prinzipien galten bei Aldi weitere Strukturen, wie das der Geheimhaltung und der konsequenten Dezentralisation. Mit der klugen Politik der Konstruktion einer Familienstiftung verhinderte man zudem die Zerlegung des Unternehmens durch gerichtliche Auseinandersetzungen.

2. Der ALDI-Unternehmens-Geist

Für den Erfolg wesensbestimmend sind die unsichtbaren Dinge, die ungeschriebenen Regeln des Unternehmens, die – bis auf eine Ausnahme in der Stellenbeschreibung[8] – bei ALDI niemals festgehalten worden sind. Sie bestimmen als kulturelle Werte und

---

[6] PLATO, *Die Gesetze*. Vgl. III. Buch, 678E-679C. Dort heißt es: „In einer Gesellschaft aber, bei der es weder Reichtum noch Armut gibt, dürften sich wohl auch die edelsten Sitten entwickeln; denn weder Überheblichkeit noch Ungerechtigkeit, weder Eifersucht noch auch Neid kommen in ihr auf."

[7] Vgl. dazu den Artikel von Alexander HAGELÜKEN, *Ungleichheit schadet der Wirtschaft*. In: SZ vom 22.05.2015. Hagelüken zeigt anhand einer neueren Studie der OECD (Organisation für wirtschaftliche Zusammenarbeit und Entwicklung), dass die Ungleichheit in den meisten Industriestaaten rasant zugenommen habe. Der Unterschied zwischen Arm und Reich sei in der westlichen Welt so groß wie in 30 Jahren nicht. Immerhin werde jetzt von den Vordenkern mit der vorherrschenden Meinung aufgeräumt, Ungleichheit fördere das Wachstum: „Provozierend neu ist, dass die OECD an einer ökonomischen Theorie rüttelt. Bisher wird oft behauptet, dass ein gewisses Maß an Ungleichheit gut für eine Gesellschaft ist: Sie gebe den Ärmeren den Anreiz, sich hochzuarbeiten und sich um bessere Bildung zu kümmern. Die empirischen Belege für oder gegen diese These sind nicht eindeutig. Nun versucht die OECD nachzuweisen, dass es ganz anders ist: Demnach vergrößert eine zunehmende Kluft zwischen Arm und Reich das Wirtschaftswachstum nicht – sie reduziert es."

[8] Dieter BRANDES, a.a.O., vgl. 48. In der Stellenbeschreibung heißt es: „Der Vorsprung vor der Konkurrenz ist durch extreme Anwendung des Wirtschaftlichkeitsprinzips zu sichern."

Normen den Betrieb von innen her und steuern das Denken, die Gefühle und das Handeln der Mitglieder. Es komme darauf an, allen Mitgliedern Klarheit darüber zu verschaffen, was „gut" und „nicht gut", was „erlaubt" und „nicht erlaubt" sei und was „belohnt und bestraft" werde.

Wichtig sei hier das Vorbild und Beispiel von Inhaber und Führungskräften, die solche Regeln bei Besprechungen immer wieder thematisierten. Es komme darauf an, dass der Appell an solche Regeln nicht nur mechanisch und unmotiviert geschehe, sondern mit Leidenschaft erfolge. Sei die Unternehmenskultur in sich stimmig, dann sei sie auch effizient; ein aufwendiges Koordinations- und Kontrollsystem könne entfallen. Die dezentrale Führung, die kurz und präzise formulierten Stellenbeschreibungen und das ausgeklügelte Kontrollsystem in Form von Stichproben trügen zur Qualitätssicherung bei. Innerhalb des Kontrollsystems spiele die „Kulturkontrolle" eine wichtige Rolle. Hier werde geprüft, ob Vorgesetzte Werte wie Glaubwürdigkeit und Übereinstimmung von Reden und Handeln an ihre Mitarbeiter weitergäben. Handeln heiße bei ALDI immer auch Beispiel sein.

Wichtigstes Wesensmerkmal bei ALDI ist das *Grundprinzip Askese*. Am Anfang wurde z.B. auf Telefone verzichtet, die Pausenräume für das Personal waren mit einfachem, zweckmäßigem Mobiliar ausgestattet und die Firmenwagen nicht luxuriös. So fuhr der Verwaltungsrat die kleinste Ausführung der S-Klasse ohne Sonderausstattung. Hier spielt die Einstellung der *Bescheidenheit*[9] eine Rolle, die wahrscheinlich die Erklärung für die Unterschiede in den Erfolgsbilanzen liefert.

Ein weiteres Grundprinzip ist das der *Sparsamkeit*. Extremes Kostenbewusstsein vermeidet unnötige Ausgaben auf allen Ebenen. Dies wird z.B. bei der Verwendung der Rückseite von bereits beschriebenem Papier umgesetzt, beim Ausschalten des Lichts, wenn

---

[9] David GODMAN, *Leben nach den Worten Sri Ramana Maharshis. Die spirituelle Biographie des Sri Annamalai Swami*. Interlaken 1996, vgl. 195. Von Sri Raman Maharshi ist bekannt, dass er bis zuletzt ein Leben in Bescheidenheit geführt hat. Folgender Ausspruch wird von ihm bei der Begegnung mit seinem Schüler Sri Annamalai Swami überliefert, als der sich gerade ein bescheidenes Essen zubereitete: „„Sehr gut!' rief er aus. ‚Anspruchslos zu leben ist am besten'." Verkannt werden Platos Philosophenkönige übrigens immer wieder darin, dass sie nur als autoritär gelten. Entscheidend ist an ihrer Autorität aber, dass sie gelernt haben, ihre Bedürfnisse zu minimieren, also gelernt haben, anspruchslos zu leben.

ein Raum genügend hell ist, bei der Optimierung der Lux-Zahlen in den Läden oder bei der Verwendung optimaler Kartongrößen (Efficient Consumer response). Theo Albrechts Büro war einfach ausgestattet. Er fuhr bis zu seiner Entführung 1971 keine Luxuslimousine und hatte bis zu diesem Zeitpunkt auch keinen Fahrer.

Bescheidenheit und Sparsamkeit bedingen den freiwilligen Verzicht auf Luxus und Statussymbole, aber auch ein damit verbundenes menschliches Auftreten, das wiederum sparsame und bescheidene Führungskräfte rekrutiert, die diese Werte weitertragen. Deshalb wird von ihnen eine bestimmte *Selbstdisziplin* erwartet, die für die Umsetzung der Prinzipien Sparsamkeit, Zurückhaltung gegenüber der Öffentlichkeit und Fairness gegenüber anderen erfordern. Weil es nicht leicht ist, eine solche Lebensweise zu praktizieren, müsse der Führungsnachwuchs aus den eigenen Reihen kommen. Er werde beobachtet und müsse sich über mehrere Jahre hinweg in diesen Tugenden durch verschiedene Abteilungen hindurch beweisen. Ein zum Geschäftsführer Berufener müsse zunächst Filialleiter, dann Lagerleiter, Verkaufsleiter und Bezirksleiter gewesen sein, bevor er seine Verantwortung als Geschäftsführer oder gar Verwaltungsrat wahrnehmen könne. Schon bei der Einstellung werde also darauf geachtet, ob die Persönlichkeit eines Mitarbeiters entsprechende *kulturelle Werte* verkörpere, denn diese seien wichtiger als ein Harvard-Diplom oder einschlägige Erfahrungen bei McKinsey. Mitarbeiter werden also primär nach diesen kulturellen Persönlichkeitskriterien ausgewählt und eingestellt, erst in zweiter Linie nach ihrer Qualifikation.

Für den wirtschaftlichen Wachstumserfolg bei ALDI sind also psychosoziale, d.h. menschlich-geistige Werte von zentraler Bedeutung. Die Frage nach der *Persönlichkeit des Mitarbeiters* steht im Vordergrund. Kann ein Mitarbeiter die Werte der Grundprinzipien selbst leben und damit weitergeben? Welches Phänomen bedingt die Haltungen von Bescheidenheit und Sparsamkeit, Askese, Detailliebe und strikter Konsequenz? Dieter Brandes antwortet: „Das Unpersönliche ist durchaus Teil der ALDI-Kultur."[10] Was aber ist das Unpersönliche? Dies wird von Brandes nicht weiter thematisiert. Mit

---

[10] Dieter BRANDES, a.a.O., 58.

dem Begriff wird ganz selbstverständlich umgegangen, ohne ihn zu hinterfragen. Wir wollen versuchen, dieses Phänomen aufzuhellen.

3. Das Phänomen des Unpersönlichen

Die Klärung des Phänomens des Unpersönlichen erfolgt über die Öffnung des Menschen zu sich selbst. Der Schlüssel für ein tieferes Verständnis des Phänomens liegt in der Erhellung der Motive (inneren Beweggründe) des Menschen.

In der abendländischen Geschichte wird von Plato bis Heidegger immer wieder auf diese Erhellung hingewiesen. Vollendet liegt sie schon im 13. Jahrhundert bei Meister Eckhart vor, der zwischen dem „natürlichen" und „göttlichen" Menschen differenzierte.[11] Richtiges Handeln erfolge nach Eckhart nicht allein im äußeren Tun, sondern in der richtigen inneren Einstellung dazu. Sie wird erreicht, indem der Mensch lernt, seinen ich-zentrierten Willen loszulassen, um vom göttlichen Willen geführt zu werden. Die Dynamik dieses Prozesses führt über eine geistige Umkehr hin zu einem übergeordneten (bei Eckhart „göttlichen") Ganzen, von dem der Mensch geleitet und bestimmt wird.

Zu unterscheiden sind zwei Motivzusammenhänge, zum einen die Ausrichtung des Menschen auf seine ausschließlich ich-orientierten Bedürfnisse und zum anderen die Ausrichtung auf die Wirkkräfte eines über seine eigenen Bedürfnisse hinausgehenden Ganzen (eines Gemeinwesens, welcher Art auch immer). Beide Motivzusammenhänge sind gegenläufig, ergänzen sich aber gegenseitig. Sie konstituieren das Paradoxon Mensch. Diese gegenläufigen Bewegungen sind miteinander verbunden. Die eine Dynamik hat die Orientierung der Verengung, zieht den Menschen nach unten und begrenzt ihn in seinen Möglichkeiten, die andere hat die Orientierung der Weitung und Öffnung, befreit den Menschen aus der Verengung, zieht nach oben und will ihn zur vollendeten Wirklichkeit führen. Das Zusammenspiel beider Richtungen fördert den Wachstumsprozess des Menschen.

---

[11] Rüdiger HAAS, *Über das Wesen des Todes. Eine tiefenphänomenologische Betrachtung konkret dargestellt am dichterischen Werk Hermann Hesses.* Würzburg 1998, vgl. 108ff.

3.1 Die ich-orientierten Bedürfnisse

Das Kriterium für die Ausrichtung des Motivs auf ein ich-orientiertes Bedürfnis liegt nicht im sichtbaren Tun einer Sache, auch nicht im Erleben des Bedürfnisses an sich, sondern darin, *wie stark das verengte, angstbesetzte Ich des Menschen am Erleben beteiligt ist*. Beim Phänomen der Bedürfnisorientierung verstehen wir Menschen, deren Tun und Handeln zu stark auf die eigenen Bedürfnisse und Wertvorstellungen ausgerichtet sind. Beobachtungen solcher Art sind unbewusst oft von einer abwertenden Haltung begleitet. Grund dafür ist, dass sich hinter der Maske der Bedürfnisorientierung oft eine egoistische Haltung verbirgt, die der Beobachtende als negativ empfindet. Die negative Reaktion erfolgt aufgrund einer unbewussten Nicht-Akzeptanz dieser Haltung. Doch es ist nicht das Leben der Bedürfnisse, sondern die Orientierung des Menschen auf sich selbst, die ihn verengt und vereinzelt. Solange er diese negative Haltung nicht aufgibt, bleibt er primär in seinem verengenden Ich und sekundär in der Abhängigkeit seiner Bedürfnisse gefangen. Er urteilt über andere negativ und erkennt nicht, dass er seine eigene Lebenshaltung auf den anderen projiziert. Dadurch verdrängt er die eigene existenzielle Problematik, meint frei zu sein, ist es aber nicht. Im Gegenteil: Nach und nach wird er Sklave seiner Begierden und negativen Werthaltungen, obwohl er zunächst im Glauben lebt, mit der Erfüllung seiner Bedürfnisse glücklich und gut zu sein.

Ursache des Festhaltens an dieser verengenden Lebensform ist die Motivdynamik, die sich der Öffnung und Weitung des Menschen verschließt. Sie möchte Absicherung, führt zum Stillstand und verhindert geistiges Wachstum. Wir bezeichnen sie als das Ego des Menschen. Wird es nicht infrage gestellt, verfestigt es sich durch Wiederholung und Gewöhnung weiter und verwickelt den Menschen in seelisches Leid. Diese Ver-Wicklung ist die Gegenorientierung zu seiner geistigen Ent-Wicklung, die Reibungskraft, die bei der Selbstfindung zu überwinden ist. Je stärker der Mensch von seinem Ego geleitet wird, desto mehr wird er von seinen eigenen Bedürfnissen abhängig sein und in Negationen verfallen. Alles kreist dann nur um ihn und seine Welt, d.h. die ganze Welt und die anderen sollen für seine Bedürfnisse bereitstehen. Hier liegt die Wurzel der

Macht verborgen, die in die Tyrannis führt, der Lebensform ohne jegliche Selbsterkenntnis.

Die Motivdynamik, die sich ausschließlich auf die Bedürfnisse des Egos hin ausrichtet, ist Antriebskraft in jedem Menschen. Meist werden wir von ihr unbewusst geleitet, ohne von ihr zu wissen. Beginnt sie aber im Wachstumsprozess zu wuchern, wird das Phänomen der Gier sichtbar.[12] Der Mensch gerät aus seinem seelischen Gleichgewicht und wird mit den Abgründen des Lebens konfrontiert. Für die Erhellung des Unpersönlichen ist es wichtig, diese Dynamik bewusst zu machen, um aus ihrer Dominanz befreit werden zu können.

3.2 Die über die eigenen Bedürfnisse hinausgehende, auf ein Ganzes gerichtete Motivdynamik

Das Phänomen, einem Ganzen (Gemeinwesen) unter Zurückstellung eigener Bedürfnisse dienen zu können, zeigt, dass es *phasenweise* möglich ist, Arbeiten und Dienste nicht verengt ich-orientiert auszuführen.

Die Rückstellung eigener Bedürfnisse zugunsten des Engagements für andere Menschen oder einer transzendentalen Welt hat als Handlungsgrundlage das Motiv der Unter- und Einordnung des eigenen verengenden Ichs (Ego) im hierarchischen Prozess. Diese Handlungsweise zielt auf den Dienst am Ganzen, wenn der Mensch lernt, sein Ego schrittweise loszulassen, um sein *Ich zu öffnen*. Sie beschreibt den eigentlichen Freiheitsprozess des Menschen zu sich selbst. Er findet bei allen Zen-Künsten Anwendung, die auf die Erfahrung des ursprünglichen Wesens vorbereiten wollen. Wer sich diesem Prozess schon einmal unterzogen hat, weiß, dass er anstrengend ist, wie alles Lernen, das am Anfang steht. Beim Phänomen der *Anstrengung* geht es darum, das Ego zurückzustellen. Dieser schwierige Prozess wird auch als Annäherungsprozess an das Ziel der Selbstlosigkeit bezeichnet. Hier muss der Widerstand der

---

[12] Vgl. dazu José SÁNCHEZ DE MURILLO, *Über Spiritualität – tiefenphänomenologisch*. In: AUFGANG, Bd. 12, 2015, 22ff. Sánchez de Murillo thematisiert die sich verschließende, ich-orientierte Motivdynamik als die Abgründe des Menschen, deren Erscheinung in der tiefenphänomenologischen Gier als blinder Urkraft zum Ausdruck kommt. Sie tritt in vielfältiger Verkleidungsform immer unter einem „Zu viel an" auf und führt den Menschen bei kontinuierlichem Wachstum in die Selbstzerstörung.

gegenläufigen Dynamik der verengenden Ich-Orientierung immer wieder überwunden werden. Streng ist jemand, der bei der Durchführung seiner Arbeit bestimmte Tätigkeiten (seien sie „gut" oder „schlecht") konsequent bis zum Ende durchhält und sich von keiner anderen Person oder anderen Umständen ablenken lässt. Strenge erfordert Konzentration: ein Gerichtetsein auf das Wesentliche und Wichtige unter bewusster Vernachlässigung von Unwichtigem und Nebensächlichen. Es stößt in die Tiefe vor, wenn der Mensch sich über sein kleines Ego hinaus zum gegenläufigen Selbst-Befreiungsprozess öffnet.

3.3 Das Spektrum der unpersönlichen Einstellung

Von einer *unpersönlichen Einstellung* sprechen wir, wenn die Primärmotivation einer Handlung nicht auf die verengende Ich-Orientierung des Menschen ausgerichtet ist, sondern sich auf ein überindividuelles, fürsorgendes Ganzes richtet, dem der Mensch dienen kann.

Als Paradoxon ist der Mensch eine Mischung aus persönlichen und unpersönlichen Handlungsweisen. Dieser Spektrumsbereich reicht von der extremen Ich- und Bedürfnisorientierung bis zum vollkommen überdauernden unpersönlichen Leben. Unser Verhalten bewegt sich meist in einem Zwischenbereich, gemäß unserer Entwicklung auf je verschiedenen Entwicklungsstufen. Die Schwierigkeit besteht darin, auszumachen, wo wir im Spektrum individuell stehen, da sehr schwer zu erkennen ist, wann, wo und vor allem in welchem Ausprägungsgrad unser Ego am Tun unserer Handlungen beteiligt ist. Das in der Bhagavadgita richtig verstandene Nicht-Handeln meint kein Nicht-Handeln schlechthin (das es nie geben kann, da alles Leben immer Handeln ist), sondern ein Handeln ohne Ego-Beteiligung.

Die *eigentliche unpersönliche Einstellung* beginnt, wenn der Mensch eine relativ überdauernde, stabile positive, d.h. angstreduzierte Stimmung erreicht hat. Kennzeichen dieser Stimmung ist eine abgesenkte manifeste Angst, die aus einem vorherigen Zustand von relativ hoher manifester Angst hervorgeht. Der Hervorgang erfolgt über eine Transformationserfahrung, die der Mensch nicht willentlich erreichen kann. Sie ist Kern und Schlüssel für die Entwicklung der eigentlichen unpersönlichen Einstellung. Eine kleine Anekdote von Eugen Herrigel soll der Verdeutlichung dienen:

> Yagyu Tajima-no-kami war ein großer Meister im Schwertkampf und unterwies den damaligen Shogun Tokugawa Jyemitsu in dieser Kunst. Einer der Leibwächter des Shogun kam eines Tages zu Tajima-no-kami und bat ihn um Unterricht im Fechten. Der Meister sprach: ‚Soviel ich sehe, scheint ihr selber ein Meisterfechter zu sein. Bitte, teilt mir mit, welcher Schule Ihr angehört, bevor wir in das Verhältnis von Lehrer und Schüler treten.‘ Der Leibwächter sprach: ‚Zu meiner Beschämung muß ich bekennen, daß ich die Kunst nie erlernt habe.‘ ‚Wollt Ihr mich verspotten? Ich bin der Lehrer des ehrwürdigen Shogun selber und weiß, mein Auge kann nicht trügen.‘ ‚Es tut mir leid, wenn ich Eurer Ehre zu nahe trete, aber ich besitze wirklich keine Kenntnisse.‘ Dieses entschiedene Bestreiten machte den Schwertmeister nachdenklich, und schließlich sagte er: ‚Wenn ihr es sagt, muß es so sein. Aber ganz sicher seid Ihr in irgendeinem Fache Meister, wenn ich auch nicht genau sehe, worin.‘ ‚Ja, wenn Ihr darauf besteht, will ich Euch folgendes berichten. Es gibt ein Ding, in dem ich mich als vollkommenen Meister ausgeben darf. Als ich noch ein Knabe war, kam mir der Gedanke, als Samurai dürfe ich unter gar keinen Umständen mich vor dem Tode fürchten, und seither habe ich – es sind jetzt einige Jahre – mich fortwährend mit der Frage des Todes herumgeschlagen, und zuletzt hat diese Frage aufgehört, mich zu bekümmern. Ist es vielleicht dies, worauf ihr hinauswollt?‘ ‚Genau dies‘, rief Tajima-no-kami, ‚das ist’s, was ich meine. Es freut mich, daß mein Urteil mich nicht betrog. Denn das letzte Geheimnis der Schwertkunst liegt auch darin, vom Gedanken an den Tod erlöst zu sein. Ich habe viele Hunderte meiner Schüler im Hinblick auf dieses Ziel unterwiesen, aber bis jetzt hat keiner von ihnen den höchsten Grad der Schwertkunst erreicht. Ihr selber bedürft keiner technischen Übung mehr, Ihr seid bereits Meister.‘[13]

Das Beispiel bezeugt, dass die eigentliche unpersönliche Einstellung mit Furchtlosigkeit vor dem Tod verbunden ist. Sie ist selten und bedarf einer längeren geistigen Vorbereitungszeit. Der Grad in dieser Kunst wird nur von wenigen Schülern erreicht. Wird dem Menschen diese Stimmung offenbar, transformiert sich das Phänomen der Anstrengung in Gelassenheit. Ein solcher Gestaltwandel ist verbunden mit einer veränderten Art der *menschlichen Wahrnehmung*. Auf dieser Stufe handelt der Mensch nicht mehr auf dem *Fundament* subjektiver Neigungen, sondern aus einer überpersönlichen Kraftquelle, die ihm bei seinen Tätigkeiten eine andere Art der Freude vermittelt.

Beim *Phänomen der Ego-Rückstellung* ist die Anstrengung noch dominant. Während die eigentlich unpersönliche Einstellung sehr

---

[13] Eugen HERRIGEL, *Zen in der Kunst des Bogenschießens*, München 1984, 91ff.

selten vorkommt, ist das Phänomen der phasenweisen Ego-Rückstellung relativ häufig. Wir treffen es an, wenn Menschen anderen Menschen – aktuell in der sogenannten Willkommenskultur – helfen, bei konzentrierten, genau durchgeführten Arbeitsprozessen, die sich Zeit für das Detail nehmen, bei der Ausübung von Ehrenämtern, bei denen nicht Zeit gespart, sondern geopfert wird, aber auch bei anderen Handlungen, bei denen *Anstrengung* und ein bestimmtes Maß an Selbstdisziplin verlangt werden, bei Handlungen, die ein gewisses Maß an Rückstellung von Eigennutz und Eigeninteresse beinhalten. Wird auf dieser Stufe unpersönlich gehandelt, ordnet sich der Mensch in einem *zeitlich begrenzten Rahmen* einer Sache unter, der er dient. Er schränkt während dieser Zeit eigene Bedürfnisse ein und stellt sein Ego hintan.

Das Phänomen der *phasenweisen* Ego-Rückstellung ist ein oft gefordertes Verhalten. Die Welt verlangt in vielen Situationen, unser Ego zurückzunehmen, um das Weltganze zu achten. Die Ethik der natürlichen Welt misst sich an solchen Handlungen, die nach außen hin als „uneigennützig" gelten. Was „eigennützig" und „uneigennützig" ist, klärt die Frage: Wo ist das Ego an der Handlung beteiligt? Wo versteckt sich Eigennutz? Erst wenn der Mensch sein Motiv erkennt, gelangt er auf eine tiefere ethische Ebene. Oft sind die gutgemeinten Handlungen vom Antrieb des Egos manipuliert und bleiben in der persönlichen Handlungsdimension gefangen. Der *Mensch im Widerspruch* entspricht der ethischen *Pflicht nach Vorgabe* und kann zumeist nicht differenzieren, wo sein Ego an der Handlung beteiligt ist.

Es gibt aber noch eine dritte, untere Stufe im Spektrum des Unpersönlichen, die mit dem Phänomen des Unpersönlichen scheinbar nichts mehr zu tun hat. Sie beschreibt die Entwicklung der reinen Egodimension, die Voraussetzung für die Entwicklung des Unpersönlichen ist. Erst in der Angsterfahrung, im Erleiden der Enge kann der Umschlag in die Befreiung des Menschen zu sich selbst erfolgen. Das Ego-Wachstum ist auf den Besitzmodus der Bedürfnis- und Konsumorientierung ausgerichtet. Diese Dimension findet ihren Sinn im Zusammenbruch des Menschen, aus dem eine andere Dynamik hervorgehen kann. Deshalb ist das Ego-Wachstum *notwendige* Voraussetzung[14] für eine spätere Transformation. Denn einem Ego kann nur Einhalt geboten werden, wenn es Stärke besitzt. Ohne ein sich hartnäckig behauptendes Ego gibt es keine echte menschliche Transformation. Deswegen ist auch diese untere Stufe des Spektrums der Motivdynamik vom Entwicklungs- und Wachstumsprozess her betrachtet nicht nur durch und durch positiv zu sehen, sondern auch als not-wendig zu akzeptieren.

3. Inwieweit ist der ALDI-Unternehmensgeist unpersönlich?

Rufen wir uns Dieter Brandes' Feststellung noch einmal ins Gedächtnis: „Das Unpersönliche ist durchaus Teil der ALDI-Kultur." Nach dem bisher Betrachteten kann man Brandes nicht wider-sprechen, obwohl sein Urteil – differenziert betrachtet – sehr mit Vorsicht zu genießen ist. Die entscheidende Frage ist nämlich: Wo ist der ALDI-Unternehmens-Geist im Spektrum des Unpersönlichen anzusiedeln?

Wir erinnern uns, dass bei ALDI darauf geachtet werde, dass Mitarbeiter Persönlichkeitskriterien wie Verschwiegenheit, Sparsamkeit, Askese, Detailliebe, Konsequenz oder Selbstdisziplin erfüllen sollten, da für einen wirtschaftlichen Wachstumserfolg psychosoziale Werte von zentraler Bedeutung seien. Wir prüfen diese Vorgaben anhand der Recherchen von Martin Kuhna und der kritischen Ausführungen des ALDI-Managers Eberhard Fedtke. Unter dem Thema „Charakterfragen" beschreibt Kuhna die herausragenden Wesenszüge der beiden Brüder – Sparsamkeit, Uneitelkeit, Bedürfnislosigkeit, Scheue und Verschwiegenheit – in der Wahrnehmung der Öffentlichkeit.

Fedtke betont, die öffentliche Zurückhaltung sei im Blick auf die Konkurrenz eine sinnvolle Strategie, nennt dieses Phänomen aber provokant „ALDI-Burka" und unterstellt den Albrechts, sie „hätten sich ihrer regionalen Geschäftsführer ‚bedient', um das Publizitätsgesetz zu umgehen. Er sieht sogar einen leichtfertigen

---

[14] Die Bedeutung des Wortes *Notwendigkeit* offenbart sich von sich selbst her. Aus einer entstandenen Notsituation und damit verbundenem Leid hat ein Bewusstsein die Möglichkeit zu einer Wende in seiner Befindlichkeit zu gelangen. Wird diese Wende Wirklichkeit, verwandelt sich Furcht in Furchtlosigkeit, Angst in Freiheit.

Umgang mit dem Gesetz an der Grenze zur Sittenwidrigkeit. Für ihre höherwertige Tätigkeit werde den Geschäftsführern auch nicht mehr Geld bezahlt.[15] Richtet sich das Motiv des Verschweigens nur auf die Konkurrenz- und Wettbewerbsfähigkeit, ist es kein eigentlich unpersönliches, sondern ein auf sich selbst gerichtetes.

Auch sei das Harzburger Modell der Kompetenz- und Aufgabendelegation in Wirklichkeit ein frei über allem schwebendes, zentrales Machtorgan, in dem der Verwaltungsrat von oben nach unten regiere und der Geschäftsführer nur der verlängerte Arm des Verwaltungsrates sei. Weil Erfolg recht gebe, sei es zwar legitim, Milliarden mit einem autoritären Unternehmenskonzept anzuhäufen. Peinlich sei aber der Selbstbetrug durch Vorgabe des Harzburger Modells. Gibt sich das Motiv der Kompetenz- und Aufgabendelegation nach unten nur den *Anschein* der Machtabgabe, ist es kein eigentlich unpersönliches, sondern ein auf sich selbst gerichtetes.

Nicht bestritten wird das Merkmal der Sparsamkeit, wenngleich die Grenze zum Geiz betont wird. Die Albrechts trugen dazu bei, dass sich auch ärmere Leute genügend Lebensmittel leisten können. Durch ihre Strategie lernten die Deutschen, Lebensmittel müssen nicht teuer sein. Die Kehrseite der Medaille sei aber im Ursprung der Lebensmittel-Produktionskette angesiedelt. Bei Niedrigmilchpreisen gerieten Preise allgemein unter Druck und für die Milchbauern werde es immer schwerer, kostendeckend zu arbeiten.

> Wenn Aldi Fleisch, Eier, Gemüse und Obst zu Kampfpreisen feilbietet, dann kann beides nur unter extrem industrialisierten Bedingungen produziert worden sein: Massentierhaltung mit allen Begleiterscheinungen, intensive Landwirtschaft, massiver Einsatz von Medikamenten, Dünger und Pestiziden. Eigentlich gefällt so etwas den Deutschen gar nicht, aber sie haben sich eben, nicht zuletzt durch die Albrecht'sche Sparsamkeit, daran gewöhnt, im europäischen Vergleich extrem wenig für ihr Essen auszugeben.[16]

Obwohl ALDI-Mitarbeiter zu jeder Zeit vorbildlich bezahlt wurden, sind die Personalkosten dort niedriger als anderswo, insbesondere bei

---

15 Martin KUHNA, a.a.O., vgl. 97.
16 Martin KUHNA, a.a.O., 103ff. Erich Reimann schrieb dazu am 8.5.2015 in der SZ unter dem Titel „Tierschützer kritisieren sinkende Milchpreise", dass durch die von ALDI initiierte Senkung der Preise für einige Milchprodukte um mehr als 10 Prozent bei Umweltschützern und Bauern auf heftige Kritik stieß. Der Deutsche Tierschutzverband monierte, dass dies zulasten der Tiere und Landwirte gehe und die von einer Mehrheit der Gesellschaft geforderten höheren Tierschutzstandards mit solchen Dumpingpreisen nicht möglich seien.

ALDI Süd. In den 90er-Jahren und nach der Jahrtausendwende seien die Filialen häufig unterbesetzt gewesen, einzelne Mitarbeiter mussten ohne Lohnausgleich schneller oder länger arbeiten, zudem sei Druck auf Kranke ausgeübt worden, zur Arbeit zu erscheinen. Länger dienende Angestellte höherer Gehaltsklassen seien durch neue ersetzt worden, Vollzeitkräfte durch Teilzeitkräfte und Angestellte durch Azubis und Praktikanten, immer unter der Maßgabe, der Ersatz sei billiger als der Ersetzte. Der Kampf um die Stellen hinter dem Komma lasse ALDI zu einem rücksichtslosen Arbeitgeber werden. Geht das Motiv der Sparsamkeit in Form von Dumpingpreisen zulasten der Umwelt, der Tiere und Landwirte, ist es kein eigentlich unpersönliches, sondern ein auf sich selbst gerichtetes.

Auch beim Wertkriterium der Bedürfnislosigkeit stellten sich Zweifel ein. So sollen die Brüder in späterem Alter golfsüchtig geworden sein und sich deshalb häufig im exklusiven Essener Haus Oefte getroffen haben. Karl baute in Donaueschingen sogar ein Hotel mit Golfplatz und nebenan sein – zwar unauffälliges – Haus. Theo Albrecht sei ein Milliardär von trauriger Gestalt gewesen, der sich bis auf die täglichen Kaffeeproben selten über etwas freuen konnte. Dabei sei die Freudlosigkeit keineswegs die Folge seines katholischen Arbeitsethos' gewesen, sondern eher einer protestantisch-puritanischen Weltsicht entsprungen, in der Fleiß und Genügsamkeit nicht der Befriedigung weltlicher Begierden dienen sollten. Die Albrechts hatten keine Yacht, keinen Privatjet oder exklusive Ferienhäuser. Ihre Genügsamkeit prägte das Unternehmen. Aber an ihrem Vorbild an Schlichtheit hatten sich auch die Mitarbeiter zu orientieren. Deren Lebensstil sollte ebenfalls ohne Extravaganzen und soziale Auffälligkeiten bleiben. Eigentlich ein schönes Motiv, aber für Kuhna grenzwertig, weil zwei Männer ihren Lebensstil zum Maßstab für ein ganzes Unternehmen machten. Wird das Motiv der individuellen Bedürfnislosigkeit zur verpflichtenden Vorschrift für eine ganze Gemeinschaft, ist es kein eigentlich unpersönliches, sondern ein auf sich selbst gerichtetes.

Nicht zuletzt wird auch das Phänomen des Menschlichen angesprochen. Den Brüdern wird bescheinigt, dass sie außerhalb der Familie nur wenig soziale Kontakte pflegten und kaum Freunde hatten. Für Karl gab es außer der Nähe zu seiner Frau nur menschliche Distanz. Bei aller Höflichkeit und Freundlichkeit waren beide Brüder „distanziert". Es gab keine betrieblichen Veranstaltungen, keine Feste oder Feiern, Geschäftsführertreffen galten als qualvoll monoton, Diskussionen seien nur vorgetäuscht worden, in Wirklichkeit galt es, Vorgegebenes zu übernehmen. Gemeinsame Abendessen unterlagen bizarren Ritualen:

> So wurde gemeinsamer Gesang typischer Volkslieder immer mit ‚Prost, prost, meine Herren, wir wollen uns einen verlöten' beschlossen, wobei im zweiten Durchgang immer an derselben Stelle gestoppt wurde. Wer weitersang, musste Strafe zahlen. Anschließend: Bettruhe. Das Essen war bescheiden, ‚verlötet' wurde gar nichts, und Theo Albrecht hatte sich meist zu Beginn des Gesangs verabschiedet.[17]

Ein Ex-ALDI-Manager kommt 2012 zu dem Urteil, ALDI sei letztlich ein System, das versuche, frei von Menschen zu sein. Es bezahle gut, aber damit sei gleichzeitig auch der menschliche Faktor abgegolten. Der ALDI-Kritiker Straub bezeichnete das Unternehmen gar als „gnadenloses System".

Wie es anders als bei den Albrechts gehen könnte, zeigt Kuhna am Beispiel des Schuhkönigs Horst Deichmann, der nach der Aushilfe im elterlichen Geschäft Medizin studierte und bis 1956 als Arzt arbeitete. Auch er entwickelte eine Filialkette, machte Milliardenumsätze und expandierte ins Ausland. Doch er erhob die Sparsamkeit nicht zum persönlichen Markenzeichen, sondern legte Wert darauf, dass das Denken grundsätzlich über ein Renditedenken hinausgehen und Geld einem guten Zweck dienen müsse. Ein Unternehmen solle den Menschen, den Kunden, den Mitarbeitern und der Gesellschaft dienen. Deichmann bezahlte überdurchschnittliche Löhne, bot sichere Arbeitsplätze und ein gutes Betriebsklima. „Auf Kritik an der Schuhproduktion in Entwicklungsländern reagierte Deichmann sensibel und verwies auf aktive Bemühungen um faire Arbeitsbedingungen. Seit 1977 betrieb Deichmann ein Hilfswerk zur Verbesserung von Bildung, medizinischer Versorgung und Infrastruktur in Indien und Afrika."[18] Er war indischer Honorarkonsul, trat als großzügiger Förderer kultureller, schulischer und medizinischer Projekte in Erscheinung, hatte Charme und war bescheiden, aber nicht knausrig.

---

[17] Martin KUHNA, a.a.O.,113.
[18] Ebd., 118.

Bei der Frage, wo der ALDI-Unternehmens-Geist im Spektrum des Unpersönlichen anzusiedeln sei, müssen wir unser anfängliches Urteil der Albrecht'schen Tugendhaftigkeit relativieren. Die ethischen Intentionen gehen weit, aber vielleicht nicht weit genug. Am Ende wird deutlich, dass auch Tugenden wie Askese, Sparsamkeit, Bescheidenheit, Detailliebe und Konsequenz nicht unbedingt mit einer egoüberschreitenden Motivdynamik zusammengehen müssen. Möglicherweise ist auch hier die Angst im Spiel, einmal erreichten Besitz wieder verlieren zu können. Angst vor der wiederkehrenden Enge der Nachkriegszeit? Verschwiegenheit als Angstmotiv, im Wettbewerb von anderen ausgebootet zu werden? Wie dem auch sei, die wahre Motivdynamik konnten die Brüder nur in sich selbst erkennen. Jeder Blick von außen, jedes an bestimmten Verhaltensweisen gefällte Urteil, kann die tieferen Motive des anderen – wenn überhaupt – nur bedingt erreichen. Es gelingt treffend, wenn der Urteilende selbst einen Meistergrad im Urteilen erreicht hat. Dies aber ist, wie wir gesehen haben, sehr selten.

So meinen wir: Das Unpersönliche ist ein Teil der ALDI-Kultur, aber es ist kein eigentlich Unpersönliches. Natürlich ist ALDI auch kein nur auf den eigenen Profit hin ausgerichtetes Unternehmen, sondern hat den Menschen in der Gesellschaft im Blick, vielleicht nicht so congenial wie Deichmann, was auch mit dem Bildungsstand der Brüder zu tun haben mag. Wie dem auch sei, sie verliefen sich, obwohl in redlicher Absicht, immer wieder in den Fängen des Egos. So siedeln wir den ALDI-Unternehmensgeist irgendwo in der Mitte des Spektrums des Unpersönlichen an. Denn gemäß der Heisenberg'schen Erkenntnis lässt sich der Ort nicht genau bestimmen, wenn Impulsmessungen präzise festgehalten werden. Und da wir die Impulse der ALDI-Kultur sehr genau nachgezeichnet haben, entzieht sich uns der Ort des unpersönlichen Geschehens zwangsläufig. Dieses Gesetz scheint insbesondere für ALDI zu gelten, einem Phänomen, das sich der Öffentlichkeit nur sehr widerwillig zu zeigen wagt.

Dieter Witt

Die ethische Grundlage ökonomischen Wachstums
Ein Gespräch[1]

Vorbemerkung

Augsburg, den 1. September 2015, 16.00 Uhr. Dr. Rüdiger Haas empfängt den Ökonomen, Prof. Dr. Dieter Witt, bei sich zu Hause. Das Gespräch nimmt schnell den Leitfaden auf, der nach dem Wesen des ökonomischen Wachstums fragt. Es wird deutlich, dass Professor Witt einen ethischen Ansatz in der Ökonomie vertritt.

*

Das Gespräch

Aufgang: Nach Ihrem Studium der Betriebswirtschaftslehre und der Tätigkeit am Institut für Verkehrswirtschaft und öffentliche Wirtschaft bei Prof. Dr. Karl Oettle in den 1970er Jahren wurden Sie 1986 auf die Professur für Hauswirtschaftswissenschaft im Institut für Sozialökonomik des Haushalts an der Technischen Universität München in Freising-Weihenstephan berufen. Dort betreuten Sie zunächst den Studiengang Ökotrophologie, später vertraten Sie das Fach Dienstleistungsökonomik. Ihre Forschungen beschäftigten sich mit Privat- und Großhaushalten, sowie den bedarfswirtschaftlichen Betrieben, insbesondere dann mit den Verbänden. Schon während Ihrer Zeit in Freising hatten Sie sich mit der Bedeutung des Ehrenamts befasst. Sie sind selbst ehrenamtlich tätig als Vorstandsmitglied der Bezirksvereinigung Südbayern der deutschen

---

[1] Das Gespräch führte Rüdiger Haas mit Prof. Dieter Witt. Vertiefende Literaturquelle zu dem Gespräch: DIETER WITT, *Kultur und Dienstprinzip in öffentlichen Betrieben*, in: Dienstprinzip und Erwerbsprinzip – Fragen der Grundorientierung in Verkehr und öffentlicher Wirtschaft. Festschrift für Karl Oettle zur Vollendung des 65. Lebensjahres. Hrsg. Peter Faller und Dieter Witt, Baden-Baden 1991 (Schriften zur öffentlichen Verwaltung und öffentlichen Wirtschaft, Bd. 128.) ISBN 3-7890-2413-9

verkehrswissenschaftlichen Gesellschaft, Sie waren Vorsitzender des Fachausschusses Großhaushalt der Deutschen Gesellschaft für Hauswirtschaft und Sie waren Vertrauensdozent der Konrad-Adenauer- und der Hanns-Seidel-Stiftung, um nur einige Ihrer Ehrenämter zu nennen.

Ihr akademischer Lehrer, Karl Oettle, hat die Ökonomie noch unter einem relativ ganzheitlichen Aspekt betrachtet, bei dem die Problematik des Menschlichen in die theoretischen Betrachtungen miteinbezogen wurde. Quantitatives Denken stand nicht im Vordergrund, wesentlich waren ökonomische Qualität und eigenständiges, kritisches Hinterfragen von Strukturen, die sich immer auch auf das Sinnhafte und „menschlich Gute" hin ausrichten sollten. Insofern hatte die Frage nach dem Gemeinwohl eine große Bedeutung. Individuelle Freiheit war durch die Priorität der Gemeinschaft klar begrenzt.

Die Frage nach wirtschaftlichem Wachstum stellt sich philosophisch nicht nur in ökonomischer, sondern auch in anthropologischer, ökologischer und existenziell-menschlicher Hinsicht. Wir haben in der Schule noch die Dreifelderwirtschaft kennengelernt, bei der dem Boden nach zwei Jahren des Anbaus ein Jahr Regeneration zugestanden wurde, um den Ertrag nachhaltig zu gestalten. Im dritten Jahr gab es kein Wachstum. Man blickte auf die Natur, die sich in Phasen und Zyklen entwickelt, und ordnete sich in deren Vorgaben ein. Diese Art der organischen Naturbetrachtung finden wir heute in ökologischen Konzepten wieder. Ist wirtschaftliches Wachstum zyklisch oder stetig?

Witt: Die Frage nach ökonomischem Wachstum setzt zunächst die Frage voraus: Was ist Ökonomie? Repräsentiert sie nur die Leistungen der industriellen Wirtschaft? Ist Wachstum demnach unausweichlich an das Wachstum von Güterproduktion und Dienstleistungen geknüpft? Oder gibt es auch eine andere Art von Wachstum, zum Beispiel in der Bildung, die ebenso unter ökonomischem Aspekt steht und etwa die Frage aufwirft, wie viel Geld hier zu investieren sei? Bildung hat einen außerordentlich hohen Wert mit einer ökonomischen Komponente. Auch die Verbesserung der Umwelt muss in die Frage nach dem Wachstum miteinbezogen werden, denn Wirtschaft und Umwelt hängen eng zusammen. Ökonomisches Wachstum hat weiter den Aspekt der Arbeit: sollen

Beschäftigungszahl und Intensität der Arbeit wachsen? Jahrhunderte lang galt als Ziel, der Mensch müsse von schweren körperlichen Arbeiten entlastet werden und solle dafür mehr Freizeit bekommen. Wenn die Freizeit wachse und für den Menschen bessere Regenerationsmöglichkeiten bestünden, wäre das auch ein sinnvoller Aspekt des Wachstums.

Aufgang: Ist Freizeit ein wichtiger Wert?

Witt: Es kommt ganz darauf an, *wie* sie genutzt wird. Wenn sich jemand nur auf die faule Haut legt und den Herrgott einen guten Mann sein lässt, wird die Sinnhaftigkeit von Freizeit sicherlich in Frage gestellt. Kommt die entstandene Freizeit aber einer Gemeinschaft, etwa der Familie zugute, wäre die Antinomie Wirtschaft–Freizeit positiv aufgelöst. Allgemein lässt sich sagen: Wir müssen uns von einem zu eng verstandenen Wachstumsbegriff lösen. Die permanente Steigerung des Bruttosozialprodukts in Form von Güterproduktion, stetiger Nutzensteigerung und der Belastung unserer Umwelt durch die Ausbeutung von Rohstoffen zugunsten des materiellen Wachstums, das nur die Produktionsseite im Blick hat, impliziert die Schwächung künftiger Wachstumsmöglichkeiten und damit die Schädigung späterer Generationen, die die Ressourcen der Umwelt genauso benötigen wie wir. Lassen wir die Produktionen ohne Rücksicht auf die Ökologie unserer Erde weiter wachsen, leben wir auf Kosten unserer Kinder und erzeugen langfristig negatives Wachstum. Daher greift ein einseitig verstandener, sich nur auf materieller Grundlage bewegender Wachstumsbegriff zu kurz. Er ist höchst problematisch, um nicht zu sagen negativ. Davon müssen wir uns verabschieden.

Aufgang: Wachstum darf also auf keinen Fall auf einen eng verstandenen Wachstumsbegriff reduziert werden. Wir müssen eine erweiterte Sicht von Wachstum entwickeln, bei der der Faktor Mensch eingeschlossen ist. Eine verkürzte Betrachtung von Ökonomie klammert den Menschen aus. Die vorhandenen und entstehenden Probleme des Menschlichen müssen also bei der Analyse des Wachstumsbegriffs mitberücksichtigt werden?

Witt: Richtig. Das herkömmliche Wirtschaftsdenken fasst alles in Zahlen. Menschliches Befinden, das sich nicht in Zahlen fassen lässt, gehört aber auch zur ökonomischen Betrachtung und zur Frage nach wirtschaftlichem Wachstum. Letztlich hat alles Ökonomische dem

Menschen zu dienen, nicht umgekehrt. Eine Produktion ohne den Bezug zum konsumierenden Menschen wäre unsinnig. Insofern müssen wir in erster Linie auf den Menschen achten. Die Erstellung von Produkten und Leistungen muss so erfolgen, dass möglichst wenig Ressourcen verbraucht werden, um eine bestimmte Leistung zu erhalten oder dass mit einer bestimmten Menge an Ressourcen ein möglichst hohes Maß an Nutzen erwirtschaftet wird. Bei der Wirtschaftlichkeit spielt der Nutzenfaktor eine wesentliche Rolle, der den Kosten gegenüber gestellt wird. Da müssen wir fragen: Welchen Nutzen wollen wir? Ich glaube, es gibt nicht nur einen materiellen, sondern auch einen *immateriellen Nutzen*, der in die Diskussion um Wachstum mit einbezogen werden muss. Es stellen sich weitere Fragen: Haben wir mehr Freude am Leben? Wird unsere Arbeit erleichtert? Die immateriellen Bereiche sind im wirtschaftlichen Kreislauf meines Erachtens bisher viel zu wenig beachtet worden.

Aufgang: Gibt es in der Wirtschaft Gruppen, die sich für eine solche erweiterte, ökonomisch-ökologische Sichtweise einsetzen? Ich denke da an eine Agenda von Experten, die sich erst neulich für eine andere Nutzenausrichtung einsetzten, nämlich neue, vielleicht ganzheitliche Ziele in die Wirtschaft zu integrieren, die den Fokus von der einseitigen Ausrichtung auf produktives Wachstum abwenden und stattdessen mehr Bezug zum Menschen herstellen.

Witt: Ich glaube, dass diese Gruppe relativ klein ist. Die Betriebswirtschaftslehre wird immer noch von jenen Ökonomen beherrscht, die sich der Industrie, den Unternehmen und der Gewinnmaximierung verschrieben haben.

Wir müssen den Blick auf die Frage werfen: Warum wird der Mensch überhaupt ökonomisch tätig? Was sind die Antriebe menschlichen Handelns? In der breiten öffentlichen Diskussion wird oft nur der Aspekt gesehen, der Mensch handle, um zu mehr Gewinn und Profit zu gelangen. Dies sei das treibende Handlungsprinzip. Diesem *Erwerbsprinzip* steht aber eine Triebfeder entgegen, die nichts mit Erwerb zu tun hat. Ich bezeichne sie als *Dienstprinzip*: Für andere da zu sein, sich einzusetzen für das Wohl der anderen, auch die Befriedigung daraus zu ziehen, dass man für andere tätig wird und nicht nur für sich selbst. Eine solche Triebfeder besteht beispielsweise in der Familie: das Movens einer Mutter ist es, die Kinder zu versorgen und sie zu sozialisieren. Andere Beispiele finden sich im

Bereich von Krankenhäusern oder Altenheimen, bei denen nicht der Gewinn im Vordergrund steht. Kirchen, Klöster unterwerfen sich dem Dienstprinzip. Vereine und Verbände werden nicht tätig, um Gewinn zu machen: das Mitgliederwohl oder den gesellschaftlichen Nutzen zu mehren steht im Vordergrund.

Dienstprinzip und Erwerbsprinzip stellen gegensätzliche Forderungen dar, zwischen denen es viele Zwischenstufen gibt, quasi ein sozial-ökonomisches Spektrum zwischen Extremen.

Aufgang: Hier finden wir die verschiedenen Motive menschlichen Handelns ...

Witt: ... die zur Frage führen: warum wird der Mensch überhaupt tätig?

Aufgang: Diese Warum-Frage ist eine philosophische. Sie impliziert die Frage nach dem Sinn des Tätigseins und führt weiter zur Frage nach dem Sinn des Ganzen. Warum macht der Mensch überhaupt das, was er tut? Bezieht sich das Dienstprinzip auf den Menschen?

Witt: Letztlich bezieht es sich auf den einzelnen Menschen, kann aber auch in natürlichen und vom Menschen geschaffenen Organisationen zum Zweck erhoben werden. Nehmen wir das Beispiel von Sportverbänden: Vor allem auf lokaler Ebene finden wir viele ehrenamtliche Mitarbeiter, die Freude daran haben, Kinder und Jugendliche zu fördern, auszubilden, einzuweisen, ohne dass sie sich dafür bezahlen lassen. Ein Verein hat Mitglieder, die zwar einen bestimmten Beitrag entrichten, aber der Zweck des Vereins ist es nicht, nach Gewinn zu streben, sondern den Mitgliedern zu dienen. Egal, welcher Verband oder Verein es ist, ein karitativer Verband wie die Diakonie, ein soziokultureller Verein wie ein Theaterverein, ein Berufsverband wie der Bayerische Lehrer- und Lehrerinnenverband – sie wollen den Mitgliedern unmittelbar dienen. Der Dienst am Nächsten ist nicht Mittel zum Zweck des Gelderwerbs, sondern der primäre Zweck selbst.

Das Dienstprinzip kann auch als eine normative Forderung verstanden werden: So kann etwa der Staat von seinen Beamten erwarten, dass deren primäre Triebfeder in dem Bewusstsein liegt, die Gesellschaft zu fördern. Ein Lehrer etwa muss das primäre Anliegen haben, den Kindern zu helfen. Die primäre Triebfeder der Krankenschwester, der Pflegekräfte soll die Sorge im Dienst des Nächsten sein. Es sei angemerkt, dass der Staat in einem gegenseitigen Treueverhältnis die Verpflichtung hat, auf ein ausreichendes Einkommen seiner Beamten zu achten.

Das Dienstprinzip ist an folgenden Begriffsmerkmalen zu kennzeichnen: zum ersten an einer uneingeschränkten Mitwirkungs- und Leistungsbereitschaft, zum zweiten an einer moralischen und ethischen Verantwortung der Leistungsgeber gegenüber den Leistungsnehmern, drittens an immateriellen Beweggründen für die Leistungsbereitschaft und viertens an einer ganzheitlichen Sichtweise des Leistungsauftrags.

In der Realität wird der ideale Sollzustand vom Istzustand zu unterscheiden sein. So kann das Soll in der Wirklichkeit durch Missbrauch korrumpiert werden, wie es sich bei vielen Idealen einschleicht, wenn sie real werden. Die reine Form des Dienstprinzips wird deswegen nicht aufgehoben. Als Handlungsmotiv bleibt es ein wünschenswerter Sollzustand.

Aufgang: Dann ist das Dienstprinzip durch und durch ein ethisches Prinzip. Denn es geht hier um ein Ganzes, eine Gemeinschaft. Wenn wir den Menschen als Teil eines Staatsganzen, einer menschlichen Gemeinschaft verstehen, dann erkenne ich im Dienstprinzip eine Handlungsausrichtung, die für die Gemeinschaft der Menschen steht. Hier kommt der von Kant geforderte kategorische Imperativ zur Anwendung, der besagt, dass der Mensch die Triebfeder seines Handelns immer auf ein allgemeines Gesetz hin, hier auf das Wohl der Gemeinschaft mit den Anderen, richten solle. Es geht sogar über Kant hinaus: die Triebfeder des Dienstprinzips unterliegt nicht einer Pflicht, sondern der Freude des Menschen, anderen zu dienen. Der sich auf das Dienstprinzip hin ausrichtende Mensch bleibt nicht in seinem Ego gefangen, sondern orientiert sich auf das Wohl einer Gemeinschaft.

Witt: Ganz wichtig ist es in diesem Zusammenhang, die Frage nach dem Sinn mit einzubeziehen. Der Arbeit einen Sinn geben bedeutet, zu fragen, was hinter dem Arbeitsprozess steht. Warum handle ich so, wie ich handle? Auf welchen größeren Zusammenhang richte ich mich in meinem Handeln aus? Wenn jemand in der Arbeit keinen Sinn sieht, fehlt ihm auch die Motivation, etwas zu tun. Die Motivation ergibt sich aus der Erkenntnis des Sinns eines Ganzen. Hierzu eine schöne Geschichte aus dem Mittelalter, bei der ein Steinmetz gerade einen Stein bearbeitet. Auf die Frage, was er denn mache, antwortet er, er möchte einen Steinblock schaffen. Ein anderer Steinmetz antwortet, er bearbeite einen Eckstein, und die Antwort eines dritten Steinmetz lautet, er baue eine Kathedrale. Fragt man sich, welcher Steinmetz von den dreien am meisten motiviert ist, seine Arbeit zu tun, dann ist klar, dass letzterer die meiste Motivation besitzt, weil er den am weitesten gehenden Sinn in seiner Arbeit sieht. Der Steinmetz, der nur Steine bearbeitet, beginnt am Morgen und lässt um fünf Uhr abends den Hammer fallen, während der, der eine Kathedrale baut, die Motivation besitzt, seine ganze Kraft für den Bau eines großen übergeordneten Werks einzusetzen. Dieser Aspekt geht sogar so weit, dass man den Sinn der Arbeit als Dienst an Gott sehen kann.

Aufgang: Philosophisch ist Gott das größte Sinnganze, das es gibt, das ist. Sie haben mit dem Beispiel Stufen von Sinn beschrieben. Es gibt einen begrenzteren, engeren Sinn, einen weiteren Sinn und ein Sinnmaximum, ein Sinnganzes. Die Kathedrale ist ein Symbol für dieses Sinnganze. Hermann Hesses Gedicht *Orgelspiel* hat eine ähnliche Ausrichtung.

Witt: Auch im *Kleinen Prinzen* von St. Exupéry gibt es eine Stelle, die beschreibt, dass die Arbeiter beim Bau eines Segelschiffes nicht im Behauen von Balken angewiesen, sondern in ihnen die Sehnsucht nach dem weiten Meere geweckt werden solle. In einer arbeitsteiligen Gesellschaft erfolgt die Erstellung von Produkten in vielen Einzelschritten. Dies ist aus ökonomischer Sicht rational, aber der Arbeitsschritt muss in die Gesamtheit eingeordnet werden können, warum er notwendig ist. Das Bewusstsein für die Bedeutung des Arbeitsschritts im Gesamtzusammenhang ist zu schaffen: fehlt eine Schraube im Uhrwerk, so wird es zum Stillstand kommen. Der übergeordnete Zusammenhang muss immer hergestellt werden.

Aufgang: Können wir das als das Wesen des Dienstprinzips festhalten?

Witt: Die Offenlegung eines übergeordneten Zusammenhangs betrifft sowohl das Dienstprinzip als auch das Erwerbsprinzip.

Aufgang: Dem Erwerbsprinzip haben wir Eigennutz und Gewinnstreben zugeordnet. Dabei wird aber vergessen, dass es über diesen Aspekt hinaus ein Sinnganzes anstrebt. Dieses Sinnganze entgleitet ihm, wenn es nur auf einen Teil ausgerichtet ist.

Witt: Beim Dienstprinzip geht es darum, dass der Einzelne mit seiner Arbeit einer größeren Gemeinschaft dient. Es ist kein egoistisches

Prinzip, sondern ein Prinzip des Handelns für andere Menschen oder für ein übergeordnetes Ganzes. Aber auch der, der nach dem Erwerbsprinzip arbeitet, sollte das übergeordnete Ganze sehen. Leute am Fließband, die immer nur einen ganz kleinen Arbeitsschritt der Gesamtproduktion ausführen, sind oft sehr frustriert. Die totale Arbeitszerlegung, die noch wesentlich weiter geht als die Arbeitsteilung, macht es dem Menschen sehr schwer, überhaupt einen Sinnzusammenhang zu erkennen. Deswegen ist die Taylor'sche Forderung der Arbeitszerlegung problematisch, soweit sie die menschliche Arbeit betrifft. Der Handwerker, der früher einen Schrank gebaut hat, hat am Schluss den Schrank als Ganzes gesehen. Den Taylor'schen Gedanken hat Henry Ford bei der Produktion seiner Autos umgesetzt. Die Produktion mittels des Fließbands hatte zunächst ökonomische Vorteile, weil durch die sich rasch wiederholenden Vorgänge eine schnelle Gewöhnung und Handfertigkeit entsteht. Tätigkeiten gelangen auf diese Weise schneller zum Ziel, als wenn sie nur alle paar Tage durchgeführt werden. Dadurch wird zunächst ein hoher ökonomischer Vorteil generiert, aber auf Dauer tötet diese Form der Arbeitszerlegung das Bewusstsein für den Sinn der Arbeit. In den folgenden Jahrzehnten wurden die auf Handgriffe zerlegten menschlichen Tätigkeiten daher immer mehr den Maschinen übertragen.

Aufgang: Gibt es zwischen Erwerbsprinzip und Dienstprinzip noch ein drittes Verbindendes?

Witt: Die Verbindung ist das ständische Prinzip. Diesem ist etwa der Handwerker oder der Bauer verpflichtet, der den Betrieb von seinem Vater und Großvater übernimmt. Er strebt nach Gewinn, nimmt aber dann seine Reduzierung hin, um den Beruf ausüben zu können, den schon Generationen vor ihm ausgeübt haben und um die Tradition zu pflegen, die ihm ein Wert ist. So sind die beiden Prinzipien miteinander verflochten. Der nach dem ständischen Prinzip Handelnde findet Erfüllung darin, dass er eine bestimmte Arbeit übernehmen darf, die ihm eine entsprechende Freiheit verschafft. Er achtet aber auf den Gelderwerb, weil er überleben muss. Eine Minderung des Einkommens wird für ihn durch immateriellen Nutzen ausgeglichen. Das ständische Prinzip steht somit zwischen Erwerbs- und Dienstprinzip.

Aufgang: Das Erwerbsprinzip ist in der Gesellschaft für sich genommen unvollständig und ergänzungsbedürftig durch das Dienstprinzip. Bei allen beruflichen Handlungen müssen beide Prinzipien zusammenkommen. Das Dienstprinzip ist auf das Erwerbsprinzip angewiesen, weil der Mensch seine existenziellen Bedürfnisse befriedigen muss, aber umgekehrt benötigt das Erwerbsprinzip auch das Dienstprinzip, weil der Mensch immer auch auf den Anderen angewiesen ist, in der Gesellschaft nicht allein existiert.

Witt: Hier sind wir bei der Frage, was Bedürfnisse des Menschen sind. Nach Maslow gibt es unterschiedliche Bedürfnisebenen: die existenzielle, physiologische Ebene, die unsere Grundbedürfnisse regeln, jene der Sicherheit und Vorsorge, die soziale Ebene, die den Menschen als homo sociologicus definiert, weil er immer auf andere Menschen angewiesen ist, die Ebene, die den Menschen nach Wertschätzung und Anerkennung streben lässt, und schließlich die Ebene der Selbstverwirklichung, auf der der Mensch seine eigenen Potentiale ausschöpfen kann.

Aufgang: Das Dienstprinzip, wie Sie es beschreiben, geht aber über das Maslow'sche Selbstverwirklichungsprinzip hinaus, weil es in gewisser Weise die Rückstellung des eigenen Ichs beim Dienst am Nächsten voraussetzt. Wenn ich in einem Verband oder Verein einen Dienst ausführe, stelle ich mein eigenes Ich in den Hintergrund. Ich muss meine eigenen Bedürfnisse, welcher Art auch immer sie sein mögen, zunächst zurückstellen.

Witt: Das Phänomen ist paradox. Es scheint so zu sein wie bei einer Kerze, die Licht bringt, sich aber gleichzeitig so lange verzehrt, bis sie erlischt und kein Licht mehr spenden kann. Der Bibelspruch „Liebe deinen Nächsten wie dich selbst" zielt darauf ab, dass man zunächst auf sich selbst schauen und sich selbst lieben soll. Erst wenn diese Voraussetzung erfüllt ist, ist es möglich, anderen zu helfen. Der Dienst am Nächsten ist nicht per se das Höchste. Wenn ich nämlich selbst keine Kraft habe, um zu helfen, muss ich zuerst meine eigenen Bedürfnisse sicherstellen. Erst dann bin ich in der Lage, anderen zu helfen. Die Sicherung der existenziellen Ebene ist nicht in Frage zu stellen, wenn man nicht Märtyrer werden will.

Aufgang: Es geht also darum, zu lernen, *auch* dem anderen zu dienen, und die Welt nicht nur um die eigenen Bedürfnisse kreisen zu lassen.

Ehrlicherweise müssen wir uns eingestehen, dass auch die höchste Ebene der Bedürfnisbefriedigung, die sogenannte Selbstverwirklichung, einer Triebfeder unterliegt, die ein Ego impliziert, das die Bedürfnisbefriedigung steuert.

Witt: Ich bin nicht sicher, ob das immer so ist. Denn eine mögliche Art der Selbstverwirklichung ist es, sich dem Dienst an anderen zu widmen. Hier geht es nicht um puren Egoismus, sondern vielleicht sogar um dessen Gegenteil. Im Dienst für andere bin ich sogar bereit, mein Leben hinzugeben.

Aufgang: Sie sehen also im Prinzip der Selbstverwirklichung keinen Egoismus, sondern die Möglichkeit echter Selbsthingabe. Dies würde bedeuten, dass ich vom Erwerbsprinzip ein Stück weit abrücke und in diesem Moment das Hindernis meines eigenen Egos überwinden lerne. Wenn ich bereit bin, über diese Schwelle zu treten, werde ich dazu fähig, andere wahrhaft zu lieben.

Witt: Es gibt unterschiedliche Menschentypen, jeder Mensch ist anders. Alle Typen haben ihre speziellen Fähigkeiten und Interessen. Wir brauchen den strebsamen Arbeiter, der sich dafür einsetzt, Geld zu verdienen. Er schafft durch seine Arbeit indirekt Werte für Mitmenschen, die ihr Leben wiederum direkt der Hilfe für andere Menschen gewidmet haben. Eines muss aber herausgehoben werden: Nicht nur das Erwerbsprinzip verschafft uns Geltung, genauso wichtig und gleichbedeutend ist auf der Gegenseite das Dienstprinzip.

Aufgang: Beide Prinzipien sind aufeinander angewiesen, keines kommt ohne das andere aus.

Witt: Wichtig scheint mir, dass der nach dem Erwerbsprinzip Handelnde sich in seinem Streben nach Gewinn ethisch verhält. Auch er ist einem ethischen Verhalten verpflichtet. Die Grenzen zur Illegalität, die er nicht überschreiten darf, wenn er sich nicht strafbar machen will, sind fließend. Der Erwerbsstrebende braucht eine Orientierung, ein ethisches Gewissen, das ihm Humanität und Menschenwürde deutlich macht.

Aufgang: Woher kommt es, dass das Dienstprinzip durch Korruption und Betrug oft auf das blanke Erwerbsprinzip reduziert wird? Woher kommt es, dass der ökonomisch tätige Mensch die Verpflichtung seines ethischen Handelns vergisst? Wir finden das Phänomen so oft, wenn wir einen Blick in die Tagespolitik werfen. Ich denke dabei an griechische Reeder, die sich den für ein Staatsganzes notwendigen

Steuern entziehen, an die in Entwicklungs- und Schwellenländern hergestellten Waren, bei denen Einheimische unfair entlohnt werden oder ganz aktuell an den Betrug von VW, bei dem sich der Konzern mit manipulierten Abgaswerten zu bereichern versucht hat.

Witt: Ich habe vorhin schon betont, dass das Dienstprinzip von vielen gar nicht erkannt wird. Man spricht meist nur vom Erwerbsprinzip und sieht nicht, dass wesentliche Teile unserer Gesellschaft dem Dienstprinzip unterworfen sind. Das nach der Beschäftigungszahl größte private deutsche Unternehmen, die Caritas, ist kein erwerbswirtschaftliches Unternehmen, sondern vom Grundsatz her dem Dienstprinzip unterworfen. Die der evangelischen Kirche nahe stehende Diakonie steht gemessen an der Mitarbeiterzahl der Caritas kaum nach. Auch das Rote Kreuz oder der Paritätische Wohlfahrtsverband sind riesige Betriebe, die sich vom Prinzip her dem Dienst am Nächsten gewidmet haben. Von diesen Betrieben wird wenig gesprochen, viel dagegen von Unternehmen der Automobilindustrie, von der Telekommunikation oder vom IT-Bereich, deren Werte an der Börse gehandelt werden. Es ist eigenartig, dass man meist nur an das Erwerbswirtschaftliche denkt, wenn man von Wirtschaft spricht. Die vom Dienstprinzip geleiteten Betriebe müssen aber genauso wirtschaften und ökonomisch handeln, nur ist ihre Triebfeder, die Frage also, warum sie tätig werden, nicht das Streben nach Gewinn, sondern es geht ihnen darum, anderen Menschen zu helfen. Wahrscheinlich hält sich die Verteilung der Tätigkeiten nach Erwerbs- und Dienstprinzip in etwa die Waage. Aber wir sprechen meist nur vom Erwerbsprinzip. Wirtschaft als Ganzes nur mit Erwerbsprinzip zu verbinden, ist eine einseitige Betrachtung. Auch die karitativen Verbände müssen ein möglichst gutes Verhältnis von Nutzen und Kosten schaffen. Das Streben nach Wirtschaftlichkeit, ob im Maximal- oder Minimalprinzip, gilt auch für die dem Dienstprinzip Unterworfenen.

Aufgang: Dienstprinzip und Erwerbsprinzip reiben sich aneinander. Es entstehen immer wieder Missstände, ich denke an das Beispiel der Krankenhäuser, die Patienten entlassen müssen, weil die Kostenübernahme durch die Krankenkasse nicht gedeckt ist, obwohl die Patienten noch nicht kuriert sind.

Witt: Die Möglichkeit der Apparatemedizin trägt heute dazu bei, Kuration und Rehabilitation von Patienten weithin zu gewährleisten.

Aber es stellt sich die Frage: Wie viele Mittel stehen zur Verfügung? Und reichen die Mittel aus, um allen in der bestmöglichen Weise helfen zu können? Chirurgen können z.B. durch die grundsätzliche Begrenzung des Zeit- und Personenfaktors nur eine bestimmte Anzahl von Operationen durchführen. Wer wird dann nicht mehr operiert? Nach welchen Gesichtspunkten wird die Auswahl getroffen? Die Antwort auf diese Frage ist sehr schwierig. Oder ganz aktuell: Wem soll im konkreten Fall Asyl gewährt werden? Können wir alle Asylanten aus Syrien aufnehmen? Wenn nicht, nach welchen Kriterien soll die Begrenzung erfolgen? Auch hier muss ökonomisches Handeln stattfinden, wenngleich notgedrungen.

Aufgang: Fassen wir zusammen: Ökonomisches Wachstum darf sich keinesfalls nur auf das Erwerbsprinzip begrenzen, sondern muss sich auch auf das Dienstprinzip beziehen. Wachstum ist immer zugleich menschlich-ethisches Wachstum, ein Wachstum, das die Sinnfrage des Menschen mitberücksichtigt, den Menschen als ganzen wachsen lässt und insofern auch auf das Prinzip Frieden hin abzielt.

Witt: Frieden und auch Gerechtigkeit als Grundprinzip. Gerechtigkeit auch zwischen den Geschlechtern.

Aufgang: Die Art von Ökonomie, die Sie vertreten, hat Frieden und Gerechtigkeit im Sinn, sie hat philosophischen Charakter, weil sie den Menschen mit einbezieht. Mit der Berücksichtigung des Dienstprinzips öffnet sich eine tiefere Sicht von Ökonomie, die das Menschliche mitbedenkt und der Ökonomie eine ethische Grundlage gibt. In Ihrem Ansatz steckt auch ein gutes Stück Selbstaufgabe, genauer, ein Stück Aufgabe des eigenen Ichs, noch genauer, ein Stück Aufgabe des auf sich selbst fixierten Egos. Diese Aufgabe ist verbunden mit dem Prozess der Selbstverwirklichung. Sie korreliert immer mit der Frage nach dem Sinn …

Witt: … und der Frage: Warum werde ich tätig? Kantisch: Was soll ich tun?

Aufgang: Wie beurteilen Sie nun die Vorstellung, dass es in der Wirtschaft stetiges Wachstum geben muss? Ist es notwendig und sinnvoll? Oder ist diese Vorstellung eher destruktiv, wenn man die menschliche Entwicklung mit einbezieht?

Witt: Wachstum ist notwendig, aber in einem anderen, erweiterten Sinn: Wachstum darf nicht auf materiellen Wohlstand begrenzt bleiben, sondern muss wesentlich auch auf einen immateriellen

Wohlstand abzielen. Der Mensch wird kein Glück darin finden, wenn er meint, neben der möglichst großen eigenen Villa und dem Erst- und Zweitwagen irgendwann auch eine Luxusjacht besitzen zu müssen. Glück ist immer auch an Zufriedenheit und Freiheit von diesen Dingen geknüpft. Wachstum ist richtig und wichtig, aber die Art und Weise und die Richtung des Wachstums sind entscheidend. Wenn ökonomisches Wachstum den Aspekt des menschlichen Wachstums mitberücksichtigt, wird Wachstum richtig verstanden und hat dann auch die richtige Richtung.

Aufgang: Ich bedanke mich für das Gespräch und wünsche Ihnen, dass das Dienstprinzip in Zukunft mehr Bedeutung in unserer Wirtschaft erhält.

Silja Graupe
Wirtschaftswachstum und Bildungswiderstand
Von der Freiheit und Unfreiheit des ökonomischen Denkens

Unbestritten ist Wirtschaftswachstum eines der wichtigsten gesellschaftlichen Ziele der Gegenwart. „Angemessen und stetig" soll es sein – so formuliert es das 1967 in Kraft getretene „Gesetz zur Förderung der Stabilität und des Wachstums der Wirtschaft". Immer mehr und immer schneller soll es werden, wie das Wachstums*beschleunigung*sgesetz aus dem Jahre 2009 allein schon dem Wortlaut nach verdeutlicht. Wachstum ist *die* Messlatte sowohl für Unternehmen als auch für die Politik; es entscheidet über Erfolg und Misserfolg – nicht nur an den Börsen. Wenn hingegen der „Wachstumsmotor" stottert, versetzt dies politische wie gesellschaftliche Akteure gleichermaßen in Alarmbereitschaft. Selbst das Schicksal hunderttausender Flüchtlinge lässt sich heutzutage problemlos unter den Vorzeichen des Wachstums diskutieren. „Der starke Flüchtlingszuzug wirkt wie ein kleines Konjunkturprogramm", meint etwa der Chef des Kölner Instituts der deutschen Wirtschaft (IW), Michael Hüther (vgl. Giaramita 2015). Flüchtlinge bringen Wachstum – so lautet das knappe Fazit einer Studie des IWF (vgl. Shekar 2016).

Je mehr alle Bereiche des Lebens unter dem Aspekt ihres Beitrags zum wirtschaftlichen Wachstum beurteilt werden, desto intensiver sollten wir nach seiner eigenen Bedeutung fragen. Was *ist* dieses unaufhörliche Wachstum, das mittlerweile in den unterschiedlichsten Lebensbereichen – von der Bildung über die Integration bis hin zum Gesundheitswesen – als Handlungsmaßstab dient? Diese Frage sollte nicht nur Befürworter dieser Form der Entwicklung umtreiben, sondern auch deren Kritiker. Denn wer die Grenzen des Wachstums aufzuzeigen oder sich für Degrowth, Postwachstum oder Entwachstum einzusetzen sucht, sollte zu sagen verstehen, gegen was genau sich seine Bedenken richten. Dennoch mag meine Frage nach dem *Wesen* des Wirtschaftswachstums auf den ersten Blick überraschen. Zu sehr sind wir an den Gebrauch dieses Begriffes gewöhnt, als dass er uns tatsächlich noch als *frag-würdig* erschiene. Zu häufig wird in Politik und Medien *mit* diesem Begriff, zu selten aber *über* ihn argumentiert. Zwar wird Wirtschaftswachstum als Rechtfertigung für die permanente Umwälzung und Neustrukturierung unterschiedlichster Wirtschafts- und Lebensbereiche verwendet. Doch was sich hinter ihm selbst verbirgt, bleibt auf merkwürdige Weise im Dunkeln. Was also *ist* Wirtschaftswachstum? Zunächst lässt sich feststellen, wie jung der Begriff ist. Das Deutsche Wörterbuch von Jacob und Wilhelm Grimm verzeichnet ihn bis zu seinem Abschluss im Jahr 1961 nicht. Bis vor Kurzem galt also jenes Merkmal, das uns heute als zentral für die Beurteilung wirtschaftlichen und auch politischen Erfolgs gilt, weder als erwähnenswert noch als erklärungsbedürftig. Zwar kennt das Grimm'sche Wörterbuch den Begriff „Wachsthum" ebenso wie einen „raschen, unaufhaltsamen Fortschritt" (*progressus*), doch stehen diese in keiner Verbindung zu wirtschaftlichen Fragen.[1] Tatsächlich wird der Begriff des Wirtschaftswachstums wesentlich erst nach dem Zweiten Weltkrieg geprägt – und zwar im Rahmen der ökonomischen Theorie. Dabei erhält er zugleich eine präzise Bedeutung: Er bezeichnet die Zunahme einer wirtschaftlichen Größe über die Zeit. Wirtschaftliches Wachstum wird dabei meist angegeben als prozentuale Veränderung im Zeitablauf im Sinn von monatlichen, vierteljährlichen oder jährlichen Wachstumsraten. Der Wachstumsbegriff wird im engeren Sinn auf gesamtwirtschaftliche Größen bezogen und interpretiert als dauerhafte (langfristige) Zunahme des realen Bruttoinlandsprodukts (BIP), das seinerseits in Geld gemessen wird.[2] Sprechen Ökonomen also von „Wirtschaftswachstum", so drücken sie bloße Zahlenverhältnisse aus. Dabei setzen sie aber Wesentliches voraus: Damit sich von Wirtschaftswachstum in ihrem Sinne sprechen lässt, muss die Welt und alles, was sich von ihr aussagen lässt, *zuvor* auf die reine Zahl reduziert sein.

Gewiss mag nicht nur den Ökonomen, sondern auch uns selbst diese Denkweise so selbstverständlich sein, dass wir sie kaum je

---

[1] Vgl. Deutsches Wörterbuch von Jacob und Wilhelm Grimm. 16 Bde. in 32 Teilbänden. Leipzig 1854-1961.
[2] Vgl. Duden: Wirtschaft von A bis Z 2013. Stichwort: Wirtschaftswachstum.

reflektieren. Von einem Wirtschaftswachstum von zwei, drei oder minus einem Prozent zu sprechen, ist uns zu nah, als dass wir uns darüber noch wundern könnten. Doch tatsächlich verbirgt sich dahinter ein höchst erstaunlicher Prozess des Denkens: gleichsam eine heroische Form totaler Abstraktion. Auf diesen Prozess und seine Folgen für unser Handeln möchte ich in meinem Beitrag die Aufmerksamkeit lenken. Dabei kommt es mir weniger auf die Frage an, was genau sich alles in ökonomische Wachstumsformeln einbeziehen lässt. Vielmehr gehe ich der grundlegenden Fragestellung nach, wie und unter welchen Bedingungen gesellschaftliche Entwicklung ihren Ausdruck in reinen Zahlenwerten finden kann. Wie muss unser Denken hierfür gelenkt, worauf ausgerichtet sein? Um diese Frage zu beantworten, werde ich in den folgenden zwei Abschnitten zunächst einen allgemeineren Exkurs in die ökonomische Theoriegeschichte unternehmen und mich dabei auch dem ökonomischen Wachstumsdenken im Besonderen widmen. Wichtig ist mir dabei nicht so sehr eine umfassende Darstellung dieser Geschichte um ihrer selbst willen. Stattdessen ist mir daran gelegen, einen Freiraum des Denkens zu schaffen, in dem wir uns selbst über die Herkunft unserer eigenen, individuellen wie gesellschaftlichen wirtschaftlichen Denkweisen bewusst werden können. Weder allein um historische Fakten, noch um eine bloße Kritik geht es mir, sondern um die Befähigung, sich des ökonomischen Denkens aktiv zu bemächtigen. Dafür, so scheint es mir, müssen wir zunächst in den geschichtlichen Entstehungsprozess von Denkmustern wie das des Wirtschaftswachstums eintauchen und sie in ihrer Genese umfassend zu verstehen suchen. Erst auf dieser Grundlage können wir hoffen, die Zukunft aktiv gestalten und verändern zu können.

Die qualitative Entleerung des Denkens: Ökonomie als unreflektierte Erfahrungswissenschaft

Zunächst wende ich mich Alfred Sohn-Rethel (1899-1990) zu. Der Nationalökonom und Sozialphilosoph macht in seinem Werk deutlich, wie der ökonomische Wertbegriff, der alles in Geld auszudrücken versucht, eine *Realabstraktion* darstellt. Mit diesem Begriff bezeichnet Sohn-Rethel einen Denkprozess, der seinen Ursprung im konkreten wirtschaftlichen Handeln nimmt, sodann aber von immer mehr qualitativen Eigenschaften der Dinge und des Lebens absehen lehrt. Ich zitiere Sohn-Rethel etwas ausführlicher, um diesem Gedanken genauer auf die Spur zu kommen:

> Das Wesen der Warenabstraktion aber ist, daß sie nicht denkerzeugt ist, ihren Ursprung nicht im Denken der Menschen hat, sondern in ihrem Tun. Und dennoch gibt das ihrem Begriff keine bloße metaphorische Bedeutung. Sie ist Abstraktion im scharfen wörtlichen Sinne. Der ökonomische Wertbegriff, der aus ihr resultiert, ist gekennzeichnet durch vollkommene Qualitätslosigkeit und rein quantitative Differenzierbarkeit und durch Anwendbarkeit auf jedwede Art von Waren und von Dienstleistungen, welche auf einem Markt auftreten mögen. Mit diesen Eigenschaften hat die ökonomische Wertabstraktion in der Tat frappante äußere Ähnlichkeit mit tragenden Kategorien der quantifizierenden Naturerkenntnis [...]. Während die Begriffe der Naturerkenntnis Denkabstraktionen sind, ist der ökonomische Wertbegriff eine Realabstraktion. Er existiert zwar nirgends anders als im menschlichen Denken, er entspringt aber nicht aus dem Denken. Er ist unmittelbar gesellschaftlicher Natur, hat seinen Ursprung in der raumzeitlichen Sphäre zwischenmenschlichen Verkehrs. Nicht die Personen erzeugen diese Abstraktion, sondern ihre Handlungen tun das, ihre Handlungen miteinander. (Sohn-Rethel 1970, 41f.)

Auch wenn Sohn-Rethel eher als marxistischer Denker gilt, so findet sich in dieser Textpassage wenig, das der neoklassischen Theorie des 19. Jahrhunderts, dem methodischen Fundament des heutigen ökonomischen Mainstreams, fremd wäre. Auch diese Theorie setzt die alltägliche wirtschaftliche Erfahrung, alles und jedes auf Märkten zu tauschen und dabei in Geld zu bemessen, als gegeben voraus. Als Beispiel sei hier das Werk des französischen Ökonomen Léon Walras (1834–1910), *Eléments d'économie politique pure*, aufgeführt. Auch diesem liegt die Idee zugrunde, der Wert der Dinge bestimme sich durch Verkäufe und Käufe auf Märkten (vgl. Walras 1954, 67f.). Jedes Denken, das wie selbstverständlich allen Dingen und Prozessen Zahlenwerte zuordnet, basiert auf unserem alltäglichen wirtschaftlichen Tun, unserem tatsächlichen Handeln auf Märkten, unserem Rechnen in Geld (und damit in Preisen) (vgl. ebd. 68).

Walras zieht, ebenso wie andere Neoklassiker, daraus eine folgenschwere Konsequenz: Er lehnt es ab, im Grunde aller Tauschwerte lediglich alltägliche, praktische Gewohnheiten zu erkennen, denen wir Menschen zwar folgen *können*, nicht aber *müssen*. Stattdessen fordert er seine Leser dazu auf, den Tauschwert als *natürliches Phänomen* zu betrachten, das unabhängig von seiner ursprünglich sozialen Grundlage *universelle* Gültigkeit haben soll.

> Thus any value in exchange, once established, partakes of the character of a natural phenomenon, natural in its origins, natural in its manifestations and natural in essence. (ebd. 69)

Auf diese Weise erklärt Walras die Preisbeziehungen der Wirtschaft zu einem unveränderlichen Gesetz, das wir den Naturgesetzen gleich als Ausgangspunkt *allen* weiteren Denkens und Handelns akzeptieren sollten:

> This does not mean that we have no control over prices. Because gravity is a natural phenomenon and obeys natural laws, it does not follow that all we can do is to watch it operate. We can either resist it or give it free rein, whichever we please, but we cannot change its essence or its laws. It is said we cannot command nature except by obeying her. This also applies to value. (ebd.)

Friedrich August Hayek (1899−1992), einer der wichtigsten Begründer des Neoliberalismus und Vertreter der österreichischen Schule der Nationalökonomie, hat treffend bemerkt, dass es sich hier nicht nur um eine einfache Beschreibung, sondern um einen normativen Anspruch handelt: Wir sollen glauben, es sei die „Funktion der Preise [...] den Menschen zu sagen, was sie tun *sollen*" (zitiert in Brodbeck 2009, 47, meine Hervorhebung). Nicht nur sollen wir die rein geldförmigen Signale des Marktes als „natürliche Phänomene" anerkennen, sondern auch als Befehle interpretieren, „die dem Einzelnen sagen, was er tun muss, um sich in diese Ordnung einzufügen". (ebd.)

Hayek weiß, ebenso wie andere namhafte Vertreter der österreichischen Schule, dass er an dieser Stelle eine äußerst eigentümliche Form von „Gesetzen" postuliert. Denn streng genommen soll das Diktat der Preise seine Wirkung nicht außerhalb von uns Menschen, sondern *durch uns hindurch* entfalten. Wir sollen die allgemeine Gewohnheit marktförmiger Gesellschaften, alles und jedes in Geld auszudrücken, unumstößlich zur *Grundlage* sämtlichen Denkens, Fühlens und Wollens machen, ohne diese Basis je infrage zu stellen. In unmissverständlicher Klarheit formuliert Hayek:

> Der Geist bringt nicht so sehr Regeln hervor, sondern besteht vielmehr aus Regeln des Handelns, d.h. aus einem Komplex von Regeln, die er nicht gemacht hat". (Hayek 1980, 34)

Anders gesagt, will Hayek uns davon überzeugen, „dass wir so viel Erfahrung nutzen können, nicht, weil wir diese Erfahrung besitzen, sondern weil sie, ohne daß wir dies wissen, in den Denkschemata, die uns leiten, verkörpert ist" (ebd. 49). Mindestens ebenso prägnant formuliert den Sachverhalt Friedrich Freiherr von Wieser, Mitbegründer der österreichischen Schule.

Auch er meint, die ökonomischen Gesetze vollzögen sich in jedem Menschen

> mit dem Gefühle der Notwendigkeit, und dieses Zeugnis darf nicht unterschlagen werden. […] Wir erhalten diese Kenntnis, […] ohne in die psychologischen und physiologischen Unterlagen des Gesetzes eindringen zu müssen, in die wir nicht eindringen wollen; wir wollen immer nur auf der Oberfläche des Bewußtseins bleiben, gehen niemals in seine entlegeneren Tiefen und am allerwenigsten unter seine Schwelle. (Wieser 1929, 29)

Unterhalb der Schwelle des (aktiven) Bewusstseins lässt uns Wieser einen „Schatz der gemeinen wirtschaftlichen Erfahrung" vermuten, in dem bereits „alle wichtigen Tatsachen der Wirtschaft aufgesammelt" sein sollen (ebd. 17). Die Realabstraktion Sohn-Rethels, also die beständige Reduktion aller Qualitäten auf einen geld- und damit zahlenförmigen Ausdruck in unseren alltäglichen Tauschakten, wird bei Wieser zu „gewissen Akten im Bewusstsein", die mit dem „Gefühle der Notwendigkeit vollzogen werden". Sie soll eine „Stimme des Gesetzes" darstellen, die „jeder in sich selbst … deutlich vernimmt" – auch und gerade jeder Wissenschaftler (ebd.). So sieht es auch Hayek: "In the social sciences it is the elements of complex phenomena which are known to us beyond the possibility of dispute" (Hayek 1979, 66).

Unsere sozialen Interaktionen im Sinne des beständigen Austausches von Waren und Dienstleistungen auf der Basis von Geld sollen uns bedingungslos zur zweiten Natur werden. Wieser meint:

> Auf die Frage nach dem letzten Warum, auf die Frage, wie es kommt, daß ich denke und nach gewissen Regeln denke, werde ich mir im letzten Grunde mit Lichtenberg antworten müssen: ‚es denkt'. Das Bewußtsein arbeitet unbewußt und kann sich keine Rechenschaft darüber geben, warum die Tatsachen in ihm hervortreten und verschwinden, es gibt noch ein Etwas unter der Schwelle seines Bewußtseins, wovon dieses abhängig ist, das wir nicht beherrschen und das unserem Sinn so fremd ist wie die äußere Natur. (Wieser 1929, 18)

Noch deutlicher gesagt, soll eine *einzige* Form sozialer Gewohnheit in absoluter und unveränderlicher Form in alle Menschen eingeschrieben sein. Ebenso wie es nicht mehrere Fallgesetze gibt, so sollen im menschlichen Erfahrungsschatz keine vielfältigen Sphären zwischenmenschlicher Begegnung aufgesammelt sein können;

gesetzmäßig soll dieser nur jenen der geldförmigen Wirtschaft umfassen. Eine Vielfalt von Handlungsformen, die unser Bewusstsein prägen, soll es nicht geben; sie wird kategorisch ausgeschlossen. Zwar erkennen Autoren wie Hayek und von Wieser, dass unser Denken dem existenziellen Grund lebendiger Erfahrung entspringt; doch in diesen Grund soll es selbst nicht vordringen können. Unser aktives Bewusstsein soll erst einsetzen, nachdem es blindlings einen ganz konkreten Erfahrungsbereich, eben jenen der geldförmigen Wirtschaft, als sein ausschließliches Fundament akzeptiert hat.

Was bedeutet dies konkret für das ökonomische Wachstumsdenken? Wie gesagt, messen Ökonomen wie Politiker Wachstum heutzutage fraglos in Werten des Bruttoinlandsproduktes. Ohne zu zögern, bezeichnen sie damit den Gesamtwert aller Güter, d.h. Waren und Dienstleistungen, die binnen eines Jahres innerhalb einer Landesgrenze hergestellt und marktförmig bewertet, also mit Preisen versehen werden. Selbstverständlich mögen sie immer wieder darüber streiten, wie genau zu messen ist. Aber über den rein quantitativen Maßstab – ausgedrückt in Geldeinheiten – sind sie sich ebenso einig wie über dessen (unbedachte) Voraussetzung: die Realabstraktion der raumzeitlichen Sphäre zwischenmenschlichen Verkehrs im Sinne Sohn-Rethels. Auf diese Weise vermag das ökonomische Denken tatsächlich auf unbewusster Grundlage zu arbeiten, wie Hayek und von Wieser vermuteten. Wenn wir von Wirtschaftswachstum im ökonomischen Sinne reden und im BIP ausdrücken, dann haben wir uns bereits dafür entschieden, alles auf handelbare Quantitäten zu reduzieren und diese wie der Kaufmann vollkommen selbstverständlich in Marktpreisen zu bewerten. Wie und warum sich diese Marktpreise durch unsere konkreten wirtschaftlichen Handlungsvollzüge bilden, bleibt unterhalb der Wahrnehmungsschwelle verborgen. In der Folge bleiben auch die eigentlichen Quellen des Wachstums unsichtbar: Messen die Ökonomen ein höheres BIP, setzt dies Änderungen in der raumzeitlichen Sphäre des zwischenmenschlichen Verkehrs voraus, ohne sie umgekehrt erklären zu können. Fest steht einzig und allein, dass Wachstum unerbittlich ein *Mehr* an geldförmig Bewertetem vorauszusetzen scheint.

Die Funktionalisierung des Denkens: Ökonomie als reine Wissenschaft

Doch die ökonomische Theorie, wie sie gegenwärtig die Wirtschaftswissenschaft dominiert, bleibt an diesem Punkt der Abstraktion nicht stehen. Eher vollzieht sie, auch und gerade in der Wachstumstheorie, nochmals eine Wende von der Realabstraktion hin zur reinen Denkabstraktion; jene Wende also, die Sohn-Rethel in obigem Zitat eigentlich für die moderne Naturerkenntnis reserviert hatte. Um diesen wichtigen Punkt genauer zu erläutern, kehre ich nochmals zu Léon Walras zurück. Der französische Ökonom beharrt nicht nur darauf, dass die Preise ein „natürliches Phänomen" darstellen, sondern betont zugleich auch deren „mathematischen Charakter":

> Wheat is worth 24 francs a hectolitre. We observe now, that this phenomenon is mathematical in character as well. (Walras 1954, 69f)

Aus dieser Einsicht wiederum zieht er, wobei ihm auch hier wieder die neoklassische Theorie insgesamt gefolgt ist, eine folgenschwere Konsequenz:

> The theory of value in exchange is really a branch of mathematics which mathematicians have hitherto neglected. (ebd. 70)

Das ökonomische Denken soll nicht nur ein *praktisch* rechnendes sein wie das des Kaufmanns; es soll darüber hinaus so formal abstrakt werden, dass es mathematisch im reinen Sinne genannt werden kann. Walras fordert eine „reine Theorie der Ökonomie, die den physikalisch-mathematischen Wissenschaften *in jedem* Aspekt gleicht" (ebd. 71, meine Hervorhebung[3]). Hierfür soll sich das ökonomische Denken an einer mathematischen Methode orientieren, die *vollkommen* rational ist, d.h. nicht mehr der menschlichen Erfahrung entspringt, sondern sich von dieser vollständig zu distanzieren sucht.

Es ist nicht leicht, diese Forderung im Denken bewusst nachzuvollziehen. Walras macht allerdings die dahinterstehende Denkanweisung unmissverständlich deutlich (vgl. im Folgenden ebd.): Zunächst fokussiere sich unsere Aufmerksamkeit allein auf die alltägliche Erfahrungswelt der geldförmigen Tauschwirtschaft, um daraus durch Realabstraktion alle wesentlichen Konzepte der

---

[3] Alle Übersetzungen aus dem Englischen stammen in diesem Artikel von mir.

ökonomischen Theorie – Preis, Angebot, Nachfrage, Gut etc. – zu gewinnen. Doch der Prozess abstrahierenden Denkens soll an dieser Stelle nicht enden. Sobald die Ökonomie diese Konzepte – Walras nennt sie treffend *real-type concepts* – aus der wirtschaftlichen Erfahrungswelt gewonnen hat, fordert sie dazu auf, nochmals einen Bruch mit *aller* und damit auch der allgemeinen wirtschaftlichen Erfahrung zu vollziehen. Wir sollen in unserem Denken die *real-type concepts* durch *ideal-type concepts* ersetzen, wobei sich Letztere aus der Mathematik definieren:

> This much is certain, however, that the physico-mathematical sciences, like the mathematical sciences, in the narrow sense, do go beyond experience as soon as they have drawn their type concepts from it. From real-type concepts, these sciences abstract ideal-type concepts which they define, and then on the basis of these definitions they construct a priori the whole framework of their theories and proofs. After that they go back to experience not to confirm but to apply their conclusions.[…] Following these same procedures, the pure theory of economics ought to take over from experience certain type concepts, like those of exchange, supply, demand, market, capital, income, productive services and products. From these real-type concepts the pure science of economics should then abstract and define ideal-type concepts in terms of which it carries on its reasoning. The return to reality should not take place until the science is completed and then only with a view to practical applications. (ebd.)

Die ökonomische Theorie fordert uns also dazu auf, sich in eine Welt apriorischen, d.h., *erfahrungsunabhängigen* Denkens zu begeben. Konkret meint dies, alles in der Welt nur noch als bloße Quantität ohne jeglichen inhaltlichen Erfahrungsbezug zu erfassen. Nicht mehr auf zwischenmenschliche Interaktionen kommt es an, selbst nicht auf rein kaufmännische, ja noch nicht einmal mehr auf den bloßen Geldverkehr. Vielmehr soll in uns ein vollkommen neues, abstraktes *Bild* der Wirtschaft entstehen, das *nur* noch auf reinen Zahlen gründet. Hierfür muss jeglicher Inhalt zur reinen Variablen und somit vollkommen qualitätslos werden. Da aber nichts in der Welt reine Zahl *ist*, müssen wir es im Denken mithilfe unserer Vorstellungskraft zu dieser *machen*. So müssen wir von allem abstrahieren, was sich nicht rein abzählen und auf einem Zahlenstrahl anordnen lässt. Zwei Bananen sind weniger als drei Bananen; dieses Verhältnis lässt sich mathematisch klar ausdrücken ($x_1 < x_2$), aber damit soll eben auch schon *alles* über die Welt der Bananen (und den Handel damit) gesagt sein. Zugleich lässt sich die Aussage des bloßen Mehr oder Weniger auch über alles andere treffen. Was eine Banane wirklich *ist*, was ihren

Unterschied etwa zu einer Arbeitsstunde oder einem Auto tatsächlich ausmacht, darüber sagt die Welt der reinen Mathematik nichts aus. Was sie neben der Eigenschaft, reine Zahl zu sein, noch sein mag, muss uns vollkommen gleichgültig werden. Gewiss gilt:

> Keine Größe, kein Inhalt ist Variable, Nicht-Größe, reines Quantum; doch indem ein bestimmter, und zwar jeder beliebige Inhalt zur Bedeutung einer Variablen genommen werden kann oder umgekehrt die Variable ihm zur Form gemacht, wird die gesamte Welt der Inhalte funktional denkbar und in Funktionen berechenbar. (Bockelmann 2012, 350)

Gleich, was der Ökonom an die Achsen seiner Diagramme schreibt oder als Variable ausdrückt, ob Bananen, Aktien oder Schulstunden: Stets muss er sie unabhängig von jeglicher alltäglichen Bedeutung als reine Quantität *ohne* qualitative Bestimmung ansehen. Dies gilt auch für das Geld. Selbstverständlich offenbart sich hier ein tiefer Widersinn: Der Ökonom möchte Aussagen über die Welt treffen, aber sofern er dies rein rechnend tut, muss er sie zugleich aller erfahrungsbezogenen Bestimmung entledigen.

Sobald also die Welt, ausgedrückt als bloßes BIP, Eingang in Wachstumsformeln findet, muss sie auf reine Zahlen reduziert sein. Nichts kann mehr auf eine inhaltlich bestimmte Realität verweisen, weil sich sonst nicht auf funktionale Weise rechnen ließe, wie es diese Formeln erfordern. Erkenntnistheoretisch gesprochen muss das ökonomische Denken also einen Bruch mit jeder menschlichen Erfahrungswelt vollziehen. Die Idee des Wachstums wird damit zugleich inhaltsleer und formal eindeutig bestimmbar, wobei beide Seiten unauflöslich miteinander zusammenhängen. „Wachstum" stellt, grafisch ausgedrückt, nichts anderes als die reine Bewegung einer Kurve nach oben dar. Auf diese Weise lässt uns die ökonomische Wachstumstheorie in einen hoch abstrakten akademischen Elfenbeinturm entfliehen. Zwar dienen die Realabstraktionen der Wirtschaft, Walras' *real-type concepts*, gleichsam als Eingangstor zu diesem Turm, aber auch sie müssen wir zurücklassen.

Im gleichen Zuge, in dem alles in der Welt zur bloßen Variable wird, wandelt sich auch der Charakter der „Gesetze". Denn um völlig qualitätslose Variablen zueinander in Beziehung zu setzen, können wir diese Gesetze nicht mehr in der Erfahrungswelt verankern, wie es Hayek und von Wieser vorschlugen, noch nicht einmal auf unbewusste Weise. Wir müssen sie vielmehr einem Bereich außerhalb der wirtschaftlichen Handlungswelt, ja jeglicher realen Sphäre überhaupt entlehnen: den Funktionen der Mathematik. Der italienische Ökonom Vilfredo Pareto (1848–1923) macht explizit deutlich, wie sehr sich die neoklassische Theorie auf die Gleichungen der reinen Mechanik stützt, die wiederum der reinen Mathematik entstammen:

> Let us go back to the equations which determine equilibrium. ... 'These equations do not seem new to me. I know them well, they are old friends. They are the equations of rational mechanics.' That is why pure economics is a sort of mechanics or akin to mechanics ... mechanics can be studied leaving aside the concept of forces. In reality this does not all matter much. If there is anyone who does not care to have mechanics mentioned, very well, let us disregard the similarity and let us talk directly about our equations. (Pareto zitiert in Mirowski 1989, 222)

Auch wenn darüber selbst unter Ökonomen immer wieder Verwirrung herrscht: Niemand hat die mathematischen Gleichungen der ökonomischen Theorie je *beobachtet*, auch nicht in der Wirtschaft. Vielmehr liegen sie aller Erkenntnis über die Wirtschaft voraus. Ein Beispiel: Das Institut für Wirtschaftsforschung (ifo) beschreibt den Beitrag der Bildung zum Wirtschaftswachstum mit folgender Formel (Wößmann / Piopiunik 2009, 30):

$$\Delta^t = \text{Wachstumskoeffizient} * \Delta\text{PISA} * \frac{1}{\text{Erwerbslebensdauer}} * \frac{t-2010}{10} + \Delta^{t-1}$$

In dieser Formel ist „Bildung" auf ein rein zahlenförmiges „Δ PISA" reduziert. Als bloße Variable gedacht, fügt sie sich in die Gesetzmäßigkeit einer mathematischen Gleichung ein, ohne diese umgekehrt verändern zu können. Sie verhält sich, so scheint es, nach einem funktionalen Gesetz, das sich lediglich *an* ihr vollzieht.

Folgen wir dem ökonomischen Denken in das Reich der reinen Theorie, so muss uns alles so erscheinen, als folge es einem Gesetz (im Sinne der mathematischen Funktion), das systematisch außerhalb seiner selbst liegt. Vor diesem Hintergrund erhält „Wachstum" eine vollkommen neue Bedeutung: Es bezeichnet den beständigen und determinierbaren Übergang von einem inhaltslosen Zustand zum nächsten; die Bewegung hin zu einem reinen Mehr, das über keinerlei Qualität mehr verfügt. Als solches lässt es sich noch nicht einmal mehr auf einen konkret fassbaren, auf die wirtschaftliche Erfahrung bezogenen „Reichtum der Nationen" beziehen. Nichts vermag „Wachstum" mehr über die Zukunft auszusagen, als dass sie eben *anders* sein soll. Die bloße Veränderung wird zum alleinigen Wert.

Die Bedeutung rein wissenschaftlichen Denkens in der menschlichen Erfahrungswelt

Seit den Wirtschafts-, Finanz-, Währungs- und Schuldenkrisen der letzten Jahre wird der Wirtschaftswissenschaft zunehmend vorgeworfen, weltfremd zu sein. In meinen bisherigen Ausführungen habe ich versucht anzudeuten, wie total dieser Vorwurf zutrifft. Wichtig ist dabei aber zu bemerken, dass zumindest die frühen Neoklassiker diese Weltfremdheit keinesfalls als zufällig oder als eine Art Betriebsunfall ansahen. Im Gegenteil war für sie der Bruch mit aller menschlichen Erfahrung, auch der wirtschaftlichen, unabdingbare Voraussetzung, um eine wahre Wissenschaft nach dem Vorbild der reinen Mechanik und Mathematik zu begründen. Das Diktum von Léon Walras – *to go beyond experience* – kann somit als bewusst gewähltes Motto gelten. Umso erstaunlicher ist, wie sehr diese erkenntnistheoretischen Wurzeln heutzutage in Vergessenheit geraten sind. Die Ökonomen der Gegenwart sind sich zwar überwiegend einig, die Sprache der Mathematik sprechen zu müssen. Aber über die Gründe und Folgen dieser Überzeugung wissen sie erstaunlich wenig. Stattdessen ist ihnen die reine Denkabstraktion zur allgemeinen, gewohnheitsmäßigen Denkart geworden, zur „Stimme des Gesetzes", die aus ihrem Inneren vor aller konkreten Erfahrung und vor jeglicher wissenschaftlichen Überlegung spricht. Gerade das ökonomische Wachstumsdenken führt uns in die Versuchung, es ihnen gleichzutun.

Nun wäre es naiv zu glauben, die hochabstrakte Denkart der Ökonomie könne aufgrund ihrer totalen Weltfremdheit keine Folgen für die Wirklichkeit haben. Die ökonomischen Krisen der Gegenwart lassen eher das Gegenteil vermuten. Im Jahre 2012 kleidete der damalige Chefvolkswirt der Deutschen Bank, Thomas Meyer, den Sachverhalt in folgende Metapher:

Die Finanzwelt funktioniere wie ein Flugzeug, dessen Piloten allein gelernt hätten, auf ein Programm, auf ein künstliches Modell der Realität zu vertrauen, ohne auch nur annähernd über die Fähigkeit zu verfügen, den realen Berg zu erkennen, auf den ihr Flugzeug zurase, dessen Ausmaße ihr Autopilot aber nicht anzeige. Abhängig allein von hochgradig abstrakten Finanzmarktmodellen und unfähig, diese an der Wirklichkeit zu überprüfen, seien, so Meyer, selbst die fähigsten Banker eben nicht sehenden, sondern blinden Auges in die

Katastrophe gesteuert; eine Katastrophe, die ihre Blindheit zuallererst selbst verursachte. (vgl. Meyer 2012)

Vorstellungen über Wirklichkeit, so deutet sich hier an, können noch so abstrakt und weltfremd sein. Sobald sie zu handlungsleitenden Vorstellungen werden, zeitigen sie reale Konsequenzen.

Bei Walras wird das dazugehörige wissenschaftliche Programm deutlich. Meint der französische Wirtschaftswissenschaftler doch, das ökonomische Denken müsse nach seinem Sprung in die rein abstrakte Formelwelt so lange in dieser Welt verbleiben, bis diese Theorie *vollständig* entwickelt sei. Ein Abgleich mit der Realität, eine Korrektur wissenschaftlicher Erkenntnisse durch Bezüge zur Erfahrungswelt soll es im Zuge der Theoriebildung nicht geben. Doch damit nicht genug: Walras fordert, selbst fertige Theorien nicht an der Wirklichkeit zu überprüfen, sondern die Erkenntnisse, die sich daraus ziehen lassen, lediglich auf die Welt anzuwenden. „*Not to confirm but to apply their conclusions*", lautet seine Formulierung (erneut Walras 1954, 71). Abstrakt wissenschaftliche Erkenntnisse sollen also noch nicht einmal experimentell überprüft, sondern unmittelbar als handlungsleitende Ideen in die Wirklichkeit eingetragen werden.

Gewiss scheint dies auf den ersten Blick eine gewagte These zu sein. Kann es tatsächlich ein ökonomisches Denken geben, das seine „Gesetzmäßigkeiten" weder aus der wirtschaftlichen Erfahrung bezieht, noch sich an Letzterer überprüfen lässt? Im Folgenden möchte ich, in aller hier gebotenen Kürze, skizzieren, dass auch und gerade der Neoliberalismus nicht nur die Möglichkeit einer solchen Theorie gesehen und ergriffen hat, sondern auch deren potenzielle Wirkung im Hinblick auf die Beeinflussung der Öffentlichen Meinung erkannt hat: Ökonomie als Wissenschaft lässt sich dafür nutzen, abstrakte Vorstellungsbilder *von* Wirklichkeit in den Köpfen von Menschen zu verankern, die sodann handlungsleitend wirksam werden, ohne selbst noch real überprüfbar zu sein. Sehen wir genauer hin.

Hayek stellt zunächst allgemein fest:

> Die Macht abstrakter Ideen beruht in hohem Maße auf eben der Tatsache, daß sie nicht bewußt als Theorien aufgefaßt, sondern von den meisten Menschen als unmittelbar einleuchtende Wahrheiten angesehen werden, die als stillschweigend angenommene Voraussetzungen fungieren. (Hayek, 1980, S. 100)

Uns sollen ökonomische Theorien als wahr gelten, ohne dass wir die Richtigkeit ihrer Geltung überprüfen könnten. So verstanden, erlangt wissenschaftliche ‚Wahrheit‘ im Rahmen eines Machtsystems an Bedeutung: Wessen Theorie anderen unreflektiert als Wahrheit gilt, kann, so macht Hayeks Zitat deutlich, die Welt regieren.

Walter Lippmann, enger Weggefährte Hayeks, baut diese Grundidee bereits in seinem Werk *Public Opinion* (1922) aus. Er sagt zunächst: „Wir sind alle Sklaven der Bilder in unseren Köpfen." Sodann schreibt er, es gehe um

> das Einfügen einer Scheinwelt (*pseudo-environment*) zwischen Mensch und seiner Umwelt. Zu dieser Scheinwelt ist sein Verhalten eine Reaktion. Aber weil es ein Verhalten darstellt, vollziehen sich seine Konsequenzen, wenn sie Akte darstellen, nicht in der Scheinwelt, in der sein Verhalten stimuliert wird, sondern in der realen Umwelt, in die seine Tätigkeiten eintreten. (Lippmann, 1922, 15)

Der Mensch soll nicht inmitten seines Alltags bewusst leben und aus diesem Engagement seine Wahrnehmung formen. Vielmehr sollen vorgegebene Vorstellungsbilder ihn von dieser Welt *trennen*. Das Markenzeichen des Stereotyps, wie Lippmann diese Bilder auch nennt, ist, „dass es dem Gebrauch des Verstandes vorausgeht; es ist eine Form der Wahrnehmung und zwingt den Sinneseindrücken einen bestimmten Charakter auf, bevor diese Eindrücke den reflektierenden Verstand erreichen" (ebd. 70). Auf diese Weise errichtet es eine kognitive Barriere zwischen Mensch und Welt. „Der reale Raum, die reale Zeit, reale Zahlen, reale Beziehungen, reale Gewichte gehen verloren. Die Perspektiven und die Hintergründe und die Dimensionen der Handlung werden abgeschnitten und eingefroren im Stereotyp" (ebd. 110). Alle Entscheidungen werden gleichsam automatisch nur noch auf der Basis einer vorgegebenen Weltanschauung getroffen. „Mentale Gewohnheiten", schreibt Edward Bernays, der große Erfinder und Entdecker der Propaganda und der Public Relations Anfang des letzten Jahrhunderts, „sollen in der gleichen Weise Stereotype hervorbringen, wie physische Gewohnheiten reflexartige Handlungen stimulieren" (Bernays 1961, 162). Dieser Auffassung nach kann der Mensch auf der Basis je schon vorgegebener Bewusstseinsinhalte auf seine Umwelt allein reagieren. Etwas philosophischer formuliert, ist er auf ein bloßes Bewusstsein-von reduziert: Er soll die Welt allein aufgrund eingefahrener Denkgewohnheiten wahrnehmen, nicht aber dieser Gewohnheiten als seiner eigenen gewahr werden können. Die einfache Tatsache, dass wir als freie Menschen immer auch über die Fähigkeit verfügen, uns über die eigenen Bewusstseinsinhalte aufzuklären und sie in der Folge zu verändern, wird somit übergangen bzw. ausgeschlossen. Der Mensch mag frei sein, alles in der Welt zu wählen. Aber er soll nicht entscheiden können, auf welcher Grundlage er dies tut.

In den Augen Hayeks und Lippmanns ist es gerade Aufgabe der Wirtschaftswissenschaft, die Wahrnehmungsfähigkeit von Menschen auf wenige Abstraktionen einzuschränken, die „nicht ein Produkt des Geistes [sind], sondern eher, was den Geist ausmacht" (Hayek 1949, 48). Sie kann für ein *blindes* Vertrauen in und einen *absoluten* Gehorsam gegenüber einer bestimmten Form der Weltanschauung sorgen – und zwar „nicht durch bewusste Wahl oder absichtliche Selektion, sondern mittels eines Mechanismus, über den wir nicht bewusst Kontrolle ausüben" (ebd., 49). Ihre eigentliche Aufgabe lautet damit, die Wirtschaft nicht als reales Phänomen zu erforschen, sondern eine bestimmte Art und Weise des Denkens im Sinne des Lippman'schen Stereotyps in den Köpfen der Menschen zu etablieren. Sie soll abstrakte und weltfremde Modelle *über* die Wirtschaft zwischen den normalen Menschen und seine realen Lebensumstände sowie zwischen Politiker und ihre tatsächlichen Verantwortungsbereiche schieben; eine Aufgabe, der sich gerade die neoliberalen Think Tanks explizit widmen, so etwa das von Hayek mitgegründete *Institute of Economic Affairs* (vgl. Blundell 2015).

Bereits in den zwanziger Jahren des letzten Jahrhunderts zählte Lippmann die Idee des „Fortschritts" zu den wichtigsten Stereotypen unseres modernen Lebens, speziell in den Vereinigten Staaten:

> An American will endure almost any insult except the charge that he is not progressive. (…) That constitutes a fundamental stereotype through which he views the world: the country village will become a great metropolis, the modest building a skyscraper, what is small shall be big, what is slow shall be fast, what is poor shall be rich, what is few shall be many; whatever is shall be more so. (Lippmann 1922, 78)

„Fortschritt", verstanden als Stereotyp, soll laut Lippmann nicht nur unsere normativen Vorstellungen, sondern grundlegender auch die Wahrnehmung von Fakten prägen:

> And yet, this pattern [progress as stereotype, S.G.] is a very partial and inadequate way of representing the world. The habit of thinking about progress

as 'development' has meant that many aspects of the environment were simply neglected. With the stereotype of 'progress' before their eyes, Americans have in the mass seen little that does not accord with this progress. (ebd. 79)

Das kontinuierliche Anwachsen von Slums, Landflucht, ungebremste Immigration, Naturzerstörung und das blanke Hineinstolpern in den Ersten Weltkrieg – solche bedrohlichen Phänomene machten das Stereotyp des „Fortschritts" vergessen (vgl. ebd.). Als „blinde Flecke" bleiben sie unterhalb der Wahrnehmungsschwelle, wenngleich sie real erlitten werden.

Auch wenn Lippmann in den 1920er Jahren die Idee des reinen Wirtschaftswachstums, verstanden als bloße Formel, noch nicht kennt, ist ihm bereits bewusst, wie gut sich mathematische und statistische Modelle dafür eignen, Politiker von *jeglicher* konkreten Wirklichkeit eines Entscheidungsgebietes zu distanzieren, so dass sie sich auf rein abstrakte Vorstellungsbilder von dieser Wirklichkeit verlassen müssen, ohne deren eigentliche Quelle zu kennen oder überprüfen zu können. Für den Kreis der Wissenschaftler, der diese Bilder durch seine Formelwelten zu prägen verstehen, ergibt sich laut Lippmann potenziell ein ungeheurer Machtzuwachs:

Anstatt die Fakten zu generalisieren, die ihm die Praktiker überlassen, schafft er diese Fakten für die Praktiker. Dies stellt einen bedeutenden Wandel in seiner strategischen Position dar. Er steht nicht einfach mehr außen vor, allein das Wissen der geschäftigen und wichtigen Leute wiederkäuend, sondern nimmt nun seinen Platz vor der Entscheidung, nicht mehr danach ein. (ebd. 249)

Und so lässt sich bereits vor knapp hundert Jahren die Machtfülle erkennen, welche das ökonomische Wirtschaftswachstum über die Sphäre der Politik erlangen kann: Sobald es als Stereotyp begriffen wird, kann es aufgrund seiner vollkommenen Abstraktheit dazu verleiten, jegliche konkrete Wahrnehmung des wirtschaftlichen Alltags in all seiner Vielfältigkeit und Problematik zu unterdrücken und stattdessen ein einfaches Denkmuster als handlungsleitend zu akzeptieren: die Idee der reinen Veränderung als zugleich unabänderliche und erstrebenswerte Vorstellung.

Joseph Schumpeter (1883−1950) etwa hat noch bewusst darauf verwiesen, dass Entwicklung immer auch Zerstörung bedeutet (vgl. Schumpeter 1942). Alte Strukturen müssen beständig vernichtet werden, um auf ihren Trümmern neue errichten zu können. Dies gilt nicht nur im materiellen, sondern auch im sozialen Sinne: Erst die beständige *Entwurzelung* von Kultur und Tradition führt zu Veränderung. Doch wer allein noch auf reine Charts und Statistiken blickt, dem entgleiten die realen Folgen von Veränderungsprozessen vollständig. Es gilt hier, was Lippmann über Stereotype im Allgemeinen schreibt: Sie errichten eine unüberwindlich erscheinende Barriere zwischen menschlicher Wahrnehmung auf der einen und Fakten auf der anderen Seite und schaffen es, jede Art von Zweifel auszuschließen: „Das Kennzeichen des Stereotyps ist, dass es dem Gebrauch des Verstandes vorausgeht. [...] Das Stereotyp ist ... wie der Türsteher eines Maskenballs, der darüber entscheidet, ob der Gast angemessen verkleidet ist" (Lippmann 1922, 71).

Die Aufgaben der Bildung

Wenn es tatsächlich die Eigenschaft von Stereotypen ist, den „Sinnesdaten einen bestimmten Charakter aufzuzwingen, bevor sie unsere Intelligenz erreichen (ebd. 71), wie sollen wir dann dem Wirtschaftswachstum im Sinne eines solchen Stereotyps kritisch begegnen können? Wie soll Veränderung möglich sein? In den folgenden Absätzen werde ich argumentieren, dass es hierfür vor allem eines tief gehenden Wandels menschlicher Wahrnehmung bedarf. Dies aber bedeutet, wie es der US-amerikanische Soziologe Richard Sennett (*1943) ausdrückt, die Fähigkeit auszubilden, die eigene „ontologische Sicherheit" aufzugeben (vgl. Sennett 2004, 284).

Die Überzeugungen neoliberaler Denker wie Hayek und Lippmann beruhen, wie ich bereits grob skizziert habe, im Wesentlichen auf der Entdeckung jener Rolle, die das Unbewusste im menschlichen Denken und Handeln spielt. Starre Denkmuster können uns gleichsam zur zweiten Natur werden und auf diese Weise beherrschen, ohne dass wir sie umgekehrt beeinflussen könnten. Hayek nun möchte, dass wir darin ein *Prinzip* erkennen: Er reduziert den menschlichen Geist auf kulturell geprägte „Umweltmodelle", die außerhalb seines schöpferischen Zugriffs liegen sollen:

> Der Geist ist in eine traditionelle, unpersönliche Struktur eingebettet, und seine Fähigkeit, Erfahrungen zu ordnen, ist eine erworbene Wiederholung kultureller Muster, die jeder individuelle Geist als Gegebenheit vorfindet. Das Gehirn ist ein Organ, das uns befähigt, Kultur aufzunehmen, aber nicht, sie zu entwerfen. (Hayek 1981, 214)

Müssen wir diese Einschränkung unserer Kreativität, die wesentlich auf einem Mangel an Selbstreflexion beruht, akzeptieren? Sennett schlägt hier einen anderen Weg ein. Zunächst teilt er zwar mit dem britisch-ungarischen Philosophen Michael Polyani die Ansicht, dass wir stets mehr wissen, als wir sagen können (vgl. Sennett 2004, 283; Polyani 1966). Auch für Sennett ist unser Denken und Handeln von unbewussten Gewohnheiten geprägt, die uns Stabilität und Halt verschaffen und ohne die wir viele Aufgaben des Alltags kaum erledigen könnten. Gleichwohl aber wehrt er sich dagegen, in diesen Gewohnheiten ein Gesetz, eine Konstante der Evolution oder eine unveränderliche Natur zu entdecken. Vielmehr macht er darauf aufmerksam, dass wir unser implizites Wissen sehr wohl – auch wenn es gewiss einiger Übung bedarf – in ein explizites verwandeln und hierdurch verändern können. Mehr noch: Wir *können* unsere stillschweigenden Denkgewohnheiten nicht nur ändern, wir *müssen* es gelegentlich sogar. Denn Denkgewohnheiten – so schreibt Sennett vor dem Hintergrund der Theorie Freuds – mögen uns zwar Sicherheit geben; sich aber unter allen Umständen darauf zu verlassen, bedeutet, große Risiken einzugehen.

> Stillschweigendes Wissen vermittelt uns also ein Weltbild, das wir für gesichert halten. Auf dieser Basis können wir effizient kommunizieren, uns auf bestimmte Aufgaben konzentrieren, anderen Menschen vertrauen und Selbstbewusstsein entwickeln. […] Wer aber glaubt, solch stillschweigendes Verständnis könne auf Dauer Bestand haben, der wiegt sich in einer falschen Sicherheit. (Sennett 2004, 285)

Wenn wir, wie Ökonomen und Politiker es heutzutage überwiegend tun, nur noch gebannt auf Charts und Statistiken blicken, so können wir keinerlei andere Wahrnehmungsorgane mehr ausbilden. Wie die Finanzkrise gezeigt hat, kann dies in eine totale Orientierungslosigkeit führen. Die Aussage Hayeks, das Denken könne (und solle) sich nicht auf seine eigenen Voraussetzungen richten, erweist sich damit als gefährlich. Denn sie nimmt uns die Chance, unsere Wahrnehmung tatsächlich zu wandeln und so eine Grundlage für neues Handeln zu schaffen.

Doch wie lässt sich Wahrnehmung verändern? Gewiss lassen sich Stereotype keineswegs so einfach ablegen wie ein alter Hut. Sennett würde wohl Hayek darin recht geben, dass diese uns oft eher besitzen, als dass wir sie besäßen. Sie zu ändern, stellt folglich keine rationale

Wahl dar. Man kann sich nicht gegen eingefahrene Denkmuster entscheiden, wie man statt Schokolade Erdbeeren wählt. Doch ist daraus nicht der Schluss zu ziehen, sie ließen sich überhaupt nicht ändern. Vielmehr können wir ihre „Gesetzmäßigkeit" brechen, sobald wir uns *selbst* zu ändern suchen. Sennett spricht – vor dem Hintergrund der Philosophie John Deweys – davon, dass wir lernen müssen, „Verantwortung für den Zusammenbruch des still-schweigenden Wissens" zu übernehmen. Es geht darum, gleichsam in der Tiefe des eigenen Selbst „von einem Brauch oder einer Gewohnheit abzulassen, um bewusst etwas Neues und Schwieriges zu erproben, dies jedoch aktiv und nicht als ein Mensch, der sich der Außenwelt geschlagen gibt" (Sennett 2004, 288). „Damit das möglich ist, muss tief im Einzelnen etwas geschehen. Der Gefangene muss selbst etwas verändern, statt verändert zu werden. Es reicht nicht, dass ihm von außen ein neuer Satz sozialer Praktiken vorgeschrieben wird" (ebd. 290).

Im Kern also geht es um die Freiheit, sich selbst zu gestalten. Nur so können wir lernen, das Wirtschaftswachstum als handlungs-leitendes Ideal loszulassen. Zu dieser Freiheit zu befähigen – hierin wiederum sehe ich die Aufgabe der Bildung. Selbst Hayek kennt, auch wenn er ihn nur in wenigen Schriften erwähnt, einen „*originären Denker*", der den Voraussetzungsboden seiner eigenen Überlegungen und Meinungen zu reflektieren versteht, und damit jene kognitive Blindheit gegenüber den allgemeinen Denkgewohnheiten in seinem Inneren aufheben oder doch zumindest verringern kann (vgl. Hayek 1949). Dieser Denker versteht es, die geltenden Stereotype ins Licht des kritischen Urteils zu rücken und zu erkennen, dass sie keineswegs alternativlos sind. Ihn gilt es folglich zu kultivieren. Gerade die Bildung, so weiß eigentlich auch Lippmann, spielt dabei eine wesentliche Rolle. Denn sie kann Menschen „scharfsinnig darauf aufmerksam machen, wie vorgefasste Meinungen uns über die Welt informieren, bevor wir sie sehen, und wir die meisten Dinge imaginieren, bevor wir sie erfahren haben" (Lippmann 1922, 65). Sie kann ihm helfen zu erkennen, inwieweit Stereotype niemals die Qualität unumstößlicher Wahrheiten besitzen:

> Menschen sind oftmals bereit zu akzeptieren, dass es ‚zwei Seiten' einer Frage gibt, aber sie glauben einfach nicht, dass es zwei Seiten dessen geben könnte, was sie als ‚Tatsache' ansehen. Und sie werden es so lange nicht glauben, bis sie nach

einer langjährigen kritischen Bildung sich vollständig darüber bewusst sind, wie ihre Auffassung sozialer Tatsachen von anderen geprägt (*second-hand*) wurde und zugleich subjektiv ist (ebd. 90).

Hierzu muss Bildung etwa ein *Geschichtsbewusstsein* vermitteln, das ausdrücklich die Gewordenheit von Stereotypen in den Blick nimmt und so deren prinzipiellen Wandel und Veränderbarkeit aufzuzeigen lehrt. Denn ein solches Bewusstsein befähigt dazu,

> zu wissen, welches Märchen, welches Schulbuch, welche Tradition, welcher Roman, welches Theaterstück oder welche Redewendung eine bestimmte vorgefasste Meinung in diesen und eine alternative in einen anderen Geist eingepflanzt hat (ebd. 66).

Bildung vermag aber nicht nur, zur Reflexion der eigenen geistigen Voraussetzungen zu befähigen. Sie kann uns, um nochmals in Hayeks Worten zu sprechen, auch zu „Experten auf einem bestimmten Feld" werden lassen. Ein solcher Experte ist, so Hayek, fähig, eben jenes Verständnis realer Zusammenhänge und jenes Wissen um konkrete Dinge zu entwickeln, das dem rein mathematisch-abstrakt orientierten Ökonomen abgeht (vgl. Hayek 1949). Dafür entwickelt er seine Erkenntnisse und Einsichten unmittelbar an Fragestellungen des Lebens. Er urteilt nicht unbewusst auf der Grundlage vorgefertigter Vorstellungsbilder *über* Menschen und Situationen; ebenso wenig handelt er nicht einfach theorie- und vorstellungslos. Vielmehr lernt er, seine eigene Meinung im direkten Umgang *mit* diesen Menschen und Situationen zu formen. Somit vermag er die kognitive Barriere, welche die ökonomischen Scheinwelten stillschweigend zwischen ihm und seinen Erfahrungen zu errichten suchen, einzureißen und sich selbst und die Welt in einen fruchtbaren, die Wahrnehmung stets verändernden Austausch zu bringen.

Die Bildung der Gegenwart und ihr Versagen

Doch könnte unser heutiges Bildungssystem kaum weiter davon entfernt sein, Menschen zu originären Denkern und Experten auf konkreten Handlungsfeldern zu befähigen. Hayek kannte noch ein weiteres „Produkt" der Bildung, den „*second-hand dealer in ideas*", und dessen „Produktion" befürwortete er klar (vgl. Hayek 1949). Denn diesen *Dealer* prägt laut Hayek „eine Abwesenheit direkter

Verantwortung für praktische Angelegenheiten und eine daraus folgende Abwesenheit eines Wissens aus eigener Erfahrung" (ebd. 13). Er lernt lediglich, auf der Grundlage bestimmter Stereotype zu denken, niemals aber über sie, und kann so in der Öffentlichkeit als „gatekeeper of ideas" fungieren, der darüber entscheidet, „welche Ansichten und Meinungen uns alle erreichen, welche Fakten so wichtig erscheinen, dass sie uns mitgeteilt werden und in welcher Form und aus welcher Perspektive sie uns präsentiert werden" (ebd. 11).

Es ist nicht allein das Problem, dass die ökonomische Bildung heutzutage nahezu ausschließlich *second-hand dealers in ideas* ausbildet; ein Problem, das ich an anderer Stelle bereits ausführlich untersucht habe (vgl. Graupe 2015 und Graupe 2016). Vielmehr scheinen in Zeiten von PISA und den Bologna-Reformen weder die Schul- noch die Hochschulbildung insgesamt dazu geeignet, Wirtschaftswachstum als stereotypes Denkmodell zu beleuchten und junge Menschen zum kritischen Umgang mit ihm zu befähigen. Denn sie droht selbst zum Gegenstand, d.h. zum Anwendungsgebiet dieses Modells zu werden. Abschließend möchte ich diesen wichtigen Aspekt wenigstens grob umreißen.

Spätestens seit den fünfziger Jahren des letzten Jahrhunderts betrachtet die Politik – insbesondere unter dem Einfluss der OECD – Bildung zunehmend als Wachstumsfaktor. Der Titel der ersten großen Konferenz, welche die OECD 1961 zur Reorganisation der Bildung weltweit veranstaltete, lässt sich als ihr Programm verstehen: „Wirtschaftswachstum und Bildungsaufwand", so hieß es damals (1966). Genauer:

> Schulbildung ist aber in einer modernen technisierten Wirtschaft nicht nur zur Verwendung der Produktionsfaktoren Kapital und Arbeit unabdingbare Voraussetzung, sie ist auch als eigener unabhängiger Produktionsfaktor zu betrachten. Eine Verstärkung des Bildungswesens wird zumindest bis zu einem gewissen Grad den technischen Fortschritt beschleunigen und damit das Wirtschaftswachstum fördern. (Wirtschaftswachstum und Bildungsaufwand 1966, 23)

Bildung wird so als bloßes Mittel zum Zweck umgedeutet. Sie wird dem Wirtschaftswachstum untergeordnet, ohne es umgekehrt infrage stellen zu können. Gerade in der Bildung zeigt sich, wie Wirtschaftswachstum seine stillschweigende Macht über die Politik im

Sinne eines rein quantitativ verfassten Stereotyps entfalten kann, das von jeglichem konkreten Denk- und Handlungsvollzug wirkungsvoll distanziert. Denn Politikern soll es allein noch darum gehen, ein „Orientierungssystem von statistischen Standardziffern auszuarbeiten, wie es die Nationalökonomie für den Vergleich von Wirtschaftsentwicklung und Staatsausgaben getan hat". „Die Maschinerie der Planung", so die OECD, hat einen „Hunger nach Statistik" und auf diesen Statistiken sollen alle Entscheidungen über Bildung fortan beruhen (vgl. ebd.).

Gewiss können aus ökonomischen Formeln aufgrund ihrer Abstraktheit keine Schlussfolgerungen über mögliche Inhalte und qualitative Zielsetzungen von Bildungsreformen abgeleitet werden. Das Stereotyp des Wirtschaftswachstums scheint lediglich immer dann zur „Investition in Bildung" zu verpflichten, wenn die reinen Zahlenwerte die prognostizierten Erträge positiv erscheinen lassen. Wie eine solche Investition aber konkret auszusehen hat, was sie tatsächlich umzugestalten vermag und wie sie wirken kann – darüber wird nichts gesagt, und darüber kann auch nichts gesagt werden. Denn wie schon erwähnt, verankert Wirtschaftswachstum als Stereotyp im Bewusstsein lediglich den Willen zur reinen Veränderung, ohne ihn qualitativ oder inhaltlich füllen zu können – schon gar nicht mit Erkenntnissen aus nicht-ökonomischen, in diesem Falle pädagogisch-didaktischen Erfahrungswelten.[4]

Die Folgen für die Bildung sind immens. Denn unter diesen Bedingungen wird von Schulen und Hochschulen nichts weiter als eine „kontinuierliche Anpassung" gefordert, deren Konsequenzen in der konkret gelebten Bildungspraktik, also in der Lebenswelt von Schülern und Lehrern, von Studenten und Professoren stets unterhalb der Wahrnehmungsschwelle der entscheidenden Politiker und Sachverständigen verbleiben – während die Betroffenen selbst keine Entscheidungen mehr treffen können sollen.

Theoretisch existiert für jedes Stadium der Wirtschaftsentwicklung in einem Staat, für jede gegebene Struktur der Produktion, des Konsums und der damit

---

[4] Dass damit „Wirtschaftswachstum" zur (manipulativen) Rechtfertigung jeglicher qualitativen Veränderung herangezogen werden kann, ist damit selbstverständlich nicht ausgeschlossen, im Gegenteil.

verbundenen kulturellen Normen eine optimale Form, Menge und Verteilung von Schulen. Um dieses Optimum zu erreichen, ist offensichtlich eine laufende kontinuierliche Anpassung notwendig. […] Dabei darf aber das Bewusstsein nicht verlorengehen, daß auch das beste, das soeben reformierte Schulsystem jeder Änderung zugänglich bleiben muß, weil sich das Optimum ständig verschiebt. (ebd. 24)

Diese beständige Umwälzung zielt nicht nur auf äußerliche Strukturen von Schulen und Universitäten, sondern auch auf die innere Verfassung der Menschen, insbesondere der Schüler und Studenten.

In der Schule soll jener Grundsatz von Einstellungen, von Wünschen und von Erwartungen geschaffen werden, der eine Nation dazu bringt, sich um den Fortschritt zu bemühen, wirtschaftlich zu denken und zu handeln. (ebd. 38)

Auch dieser Grundsatz verfügt über keine dezidiert qualitative Ausrichtung. Stattdessen fordert er, stets und ständig nach reiner Veränderung zu streben. Was alt war, soll im Neuen keinen Platz mehr haben. Was gestern neu war, ist es heute schon nicht mehr. In unmissverständlicher Klarheit fährt der gerade zitierte Text fort:

Das bedeutet nicht weniger, als daß Millionen von Menschen von einer Lebensweise losgerissen werden sollen, die seit Jahrhunderten und Jahrtausenden das Lebensmilieu ausmachte. […] Diese jahrhundertealten Einstellungen zu verändern, ist vielleicht die schwerste, aber auch die vordringlichste Aufgabe der Erziehung in den Entwicklungsländern[5]. (ebd. 38)

Selbstverständlich kann Bildung niemals zur vollständig entdinglichten Variablen werden, die sich nach den Wachstums-gesetzen und -prognosen der Ökonomen rein verhält. Und doch wächst der Druck, alle Bildungsprozesse so gut es eben geht zu rein Veränderlichem, zu merkmalslosen Punkten auf vorgegebenen Wachstumskurven zu machen. Ihre Umwandlung in mit Preisen versehenen Waren und Dienstleistungen ist hierfür die notwendige, keinesfalls aber hinreichende Bedingung. Denn auch hier gilt wieder, was ich weiter oben in allgemeiner Form zu entwickeln versuchte:

Keine Bestimmung darf mehr in den Dingen ruhen, kein Merkmal, keine Quantität, kein Inhalt. Was besteht, als bestimmungslos nicht-inhaltlich gefasst, besteht nicht mehr für sich, sondern einzig im Übergang in ein anderes, in der Bewegung zu anderem, dem Bezug aufs nächste ebenso nicht-inhaltlich Bestimmungslose. Nur noch dieser ‚Verlauf‘, *processus*, soll Tatsache sein. (Bockelmann 2012, 252 f.)

---

[5] Wichtig ist hier wohl der Hinweis, dass die OECD auch Deutschland im Hinblick auf die Bildungspolitik als Entwicklungsland bezeichnet. Vgl. ebd. 78.

Damit aber leistet Bildung der kontinuierlichen und zugleich unbewussten Zerstörung der vielfältigen „ontologischen Selbstverständlichkeiten" Vorschub, die dem Menschen durch seine Verwurzelung, Tradition, Kultur und gewachsenen Lebenszusammenhängen aufgegeben sind. Sie fordert, Schumpeters „beständigen Sturm schöpferischer Zerstörung" gleichsam nach innen zu wenden, ohne dass der Einzelne für die Folgen selbst je Verantwortung übernehmen sollte oder auch nur könnte. Während so das implizite Wissen konkreter Erfahrungsvollzüge schwindet, ohne dass es sich je ausdrücklich aneignen und somit bewusst verändern ließe, tritt an dessen Stelle, ebenfalls unbewusst, das Ideal reiner Anpassung und steter Veränderung um ihrer selbst willen.

Ulrich Bröckling hat dies, wenn auch in einem anderen Zusammenhang, Bezug nehmend auf Michel Foucault, treffend mit dem Hinweis beschrieben, es gelte für jeden die Maxime „Handle unternehmerisch!" (vgl. Bröckling 2007). Dabei kann man freilich niemals ein unternehmerisches Selbst sein, sondern stets nur *werden*. „Sich um den Fortschritt zu bemühen", wie es die OECD fordert, heißt, stets ein Ungenügen nicht nur mit der Welt, sondern auch mit sich selbst zu empfinden. Nichts soll es im eigenen Inneren geben – Intelligenz, Wissen, Werte, Gesundheit, Charakter –, das nicht beständig weiter zu optimieren wäre. Wirtschaftlich zu denken und zu handeln meint, sich permanent anzustrengen und nicht nur die Arbeit an etwas, sondern auch die Arbeit an sich kontinuierlich zu intensivieren und zu verbessern. Der Erfolg aber entzieht sich jeglicher inhaltlichen Fixierung. Er ist ein niemals zu erreichender Zustand.

Ohne hier weiter in die Tiefe zu gehen, zeigt sich, dass wir von der heutigen Bildungspolitik kaum die Rahmenbedingungen dafür erwarten dürfen, Menschen zur Verantwortungsübernahme für den Zusammenbruch des stillschweigend herrschenden Wachstumsglaubens zu befähigen. Im Gegenteil schürt sie ein blindes Antrainieren und Festhalten an diesen Glauben. Dies aber ändert nichts an der Einsicht, dass wir alle über die unverbrüchliche Freiheit verfügen, sowohl die Real- als auch die Denkabstraktionen der Ökonomie nicht als unveränderliche Gewohnheiten *unseres* Geistes zu akzeptieren. Eine „innere Stimme des Gesetzes", die dauerhaft in unserem Bewusstsein implantiert wäre, gibt es nicht. Es ist die Aufgabe von uns (Hochschul-)Lehrern trotz aller Bildungsstrukturen, die ein Erstummen der Alltagswelten und ein Erstarken stereotyper Wahrnehmungsmuster fördern, junge Menschen zu dieser Einsicht zu befähigen. Es geht nicht nur, aber auch und gerade in der Bildung darum, Freiräume zu schaffen, in denen Menschen das Loslassen vorgefertigter ökonomischer Stereotype üben können, statt sich diese weiterhin blindlings antrainieren zu lassen. Das Denken selbst als aktiven Vollzug zu lehren und sich dabei sowohl konkreten Erfahrungsvollzügen zuzuwenden als auch zur aktiven Reflexion der (geschichtlichen und methodischen) Voraussetzungen des Denkens zu befähigen – dies müsste zu einer Form des Bildungswiderstands werden, die Menschen frei macht, dem gegenwärtigen Wachstumsglauben Grenzen aufzuzeigen.

Literaturverzeichnis

BERNAYS, E., *Cristallizing Public Opinion*. New York 1961
BLUNDELL, J., *Waging the War of Ideas*. London 2015
BOCKELMANN, E, *Im Takt des Geldes*. Springe 2012
BRODBECK, K.-H.: *Erfolgsfaktor Kreativität. Die Zukunft unserer Marktwirtschaft.* Darmstadt 1997
BRÖCKLING, U., *Das unternehmerische Selbst*. Frankfurt am Main 2007
Duden Wirtschaft von A bis Z: Grundlagenwissen für Schule und Studium, Beruf und Alltag. 5. Aufl. Mannheim: Bibliographisches Institut 2013. Lizenzausgabe Bonn: Bundeszentrale für politische Bildung.
GIARAMITA, N., *Zuzug sorgt für volle Geschäftsbücher*. WDR1 vom 10.10.2015 (online abrufbar unter: http://www1.wdr.de/themen/politik/fluechtlinge/konjunkturmotor-fluechtlinge-100.html; letzter Zugriff am 21.02.2016.)
GRAUPE, S., *Zwischen Marktgläubigkeit und Marktkritik*. In: DIE (01/2016)
GRAUPE, S., *Ökonomische Bildung*. In: M. Spieker (Hg.). Ökonomische Bildung – Zwischen Pluralismus und Lobbyismus. Tutzinger Schriften zur Politischen Bildung, Band 8. Schwalbach 2015, 43–68
HAYEK, F. A., *Recht, Gesetzgebung und Freiheit*. Band 1. Landsberg am Lech 1980
HAYEK, F. A., *Recht, Gesetzgebung und Freiheit*. Band 3. Landsberg am Lech 1981
HAYEK, F. A., *The Counter-Revolution of Science*. Indianapolis, 1979
HAYEK, F. A. *The Intellectuals and Socialism* (1949) (Reprint by Kessinger Publishing, Whitefish 2010)
MEYER, T., *The Challenges of Economic Thinking in Practice*. Video-Mitschnitt des Vortrags auf der Konferenz "Ökonomie neu denken", 24. Januar 2012 (online abrufbar unter:

stifterverband.info/veranstaltungen/archiv/2012/2012_01_23_oekonomie_neu_de
nken/video/mayer/index.html; letzter Zugriff am 21.02.2016)

MIROWSKI, P., *More Heat than Light, Economics as Social Physics, Physics as Nature's Economics*, Cambridge 1989

LIPPMANN, W., *Public Opinion*. London 1922

POLANYI, M., *The Tacit Dimension*. Chicago 1966

SCHUMPETER, J., *Capitalism, Socialism and Democracy*. New York/London 1942

SENNETT, R.: *Respekt im Zeitalter der Ungleichheit*. Berlin 2004

SHEKAR, A. u.a., *The Refugee Surge in Europe: Economic Challenges*. IMF, January 2016 (online abrufbar unter:

http://www.imf.org/external/pubs/cat/longres.aspx?sk=43609; letzter Zugriff am 21.02.2016).

SOHN-RETHEL, A., *Geistige und körperliche Arbeit. Zur Theorie der gesellschaftlichen Synthesis*. Frankfurt am Main 1970

WALRAS, L., *Elements of Pure Economics*. London und New York 1954

Wieser, F. Freiherr von, *Gesammelte Abhandlungen*. Tübingen 1929.

Wirtschaftswachstum und Bildungsaufwand. Europäische Kulturpolitik Band 2, Hg. i.A. der Kulturkommission des Europarates. [Bericht über d. OECD-Konferenz in Washington 1961, Bearb.: Ernst Gehmacher] Wien, Frankfurt, München 1966.

WÖßMANN, L und PIOPIUNIK, M., *Was unzureichende Bildung kostet. Eine Berechnung der Folgekosten durch entgangenes Wirtschaftswachstum*. Gütersloh 2009

Christoph Lütge
Wachstum und Wettbewerb

Einleitung

Wachstum und Wettbewerb sind zwei Begriffe, die oft kritische Assoziationen auslösen. Gerade viele ethisch wohlmeinende Menschen sehen Wachstum kritisch und finden wenig Gutes am Wettbewerb. Sie sehen überall Grenzen des Wachstums und negative Seiten des Wettbewerbs. Ich werde versuchen, zumindest einige dieser negativen Assoziationen zu entkräften. Beginnen werde ich mit dem Wachstumsgedanken.

1. Der Wachstumsgedanke und seine Kritiker

Kritiker der Wachstumsidee wünschen sich den Abschied vom Wachstum, hin zum Nullwachstum, hin zur Suffizienz. Dieses Konzept ist allerdings nicht eindeutig. Es lassen sich zwei unterschiedliche Suffizienzkonzepte unterscheiden:

Einerseits bezeichnet Suffizienz eine Strategie, die auf die Reduzierung des Ressourcenverbrauchs um jeden Preis fokussiert ist. Es geht dieser *Suffizienz 1* um Sparen, um Weniger-Verbrauchen, egal, wie sich Lebensstile und/oder wirtschaftliche Entwicklung verändern.

Die zweite Perspektive, *Suffizienz 2*, ist dagegen bescheidener: Es geht ihr letztlich darum, Wachstum nachhaltiger zu gestalten. *Suffizienz 2* kann sich auch mit aufwendigen Lebensstilen und einem weiterhin brummenden Wirtschaftsmotor abfinden, solange die dabei verwendeten Ressourcen in nachhaltiger Weise eingesetzt und auch wieder regeneriert werden.

Die zweite Perspektive ist mit ökonomischen Ansätzen voll vereinbar: Sie weist im Grunde genommen nur auf die Unterscheidung zwischen kurz- und langfristiger Sichtweise hin. Sich hier zu bescheiden, ist nichts anderes als eine Investition – so, wie Unternehmen ständig investieren, etwa in Produktentwicklung, Forschung, Marketing, in ihre Reputation u.a. kann nachhaltiges Wirtschaften eine Investition in die langfristige Sicherung der Grundlagen unserer Gesellschaft sein – aber ohne dass von den

Einzelnen dabei verlangt wird, ihre Lebensweise fundamental umzustellen und sich dauerhaft zu mäßigen.

Genau das fordert dagegen aber die erste Perspektive: *Suffizienz 1.* Ihre Grundgedanken stammen aus der vormodernen Gesellschaft, aus der Gesellschaft der Kleingruppe, in der die Menschen den größten Teil ihrer kulturellen Geschichte verbracht haben. In dieser vormodernen Gesellschaft (paradigmatisch steht dafür die antike Polis) herrschte ein Nullwachstum. Die Gesellschaft spielte Nullsummenspiele, in denen der Gewinn des einen notwendig der Verlust eines anderen war. Das war Ergebnis einer Situation ohne dauerhaftes, systematisches Wirtschaftswachstum: Wenn der wirtschaftliche Kuchen insgesamt nicht wächst, so kann er nur anders verteilt werden. Der erfolgreiche Florentiner Kaufmann Giovanni Rucellai brachte dies im 15. Jahrhundert auf den Punkt, als er schrieb: Indem ich reich bin, mache ich andere, die ich vielleicht gar nicht kenne, arm.[1]

Folgerichtig entwickelte die Ethik als Reaktion auf diese Situation eine *Ethik der Mäßigung.*[2] Die traditionelle Ethik ruft die Einzelnen dazu auf, sich zu bescheiden, sich zu mäßigen, nicht zu gierig zu sein und sich etwa mit ausreichenden oder maßvollen Gewinnen zufriedenzugeben. Besonders prägnant kam diese Ethik der Mäßigung im Zinsverbot der Antike, des Mittelalters oder des Islams sowie in der Vorstellung eines gerechten Preises zum Ausdruck.

Heute aber leben wir in der modernen globalisierten Gesellschaft, einer Gesellschaft, die sich seit 200 Jahren aus der Subsistenzfalle gelöst hat und über ein historisch unvergleichbares Wachstum verfügt. D. McCloskey (2006) weist darauf hin, dass das Einkommenswachstum seit 200 Jahren im Durchschnitt 1,5% beträgt, kontinuierlich über alle Krisen und Kriege hinweg. Das heißt: Die moderne Gesellschaft spielt – mit scharfem Wettbewerb – Positivsummenspiele, in denen es möglich ist, prinzipiell alle Betroffenen besser zu stellen.

Die Befürworter der Suffizienz wollen dahinter zurück, notfalls

---

[1] Vgl. dazu McCLOSKEY D.: *The Bourgeois Virtues.* Chicago 2006.
[2] Vgl. LÜTGE C.: *Gegen eine Ethik der Mäßigung.* In: Gentinetta K./Horn K. (Hg.): Abschied von der Gerechtigkeit: Für eine Neujustierung von Freiheit und Gleichheit im Zeichen der Krise. Frankfurt am Main 2009, 99–106.

auch lokal in einem Land, wenn schon globale Suffizienz nicht in Reichweite liegt. Aber niemandem ist damit gedient, wenn wir uns lokal der Suffizienzidee verschreiben, während an anderen Orten weiterhin Raubbau in beliebigem Stil betrieben wird. Es ist illusorisch zu glauben, dass man nur mit gutem Beispiel vorangehen und damit tatsächlich Erfolg haben kann, wenn man ressourcenreduzierte Lebensstile schlicht predigt. Der Wettbewerb lässt dies nicht systematisch zu.

Bei manchen Produkten gelingt es zwar, aus einem ursprünglich idealistischen Gedanken eine erfolgreiche Geschäftsidee zu entwickeln, so zum Beispiel bei vielen Bio- und Fair-Trade-Produkten, die in Deutschland wie auch in einigen anderen Ländern einen Boom erleben. Bei anderen Produkten funktioniert es aber nicht, beispielsweise nicht beim Drei-Liter-Auto: Der VW-Lupo musste von VW vor einigen Jahren mangels hinreichendem Absatz wieder vom Markt genommen werden.

Das heißt: Ressourcen sparen ist zwar sinnvoll, aber es darf nicht gegen die ökonomische Logik gedacht werden. Es lässt sich nur *in und mit der ökonomischen Logik* umsetzen. Und hier gibt es durchaus Anlass zum Optimismus:

> Wir sehen, dass Wachstum nicht zwangsläufig zu immer steigendem Ressourcenverbrauch führt, sondern dass in vielen Branchen Unternehmen durchaus Erfolge dabei erzielen, den Ressourcenverbrauch zu senken.
>
> Wir sehen, dass nicht nur Deutschland den Umweltschutz vorantreibt: Auch ein – oft pauschal als Umweltsünder gescholtenes – Land wie China investiert seit Jahren massiv in Ökologie. Aber es mäßigt sich dabei gerade nicht, und es orientiert sich nicht am Ideal der Suffizienz: 2012 hatte China mit insgesamt etwa 70 Mrd. US-\$ den höchsten Anteil an den weltweit in Umwelttechnologien und erneuerbare Energien investierten Mitteln. Nach weiteren internen Berichten der chinesischen Regierung müssen nach 2020 sogar jedes Jahr zusätzlich weitere 243 Mrd. US-\$ in den Umweltsektor investiert werden, um drohende ökologische Katastrophen noch verhindern zu können. Und China geht intern sogar davon aus, dass dies nicht reichen wird, sondern dass langfristig weitere 2% des Bruttoinlandsprodukts (d.h. z. Zt. ca. 160 Milliarden US-\$) jährlich zusätzlich nötig sein werden, um die ökologische Wende zu schaffen[3] – was die jährlichen Ausgaben für Umweltschutzmaßnahmen in China auf insgesamt fast eine halbe Billion US-\$ pro Jahr (ca. 380 Mrd. Euro) steigen lassen würde – zum Vergleich: Die gesamten Umweltschutzausgaben Deutschlands betragen derzeit etwa 35 Mrd. €. Mit seinen Anstrengungen will China u.a. den Anteil erneuerbarer Energien landesweit auf 15% bis 2020 erhöhen. Bis 2015 soll die Windkraft eine Leistung von 100 GW erreichen

---

[3] http://green.wiwo.de/umweltschutz-fur-china-wird-es-richtig-teuer.

(Deutschland 2011 zum Vergleich: ca. 54 GW durch Wind- *und* Solarkraft[4]. Die CO^2-Emissionen sollen massiv verringert, Smog und Wasserverschmutzung bekämpft, fruchtbares Land vor der Zerstörung gerettet werden. Die Elektromobilität soll bis 2020 mit umgerechnet 11 Mrd. Euro gefördert werden, bis dahin soll es in China 5 Mio. Elektrofahrzeuge geben.[5]

Letztlich entstammt die Suffizienzidee einem vormodernen Denken, das sich an den Bedingungen der Gesellschaften früherer Zeiten orientiert. Dabei waren, wie wir an vielen Beispielen sehen, auch autarke Gesellschaften nicht zwingend besonders umweltfreundlich, sie hatten nur häufig nicht die technischen und organisatorischen Möglichkeiten, die schädlichen Seiten ihres Lebensstils in größerem Maße auszuleben. Nach allem, was wir wissen, sind auch Ureinwohner Amerikas, Australiens oder Madagaskars für das Aussterben von Tierarten und anderem Raubbau an der Natur verantwortlich.

Ressourcenschonung ist eine sinnvolle und wichtige Idee, deren Umsetzung gerade durch die Unternehmen unterstützt und mit Anreizen versehen werden muss. Regeln hierfür, die diese Umsetzung wettbewerbskompatibel im globalen Rahmen werden lassen, sind auch aus ethischer Sicht wünschenswert.

Die Idee der Suffizienz ist dagegen keine sinnvolle. Sie hilft auch der Umwelt nicht. Wenn ein Autor wie H. Welzer (2013) eine „Welt ohne Wachstum" fordert und gegen einen ‚Wachstumsfetischismus' wettert, so geriert er sich dabei lediglich als Verfechter eines Ideals, das sich nicht nur längst selbst überholt hat, sondern das auch für Umwelt *und* Menschen kontraproduktiv wäre.

2. Das Gleichnis von den anvertrauten Talenten

Suffizienz, Verzicht auf Wachstum heißt auch systematischer Verzicht auf die Ausnutzung von Gelegenheiten. Und das ist nicht nur ökonomisch ineffizient, sondern stellt auch ein ethisches Risiko dar. Diesen Gedanken gibt es interessanterweise auch in der ethischen Tradition: Er findet sich schon in der Bibel, und zwar u. a. im Gleichnis von den anvertrauten Talenten.

---

[4] http://green.wiwo.de/umwelt-china-steht-vor-einem-oko-kollaps.
[5] VDI Nachrichten, 27.5.2011.

Das biblische „Gleichnis von den anvertrauten Talenten" lässt sich als Plädoyer für das kontrollierte Eingehen von Risiken verstehen. Dieses Gleichnis, das in leicht unterschiedlichen, aber in der Aussage gleichen Fassungen in den Evangelien von Matthäus und Lukas berichtet wird (Matthäus 25,14–30 sowie Lukas 19,12–27), lautet folgendermaßen (in der Fassung des Lukas):

> Ein reicher Herr begibt sich auf eine weite Reise. Vorher ruft er zehn seiner Diener zu sich und übergibt ihnen jeweils die gleiche Summe Geld. Zudem erteilt er ihnen den Auftrag, mit diesem Geld Geschäfte zu machen, bis er wiederkommt. Nach einiger Zeit kehrt der reiche Herr zurück und fordert von seinen Dienern Rechenschaft über das anvertraute Geld. Der erste Diener hat mit seinem Geld das Zehnfache erwirtschaftet und wird vom Herrn reich belohnt; er wird als Herr über zehn Städte eingesetzt. Der zweite Diener hat mit dem gleichen Geld das Fünffache erwirtschaftet; er wird ebenfalls belohnt und soll über fünf Städte herrschen. Die weiteren Diener werden nicht erwähnt, bis auf den letzten. Der letzte Diener bringt dem Herrn das Geld zurück. Er habe es versteckt (in ein Tuch eingebunden und aufbewahrt), weil er Angst davor hatte, es zu verlieren und vom Herrn bestraft zu werden. Doch sein Herr ist nun erst recht erbost; er hält ihm vor, er hätte das Geld doch wenigstens auf die Bank bringen und Zinsen erwirtschaften können. Dem schlechten Diener lässt er dann das Geld wegnehmen und es dem geben, der schon das Zehnfache erwirtschaftet hat, mit dem berühmten Zitat: „Wer hat, dem wird gegeben werden; wer aber nicht hat, dem wird auch noch weggenommen, was er hat." [6]

Generationen von Theologen haben sich abgemüht, dieses Gleichnis *nicht* als Plädoyer für unternehmerische Schaffenskraft, ja Profitmaximierung zu interpretieren. Da heißt es meistens, ein jeder solle mit seinen Talenten nicht hinter dem Berg halten, was eher in einem übertragenen Sinn und nicht in einem ökonomischen zu verstehen sei. Dieser Sinn mag durchaus auch in dem Gleichnis stecken, jedoch ist wohl kaum von der Hand zu weisen, dass ein Sich-Mäßigen, mit mäßigem Erfolg zufrieden sein, in diesem Gleichnis klar und unmissverständlich abgelehnt wird: Wir *sollen* investieren, wir *sollten* alle über unternehmerische Fähigkeiten verfügen, das will dieses Gleichnis zumindest auch sagen.

Und nicht nur das: Es werden auch die Mittel dafür an die Hand

---

[6] In der Fassung bei Matthäus finden sich vor allem zwei Änderungen: Zum einen werden am Anfang den (hier nur drei) Dienern unterschiedlich hohe Geldbeträge anvertraut, jedem nach seinen Fähigkeiten (was für das vorliegende Argument nur bedingt eine Rolle spielt). Zweitens fällt die Bestrafung des faulen Dieners bei Matthäus noch drastischer aus, da heißt es: „Werft den nichtsnutzigen Diener hinaus in die äußerste Finsternis! Da wird sein Heulen und Zähneklappern."

gegeben. Es wird nämlich ein *Wettbewerb* zwischen den Knechten in Gang gesetzt, bei dem ganz klar am Ende einer mehr (sogar *deutlich* mehr) als der andere hat. Und dies wird keineswegs als ungerecht oder umgekehrt als naturnotwendig dargestellt, sondern ist ein Ergebnis der unternehmerischen und investiven Tätigkeit. Und wer unproduktiv ist, verliert am Ende schließlich alles.

Das Gleichnis betont somit, dass Mäßigung nicht zwangsläufig ethisch wertvoll ist. Wer Mäßigung betreibt, nur moderate Gewinne oder gar ein Stehenbleiben auf dem Erreichten anstrebt, verliert, und zwar entgehen ihm nicht nur in ökonomischer Hinsicht mögliche Gewinne, sondern er wird auch den ethischen Erwartungen nicht gerecht. Stattdessen ist es prinzipiell gut, nach mehr zu streben (was Aristoteles bekanntlich als *pleonexia* vehement ablehnte).

Das ist übrigens nicht die einzige Bibelstelle, die in dieser Richtung interpretiert werden kann. Auch etwa die Redensart, „man soll sein Licht nicht unter den Scheffel stellen", d.h. seine Leistungen oder Verdienste nicht aus Bescheidenheit verbergen oder die eigene Leistungsfähigkeit gering schätzen, bezieht sich auf das Neue Testament (Markus 4,21; Matthäus 5,15; Lukas 11,33).

Das Mehr-Haben-Wollen ist somit nicht grundsätzlich verwerflich. Es wird aber bis heute weithin verdammt, wenn auch mit anderen Argumenten und Mitteln. Richard David Precht hat in seinem Buch *Die Kunst, kein Egoist zu sein* (2010) wieder einmal die Mäßigung und das Sich-Bescheiden auf den Schild gehoben, unter anderem mit ökologischen Erwägungen. Das weitere Wachstum würde uns in den Untergang führen – wobei es wichtig ist zu unterscheiden, ob *jegliche* Form von Wachstum, etwa auch qualitatives Wachstum o.ä. gemeint ist. Die grundsätzliche Begrenztheit natürlicher Ressourcen stelle ich nicht in Abrede. Aber Mäßigung im Sinne von Verzicht auf Mehr-Haben-Wollen, im Sinne eines Sich-Bescheidens, kann auch in einer ressourcentechnisch begrenzten Welt nicht sinnvoll sein. Gerade in einer solchen Situation brauchen wir die Innovationen, den *Erfindergeist* auf der technischen Seite, aber auch den *Unternehmergeist* für die tatsächliche Umsetzung und Marktreife. Mit wenig zufrieden zu sein, hilft keinem.

Mehr zu wollen ist Teil des Menschseins – und das muss nicht heißen, mehr materielle Güter zu besitzen, sondern kann sich auf ganz andere Dinge beziehen, auf mehr Zeit und Muße, bessere

Gesundheit, einen angenehmeren Freundeskreis, ein erfüllteres Privatleben und dergleichen mehr. Aber stehen bleiben zu wollen, das heißt im Grunde nur: Sich auf seinen Lorbeeren ausruhen. Satt und selbstzufrieden zu sein. Genau das, was die Menschen in den meisten Teilen der Welt, insbesondere jene, denen es (noch) nicht so gut geht wie anderen, nicht wollen. Nicht nur Mäßigung, auch „hungrig sein auf mehr" – sollte eine Tugend sein.

Für die Umwelt kann man es so ausdrücken: Wir können den Tiger der Ressourcennutzung weder bekämpfen noch ignorieren, wir müssen ihn reiten. Wir können nicht vor der Verantwortung weglaufen, im Wettbewerb zu bestehen und in dieser Weise die Grundlagen für zukünftige Generationen zu sichern. Dabei hilft auch der Moralismus und Anti-Ökonomismus vieler Vertreter der *Suffizienz 1* nicht. Nachhaltigkeit muss im Interesse von Unternehmen liegen, es muss zum Produktionsfaktor werden. Aber dann geht es weiterhin um Wachstum. Es kann andere Formen annehmen, qualitatives, nachhaltiges Wachstum sein, aber es bleibt Wachstum – und zwar mit und aufgrund von Wettbewerb. Dem wende ich mich jetzt zu.

3. Der Wettbewerb und seine Vorteile

Was ist Wettbewerb? Wettbewerb ist ein Konkurrenzstreben mehrerer Akteure, das – im Gegensatz zum Wett*kampf* – nicht naturwüchsig ist. Er kann sich also nicht von selbst dauerhaft aufrechterhalten. Wett*bewerb* ist vielmehr eine Errungenschaft der Zivilisation, die sich nur aufgrund von Regeln stabilisiert. Ludwig von Mises hat es einmal so formuliert:

> Es ist nichts als eine Metapher, wenn man den Wettbewerb Wettkampf oder Kampf schlechthin nennt. Die Funktion des Kampfes ist Vernichtung, die des Wettbewerbs Aufbau. (Mises 1922, S. 291)

Nur steht Wettbewerb bei vielen unter Generalverdacht. Während es für Ökonomen selbstverständlich ist, dass Wettbewerb ein sehr effizientes Mittel zur Lösung vieler Probleme ist, steht für viele moralisch wohlmeinende Menschen das Konkurrenzprinzip in

Gegensatz zur Ethik.[7] Kooperation statt Konkurrenz, Solidarität statt Wettbewerb sind nur einige solcher Schlagworte.

Wettbewerb kann jedoch für ethische Zwecke sehr viel leisten. Er ist der entscheidende Mechanismus in der Marktwirtschaft, um ethische Anliegen auf effiziente Weise zu fördern – ganz in der Tradition von Adam Smith, der bekanntlich 1776 darauf hinwies, dass wir uns nicht an die „Menschenliebe" des Metzgers, Brauers oder Bäckers wenden, sondern an ihr Eigeninteresse, um etwas zu essen zu erhalten. Smith war nicht, wie ihm immer wieder unterstellt wird, ein Apologet eines uneingeschränkten Wettbewerbs ohne jegliche staatliche Regelungen. Vielmehr war er der Meinung, dass nur ein Wettbewerb innerhalb von geeigneten Regeln seine ethischen Zwecke erfüllt. Smith befürwortete auch nicht einen Nachtwächterstaat, sondern sah legitime staatliche Aktionsfelder etwa in Bereichen wie Bildung und Privateigentum.

Allerdings dürfen die entsprechenden Regeln den Wettbewerb auch nicht abwürgen. In vielen Bereichen ist dies heute zum wichtigeren Problem geworden. Gerade in Deutschland – und gerade in Zeiten, in denen man hierzulande im internationalen Vergleich recht gut dasteht (was zahlreiche ökonomische Kennzahlen angeht) – geraten Problemfelder leicht aus den Augen, in denen ungeeignete Regeln zum Problem werden, wenn sie Wettbewerb hemmen. Wettbewerb kann gerade im Dienst von Moral und Gerechtigkeit stehen, denn:

1. Wettbewerb fördert Innovationen, Hayek bezeichnete ihn in seinem berühmten Aufsatz als „Entdeckungsverfahren" (Hayek 1968/1994). Und das betrifft gerade solche Innovationen, die das Leben der Menschen leichter, besser, lebenswerter und auch nachhaltiger machen. Das gilt für Fortschritte in der Medizintechnik genauso wie für nachhaltige Umwelttechnologien, aber auch für so alltägliche Dinge wie die Glühbirne oder den Kühlschrank: Sie haben das Leben vieler Menschen besser, leichter und lebenswerter gemacht.

2. Der Wettbewerb zwingt die Konkurrenten, sich an den erfolgreichen Pionier anzupassen. Wir wollen, dass Unternehmen sich in unser aller Interesse Konkurrenz machen. Wir wollen nicht, dass

---

7 Vgl. beispielsweise ROSA 2006, HENGSBACH 1995 oder K. BRODBECK: „Die Moral aber ist das Gegenteil von Wettbewerb; sie hat die Aufgabe, den anderen einzubeziehen, lehrt das Miteinander, nicht das Gegeneinander." (Financial Times Deutschland vom 14.09.2004).

sie sich auf ihren Lorbeeren ausruhen. Sonst produzieren sie nur Trabis und Wartburgs – und das kann man wohl kaum ethisch wertvoll nennen.

3. Der Wettbewerb verarbeitet mehr Informationen als eine zentrale Behörde – auch dies hat Hayek prominent herausgestellt. Nur die Einzelnen verfügen über das notwendige Wissen, was sie zu gegebener Zeit benötigen. Ein Fünfjahresplan ist damit völlig überfordert.

4. Der Wettbewerb setzt, wenn er gut funktioniert, Machtpositionen systematisch unter Druck. Das gilt in allen Bereichen, in der Wirtschaft genauso wie in Politik und Gesellschaft. Wer etwas erreicht hat, wer ein erfolgreiches Produkt auf den Markt gebracht hat, kann sich trotzdem nicht sicher sein, dass er dauerhaft, ohne weitere Anstrengungen, diese Position halten kann. Darin liegt etwas sehr Demokratisches – und das bringt Verbesserungen für die Menschen mit sich.

5. Schließlich bleibt auch noch der Punkt: mehr Lebenswert durch Selbstverwirklichung. Das ist – jedenfalls für breite Schichten, nicht nur für eine Elite – am ehesten in einer Wettbewerbswirtschaft möglich. In hierarchischen Gesellschaften oder Planwirtschaften jedenfalls sieht es mit der Selbstverwirklichung schlecht aus.

Aus alldem ergibt sich: Wettbewerb im Rahmen geeigneter Spielregeln steht im Dienst von Gerechtigkeit und Moral. Man kann daraus konkrete Folgerungen ziehen: im Bereich Gesundheit etwa. Bei der unvermeidlich notwendigen grundlegenden Reform unserer Krankenversicherungen stehen sich gegenwärtig die Fronten unversöhnlich gegenüber. Insbesondere malen die Kritiker einer stärkeren Öffnung gegenüber ökonomischen Mechanismen und Überlegungen Schreckgespenste an die Wand, in denen der Patient zur ‚Ware' und notwendige medizinische Versorgung nur noch zum Gegenstand von Kosten-Nutzen-Überlegungen wird. Beides geht aber am Kern des Problems vorbei: Ein erheblicher Teil der Gesundheitsleistungen sind gerade nicht die teuren, aufwendigen und medizinisch notwendigen Operationen, sondern Leistungen, die sehr wohl in unterschiedlicher – und das heißt vor allem: in unterschiedlich kostenträchtiger – Weise erbracht werden können.

Wir alle haben den Nutzen vom System Marktwirtschaft und

Wettbewerb, von seinen Vorzügen bei der Bereitstellung von Gütern. Dabei fallen gelegentlich auch *selektive* Nachteile für Einzelne und Gruppen an, die sich – zumindest vorübergehend – als Verlierer der Globalisierung und der Marktwirtschaft fühlen. Diese Nachteile kann man *abfedern*, was nicht nur einen ethischen, sondern auch einen ökonomischen Sinn hat: Es ist von Vorteil für alle, wenn keine dauerhaften Verlierer entstehen, sondern alle wieder in das „Spiel" Marktwirtschaft einsteigen können.

Aber: Wenn man abfedert, muss es das entscheidende Ziel sein, den *Wettbewerb* zu verbessern oder ihn zumindest nicht zu schwächen. Hilfen für Betroffene dürfen nicht in einer Weise ausgestaltet sein, dass sie dazu führen, die Menschen dauerhaft aus dem Wettbewerb, und das heißt: aus der Erwerbstätigkeit, herauszuhalten. Das ist weder ethisch noch ökonomisch vertretbar. Stattdessen müssen Hilfen den Wettbewerb stärken, ihn zum Nutzen aller intensivieren.

Ist es denn nicht aber so, dass der Wettbewerb nur den Reichen nützt? Werden nicht die Reichen immer reicher, die Armen immer ärmer?

Tatsächlich sagen die Zahlen das Gegenteil. Seit 1990 hat es die Marktwirtschaft geschafft, 1 Milliarde Menschen aus der extremen Armut zu holen. Nicht durch Entwicklungshilfe, sondern durch Einführung von Wettbewerbswirtschaft in Ländern wie China, Indonesien oder Vietnam. Das ist es, was Ethik fordert: den Ärmsten der Armen zu helfen. Und das wird dadurch erreicht, dass Unternehmen aufgrund von Konkurrenzdruck neue, bessere, günstige Produkte auf den Markt bringen, Arbeitsplätze bereitstellen, Steuern und Abgaben zahlen und somit einen wesentlichen Beitrag zur gesellschaftlichen Integration leisten. Das ist praktische Ethik. Die Kritiker des Systems Marktwirtschaft sehen dies jedoch nicht. Auf sie komme ich abschließend zu sprechen.

4. Kritiker des Wettbewerbs

Seit dem Ende des real existierenden Sozialismus ist die Flut an kapitalismuskritischen Arbeiten nicht abgeebbt, dazu einige Beispiele:

Eine Reihe von Stimmen aus den Reihen der christlichen Kirchen machte und macht Kapitalismus und Marktwirtschaft für viele Übel der Welt verantwortlich. Dies war eine der Überzeugungen Johannes Pauls II., und es war – jedenfalls bis zur Denkschrift „Unternehmerisches Handeln in evangelischer Perspektive" (2008) – auch eine zentrale Position der Evangelischen Kirche in Deutschland. Mittlerweile sind hier jedoch deutliche Veränderungen auszumachen.

International bedeutend sind nach wie vor die Stimmen von Globalisierungskritikern. Diese reichen von sehr emotional und moralisierend vorgetragenen Ausführungen eines Reverend Billy oder einer Arundhati Roy über theoretisch eher begründete Positionen wie die eines Michel Chossudovsky (2002) oder Noam Chomsky (2000) bis hin zu ökonomisch fundierten Ansätzen etwa von Joseph Stiglitz oder Amartya Sen. Letztere werden nicht mehr als Kritiker der Marktwirtschaft angesehen werden können, weil sie Korrekturen im System vornehmen wollen. Auch einige prominente Philosophen sind hier zu finden, so etwa André Comte-Sponville (2009), der dem Kapitalismus jede Möglichkeit abspricht, über eine moralische Qualität zu verfügen.

Aber auch hier sind schon einige Einschränkungen vorzunehmen: Dass die ökonomisch fundierten Ansätze wie Stiglitz und Sen auf die Stärkung des Wettbewerbs zugunsten einer Verbesserung auch für die Armen setzen, überrascht sicher weniger. Erstaunlich ist aber doch, wenn ein prononcierter philosophischer Kritiker der Marktwirtschaft wie Alain Badiou, der selbst Maoist war und der die „Communist Hypothesis" auch noch 2010 am Leben erhalten will, dem Kapitalismus bei näherem Hinsehen zentral vorwirft, er führe zu Gleichförmigkeit und Verflachung (Badiou, 2010, S. 62 ff) – das heißt, genau zu jener Situation, die mithilfe des Wettbewerbs beseitigt werden soll.

Und das gilt ebenfalls für viele andere Kapitalismuskritiker: Wenn man genauer nachfragt, ob denn beispielsweise auch Anbieter für Bioprodukte, fair gehandelte und mit Gütesiegeln versehene Waren effizient wirtschaften sollen, wird dies in den seltensten Fällen verneint. Das heißt, man ist nicht grundsätzlich gegen die Ökonomie, sondern eher gegen bestimmte Formen, etwa gegen Monokultur und „Einheitsbrei". Damit rennt man aber in der Ökonomik und in der (ökonomisch informierten) Wirtschaftsethik offene Türen ein: Die oben beschriebenen Funktionen des Wettbewerbs enthalten ausdrücklich jene so wichtige „Entmachtungsfunktion" und vor allem die Förderung von Kreativität und Vielfalt.

Wettbewerb und Wachstum sind besser als ihr jeweiliger Ruf. Das sollten auch ihre moralisch motivierten Kritiker erkennen.

Literatur:

BADIOU, A.: *The Communist Hypothesis.* London 2010

CHOMSKY, N.: *Profit over People: Neoliberalismus und globale Weltordnung.* Hamburg 2000

CHOSSUDOVSKY, M.: *Global brutal. Der entfesselte Welthandel, die Armut, der Krieg.* Frankfurt am Main 2002

COMTE-SPONVILLE; A.: *Kann Kapitalismus moralisch sein?.* Zürich 2009

v. HAYEK, F.A.: *Der Wettbewerb als Entdeckungsverfahren.* In: Freiburger Studien: gesammelte Aufsätze. Tübingen 1968/1994 (2.Aufl.), 249−265

HENGSBACH, F.: *Abschied von der Konkurrenzgesellschaft: Für eine neue Ethik in Politik, Wirtschaft und Gesellschaft.* München 1995

LÜTGE, C.: *Gegen eine Ethik der Mäßigung.* In: Gentinetta K./Horn K. (Hg.): Abschied von der Gerechtigkeit: Für eine Neujustierung von Freiheit und Gleichheit im Zeichen der Krise, Frankfurt am Main 2009, 99−106

LÜTGE, C.: *Wirtschaftsethik ohne Illusionen: ordnungstheoretische Reflexionen.* Tübingen: Mohr Siebeck 2012

LÜTGE, C.: *Ethik des Wettbewerbs: Über Konkurrenz und Moral.* München 2014

LÜTGE, C.: *What Holds a Society Together? Order Ethics vs. Moral Surplus.* Lanham, Md. 2015

LÜTGE, C./ARMBRÜSTER, T./MÜLLER, J.: *Order Ethics: Bridging the Lacuna between Contractarianism and Business Ethics.* Erscheint in: Journal of Business Ethics 2016.

McCLOSKEY, D.: *The Bourgeois Virtues: Ethics for an Age of Commerce.* Chicago 2006

McCLOSKEY, D.: *Bourgeois Dignity: Why Economics Can't Explain the Modern World.* Chicago 2010

v. MISES, L.: *Die Gemeinwirtschaft.* Jena: Gustav Fischer 1922 (2.Aufl.)

PRECHT, R.D.: *Die Kunst, kein Egoist zu sein. Warum wir gerne gut sein wollen und was uns davon abhält.* München 2010

RICHTER, S.: *Mensch und Markt: Warum wir den Wettbewerb fürchten und ihn trotzdem brauchen.* Hamburg 2012

ROSA, H.: *Wettbewerb als Interaktionsmodus: kulturelle und sozialstrukturelle Konsequenzen der Konkurrenzgesellschaft.* In: Leviathan: Berliner Zeitschrift für Sozialwissenschaft H. 1. Jg. 34/2006, 82−104

SMITH, A.: *Der Wohlstand der Nationen: eine Untersuchung seiner Natur und seiner Ursachen.* Hrsg. von Horst Claus Recktenwald. München 1776/1990 (5.Aufl.)

WELZER, H.: *Selbst denken: Eine Anleitung zum Widerstand.* Frankfurt am Main 2013

Thomas Rusche

Wachsendes Wir-Gefühl statt Wettbewerbsideologie[1]

Die Menschheit wird im 21. Jahrhundert in ein Diskurszeitalter eintreten, oder sie wird vergehen.[2] Warum? Nur im Diskurs können die globalen Herausforderungen gemeistert werden, vor denen wir gemeinsam mit den zukünftigen Generationen stehen. Unsere Weltgesellschaft erlebt wachsende Veränderungen, deren einzige Konstante die Zunahme von Dynamik ist. Zahlreiche dieser Wachstumsprozesse verlaufen exponentiell und verändern grundlegend unsere natürlichen und kulturellen Lebensgrundlagen. Der Mensch ist dabei nicht nur Opfer oder Zuschauer, sondern Verursacher dieser Entwicklungen. Im Diskurs – so lautet die These – kann es gelingen, die dynamischen Veränderungsprozesse verantwortlich zu gestalten, damit auf unserem Planeten auch zukünftig menschenwürdiges Leben möglich sein wird.[3]

Unsere Gegenwart unterscheidet sich aufgrund dramatischer Umbrüche wesentlich von den vorhergehenden

> Zeiten, in denen der Mensch seine Welt als eine bleibende fühlte [...]. Er richtete sich in ihr ein, ohne sie ändern zu wollen. Sein Wirken ging auf die Besserung seiner Lage in den an sich unveränderbaren Zuständen.[4]

Heute wandeln sich die Zustände von Familie und Beruf ebenso rasant wie die Gesellschaft insgesamt. Die Politik scheint angesichts der sozialen, ökologischen Krisen und finanzkapitalistischen Verwerfungen macht- und ratlos. Wie aber können wir unter diesen sich ständig wandelnden Umständen zukunftsverantwortlich handeln? Menschliches Handeln ist immer eine Antwort auf Situationen. Es

---

[1] Friedrich Wilhelm August FRÖBEL, dt. Pädagoge u. Schüler Pestalozzis.

[2] Vgl. die André MALRAUX (1901–1976) zugeschriebene Äußerung: „Das 21. Jahrhundert wird religiös sein, oder es wird nicht sein."

[3] Der Begriff „Anthropozän" verdeutlicht, dass eine immer stärker vom Menschen gemachte bzw. beeinflusste Epoche begonnen hat (vgl. Paul J. Crutzen, „The Geology of Mankind: The Anthropocene". In: *Nature*, 415, 2002, 23).

[4] Karl JASPERS, *Die geistige Situation der Zeit*. Leipzig ²1931 (Erstausgabe 1922) 1931, 5.

bedarf also zunächst einer sachgerechten Situationsanalyse. Was sind die Wachstumstreiber der Veränderungsdynamik, wodurch werden sie hervorgebracht? Wie prägen sie unser Heute und Morgen?

Wachsende Digitalisierung

Mit Eintritt ins 21. Jahrhundert durchlaufen wir keine Nullpunkt-situation der Geschichte. Vielmehr reichen manche Ursprünge heutiger Entwicklungen mehrere Generationen zurück. Insbesondere die technologischen Entwicklungsschübe wurzeln in der industriellen Revolution, vorbereitet durch die ökonomische Theorie des 18. Jahrhunderts. Seit über 200 Jahren erleben wir einen kontinuierlichen Anstieg der Produktions- und Distributionseffizienz; zugleich nimmt die kommunikative Vernetzung zu, die selbst wiederum die ökonomische Effizienz antreibt.

Unsere Lebenswirklichkeit verändert sich durch neue immer effizientere Kommunikationsmittel. Bereits Johann Wolfgang v. Goethe (1749–1832) bemerkte dazu:

> Junge Leute we
> rden viel zu früh aufgeregt und dann im Zeitsprudel fortgerissen; Reichtum und Schnelligkeit ist was die Welt bewundert und wonach jeder strebt. Eisenbahnen, Schnellposten, Dampfschiffe und alle möglichen Facilitäten der Communication sind es, worauf die gebildete Welt ausgeht, sich zu überbieten.[5]

Neben Kommunikationsformen wie Gespräch, Brief und Rede sowie gedruckten Kommunikationsmitteln wie Zeitung oder Buch kannte Goethe bereits Eisenbahnen und Dampfschiffe. Große Distanzen werden immer schneller überbrückt und Menschen kommunizieren persönlich miteinander, die sich zuvor allein schon aufgrund der räumlichen Entfernung nicht begegnet wären. „Die technische Überwindung von Raum und Zeit […] hat eine Berührung aller mit allem ermöglicht.“[6] Man kann sich heute jederzeit und überall mit einem jeden mittels Facebook, Skype, Twitter, Instagram, Snap Chat oder WhatsApp austauschen und an der weltweiten Informa-tionsgesellschaft teilhaben. Dieser kommunikative Quantensprung

---

[5] J. W. v. GOETHE, Brief an Carl Friedrich Zelter, wohl vom 6. Juni 1825.
[6] JASPERS 1931 (FN 4), 29.

verdankt sich einem technologischen Durchbruch codierter Infor-
mationsübermittlung.[7]

Durch elektronische Überführung komplexer analoger Informationen
in binäre (lat. bini, je zwei) Codes (0 oder 1) hat die Digitalisierung zur
Wachstumsexplosion der Verarbeitungskapazitäten geführt. Seit der
Jahrtausendwende übersteigt die digital codierte und verarbeitete
Informationsmenge die analoge – das digitale Zeitalter hat begonnen.
Binär codierte Kommunikation verbindet nicht nur Menschen
miteinander. Auch Alltagsgegenstände wie Bargeldautomaten oder
Supermarktkassen sind coded objects und kommunizieren digital.
Neben der Mensch-Mensch- und der Maschine-Maschine-Beziehung
tritt die digital gesteuerte Mensch-Maschine-Kommunikation: vom
‚Gespräch‘ eines Autofahrers mit seinem elektronischen Navigator bis
hin zu digitalen Impulsen, die implantierte Chips im menschlichen
Hirn auslösen. So beeinflussen digitale Systeme das menschliche
Steuern eines Automobils und ersetzen es in serienreifen
Versuchsfahrzeugen bereits vollständig. Digitale Drohnen töten in
unbemannten Kriegseinsätzen menschliche Gegner. Wenn digital
gesteuerte Gehirnimplantate menschliches Handeln beeinflussen,
digitale Prozessoren Auto fahren und Menschen töten, drängen sich
neue Fragen der ethischen Verantwortung für die Handlungsfolgen
von codierten Mensch-Maschine-Systemen auf, die weiter zu
untersuchen sind.

Wachsende Globalisierung

„Zum ersten Mal ist der Planet der eine umfassende Wohnplatz der
Menschen. Alles steht mit allem in Beziehung." Karl Jaspers (1883–
1969) formulierte schon 1922, dass technische und wirtschaftliche
Probleme planetarisch werden.

> Der Erdball ist nicht nur zu einer Verflechtung seiner Wirtschaftsbeziehungen und zu
> einer möglichen Einheit technischer Daseinsmeisterung geworden; immer mehr

---

[7] Bereits in der späten Goethezeit wurden dafür die Grundlagen gelegt. Mit dem Finger (lat.
digitus) tasten Blinde bis heute die Punktmuster der um 1825 entstandenen Brailleschrift
(Louis Braille 1809 bis etwa 1852). 1833 entwickelte Samuel Morse (1791–1872) einen
Schreibtelegrafen, der elektromagnetisch funktioniert. Mittels des Fingers wird die Morsetaste
des elektromagnetischen Gerätes gedrückt, um codierte Botschaften zu übermitteln.

> Menschen blicken auf ihn als den einen Raum, in welchem als einem geschlossenen sie
> sich zusammenfinden zur Entfaltung ihrer Geschichte.[8]

Ohne den zeitgenössischen Begriff der Globalisierung zu prägen, beschreibt Jaspers wohl als einer der ersten Denker, wie die Welt zu einem großen gemeinsamen Wirtschafts- und Lebensraum der Menschheit zusammenwächst.[9]

In den letzten 200 Jahren ist der Welthandel (bereinigt um Kriegsjahre) stetig gewachsen. Direktinvestitionen ins Ausland sind ebenso angestiegen wie die Zahl internationaler Unternehmenszusammenschlüsse. Die Globalisierung der Finanzmärkte mit sekundenschnellen Transfers von Milliardensummen schreitet trotz Regulierungsbemühungen kontinuierlich voran. Durch die digitale Vernetzung aller Sphären unserer Wirtschaftsgesellschaft beschleunigt sich die Globalisierung weiter. Westliche Exportprodukte verdrängen mittels internationaler Werbekampagnen regionale Konsumgewohnheiten und schaffen eine globale Einheitskultur von Mode-, und Stilwelten, Erlebnis- und Besitzwünschen.

> Mit der Vereinheitlichung des Planeten hat ein Prozess der *Nivellierung* begonnen. […] In
> tropischen Pflanzungen und im nordischen Fischerdorf sieht man die Filme der
> Weltstädte. Überall sind dieselben Kleider. Die Manieren des Umgangs, die gleichen
> Tänze, derselbe Sport, dieselben Schlagworte […] erobern sich das Erdrund.[10]

Heute reisen europäische Schuheinkäufer mehrmals im Jahr nach Tokio, um dort entdeckte Trendmodelle auf der Rückreise in chinesischen Fabriken für deutsche Konsumenten produzieren zu lassen.

Umstritten sind die ökonomischen Auswirkungen der Globalisierung für Entwicklungsländer. So steigt der Gini-Koeffizient und damit die Ungleichverteilung zwischen den Ländern seit Jahrzehnten an. 795 Millionen Menschen leiden weltweit an Hunger, 2 Milliarden Menschen an Mangelernährung. Stark ansteigende Nahrungsmittelpreise und eine ineffiziente Nahrungsmittelverteilung kennzeichnen die Situation. In diesem Zusammenhang warnt Papst

---

[8] JASPERS 1931 (FN 4), 15 (Erstauflage 1922), 67.
[9] John NAISBITT (*1929) beschreibt „Globalisierung" 1982 als einen „Megatrend" und trägt mit seinem gleichnamigen Bestseller zur Verbreitung des Begriffs bei (New York 1982).
[10] JASPERS, ebd.

Franziskus (*1936) vor einer „Globalisierung der Gleichgültigkeit" und beklagt die „weltweite soziale Ungerechtigkeit".[11]

Wachsende Migration

Die soziale Kluft zwischen den reichen und den armen Menschen unserer Weltgesellschaft ist immens. Immer mehr Menschen entfliehen ihrer Not und suchen in der Fremde nach Schutz und Asyl. Dabei weisen digitalisierte Smartphones Flüchtlingen aus aller Welt mit ihrem Global Positioning System den Weg – derzeit vor allem in die Europäische Union. Informationen des Internets verheißen Kriegsverfolgten, Vertriebenen und Armutsflüchtlingen in den europäischen Zielländern bessere Arbeits- und Lebensbedingungen. So unterschiedlich die Druckfaktoren in den jeweiligen Heimatländern sind, so einheitlich werden Migrationsziele und Fluchtrouten etwa über den Balkan oder das Mittelmeer durch weltweite soziale Kommunikationsnetzwerke beeinflusst.

Da in der EU die Sogfaktoren wie Sozialstandards und Integrationsbereitschaft stärker ausgeprägt zu sein scheinen, hat insbesondere Deutschland klassische Einwanderungsländer wie Australien, Kanada und die USA als bevorzugte Migrationsziele abgelöst. Individuelle Kommunikation mit bereits Ausgewanderten und weltweite Medienberichterstattung informieren die Daheimgebliebenen und lenken deren zukünftige Migrationsentscheidungen. So führt ‚erfolgreiche' Migration zu neuer Migration.

Angesichts der von ökologischen Experten erwarteten Klimakatastrophen – deren Vorboten, wie extreme, zuvor nie gekannte Dürren oder Überschwemmungen, schon heute unzählige Menschen emigrieren lassen – ist in den kommenden Jahrzehnten von einer klimabedingten Massenmigration auszugehen. Bis zu 350 Millionen Menschen werden nach Schätzungen der UNO in den nächsten 30 Jahren zu dieser klimainduzierten Völkerwanderung in die nordwestliche Hemisphäre aufbrechen. Die globalisierte Welt wird sich nolens volens auf eine Völkerwanderung ungekannten Ausmaßes vorbereiten müssen.

---

[11] Franziskus, *Laudato Si'*, 2015, 48.

Wachsende Crowd-Dynamik[12]

Digital gesteuerte kommunikative Vernetzung ist ein Globalisie-
rungstreiber. So werden Migrationsentscheide und Wege durch
digitalisierte soziale Netzwerke erheblich beeinflusst. Wachsende
Digitalisierung, Globalisierung und Migration verstärken sich
gegenseitig und beschleunigen die Veränderungsdynamik unserer
hochtechnologischen Wirtschaftsgesellschaft.

Nicht nur Migranten erhalten durch digitale Kommunikation
wichtige   Informationen,   beispielsweise   um   Reiserouten,
Transportmittel und Zielländer auszuwählen. Jedes Individuum kann
im Internet an der wachsenden Crowd-Weisheit teilhaben und zur
Weisheit der Vielen (Wisdom of Crowds) beitragen. Beispielhaft sei
die Internetenzyklopädie Wikipedia erwähnt, deren inhaltlicher
Reichtum sich der moderierten Beiträge zahlloser Wissenschaftler und
Dilettanten verdankt. Digitalisierte Informationsressourcen wie
Wikipedia oder TED-Konferenzen stehen jedem jederzeit zur
Verfügung und verdrängen analoge Kulturtechniken wie
Bibliotheksbesuch oder Zeitungslektüre.

Oftmals sind es ökonomische Gründe, die zum Crowdsourcing
(vergleiche Outsourcing [Auslagerung]) – dem digitalen interaktiven
Einholen von Leistungen über das Internet – veranlassen.[13] Die
Weisheit der Vielen ermöglicht nicht nur die effiziente Erstellung von
Produkten und Dienstleistungen, sondern auch das Einwerben von
Kapital (Crowdfunding) sowie das Generieren und Testen von Ideen,
Konzepten und (Web-)Applikationen (Crowdtesting).

James Surowieckis (*1967) Untersuchungen verdeutlichen, wie
bedeutend Vielfalt und Unabhängigkeit einzelner Meinungen und
Ansichten sind, die im kollektiven Prozess zu qualifizierten
Gruppenmeinungen führen können. Wachsende Crowd-Dynamik ist
jedoch durchaus ambivalent: Sie ermöglicht nicht nur sachgerechte
Situationsanalysen,   effiziente   Problemlösungsprozesse   und

---

[12] James SUROWIECKI, *The Wisdom of Crowds*. New York 2004 (dt.: *Die Weisheit der Vielen*.
München 2005.
[13] Jeff HOWE, „The Rise of Crowdsourcing". Online: www.wired.com/2006 /06/crowds,
14.6.2006 (abgerufen am 22.1.2016).

kooperative Vertrauensnetzwerke, sondern auch dysfunktionale Gruppenirrationalität, die Shitstorms (beleidigende Schmähkritik) und Bashmobs (gewaltbereite, aufgewiegelte Menschenmengen) hervorbringt. Jeder kann im Schutz der Anonymität alles ins Netz stellen, Menschen denunzieren, Themen pointieren und Massen mobilisieren. Somit stellt sich die ethisch relevante Frage nach den Voraussetzungen gelungener, also verantwortungsvoller Kommunikation. Wie kann individuellen und institutionellen Akteuren eine sachgerechte und situationsadäquate Koordination ihrer Handlungspläne gelingen?

Wachsende Kommunikationsgemeinschaft

Wenn zwei oder mehr Menschen wie du und ich miteinander kommunizieren, bilden sie eine Kommunikationsgemeinschaft. Wenn du meinen Text liest, in dem ich Behauptungen erhebe, die du prüfen magst oder nicht, denen du zustimmst oder nicht, kommunizieren wir miteinander. Unsere Kommunikationsgemeinschaft umfasst allerdings nicht nur dich und mich, sondern zum Beispiel auch alle weiteren Leser dieser Ausführungen sowie alle, mit denen wir uns über die Inhalte austauschen. Allgemein und grundsätzlich formuliert: Meine reale Kommunikationsgemeinschaft umfasst alle Menschen, mit denen ich kommuniziere. Diese faktische Gemeinschaft der Kommunizierenden ist dank digitaler Kommunikationsnetzwerke weit über meinen unmittelbaren Nahbereich von Familie, Freunden und Arbeitskollegen hinausgewachsen. Potenziell kann heute jeder mit jedem kommunizieren.

Allerdings ist unsere reale Kommunikationsgemeinschaft nicht perfekt. Leider sitzen wir, du und ich, gerade nicht zusammen, um im persönlichen Gespräch unsere möglicherweise unterschiedliche Einschätzung über die zuvor skizzierten Wachstumstreiber im Diskurszeitalter (DZA) auszutauschen. Reale Kommunikationssituationen sind streng genommen immer defizitär. Wenn wir über komplexe Themen diskutieren wollen, mangelt es oftmals an Sachverstand, da kundige Experten, die einen wichtigen Gesprächsbeitrag leisten könnten, ebenso fehlen wie betroffene Dritte.

Trotz dieser Einschränkungen behaupte ich, dass menschliche Praxis ohne Kommunikation nicht denkbar ist. Als soziales Beziehungswesen ist der Mensch kommunikativ verfasst. In der Kommunikation äußern wir Bedürfnisse und stellen Ansprüche und Behauptungen auf. Menschliche Bedürfnisse werden ethisch relevant, wenn sie als „interpersonal kommunizierbare ‚Ansprüche' durch Argumente gerechtfertigt werden können".[14] Wie aber können wir in der realen Kommunikation Behauptungen argumentativ begründen? An welchem moralischen Imperativ wollen wir uns bei der Rechtfertigung von Ansprüchen orientieren?

Mit Karl-Otto Apel (*1922) schlage ich als regulative Prüfungsinstanz die ideale Kommunikationsgemeinschaft vor. Im Gegensatz zu unserer unzulänglichen realen Kommunikationsgemeinschaft ist diese Argumentationsgemeinschaft „ideal zu nennen […], weil sie kein sinnvolles Argument zur Sache ausschlösse und nichts als sinnvolle Argumente gelten ließe". Die ideale Kommunikationsgemeinschaft (IKG) ist als Diskursuniversum „die nicht begrenzbare Gemeinschaft all derer", die im Geben und Nehmen von Argumenten (altgriech. λόγον διδόναι logon didonai), im Miteinander-Argumentieren den Sinn, den Wahrheitsgehalt sowie die praktische Richtigkeit meiner Argumente und Gründe „prüfen bzw. erkennen könnten".[15] Die Prüfungsinstanz der idealen Kommunikationsgemeinschaft überschreitet „jede faktische Diskussion und jeden empirisch erreichten Konsens".[16] Wie ein leuchtender Fixstern vermag die IKG in der mehr oder weniger defizitären realen Kommunikationssituation ethisch fundierte und praxisrelevante Orientierung zu stiften.

Es wäre allerdings naiv, vorauszusetzen, dass alle Mitglieder einer faktischen Kommunikationsgemeinschaft die diskursethische Idee einer idealen Kommunikationsgemeinschaft kennten oder gar reflektierten. Mit Apel behaupte ich jedoch, dass sie als Diskursteilnehmer „zumindest implizit ein Wissen um die normativen

---

[14] Karl-Otto Apel, *Transformation der Philosophie*. Bd. 2: *Das Apriori der Kommuni-kationsgemeinschaft*. Frankfurt/M. ⁴1991, 425.
[15] Dietrich Böhler, *Verbindlichkeit aus dem Diskurs. Denken und Handeln nach der sprachpragmatischen Wende*. Freiburg/München 2013, 282 und 246.
[16] Ebd., 286.

– und darunter auch die ethisch-normativen – Bedingungen der Sinn-Verständigung und der Wahrheitsfindung durch Kommunikation besitzen".[17] So habe ich auch ohne diskursethische Grundlagenreflexion in meiner Erziehung und Ausbildung gelernt, dass Lügen der Wahrheitsfindung im Wege steht, hingegen Ehrlichkeit der Verständigung, etwa bei der Einschätzung von Situationen, dient. In der realen Kommunikationsgemeinschaft kann ich nicht verständlich, wahrhaftig und glaubwürdig argumentieren, ohne mich zumindest implizit auf Regeln wie das Lügenverbot zu beziehen.[18] Diese Regeln entsprechen den notwendigen Voraussetzungen eines argumentativen Diskurses, wie er in vollendeter Weise in der unbegrenzten idealen Kommunikations-gemeinschaft geführt würde. In diesem Sinne setzen wir „die ideale Gemeinschaft in der realen voraus". Der Mensch ist – diskursphilosophisch formuliert – sowohl Mitglied der realen als auch der idealen Kommunikationsgemeinschaft und in diesem Sinne gleichsam Bürger zweier Welten.[19]

Wachsende Diskursgerechtigkeit

Dem ernsthaften Argumentieren kann keine „andere Weise gültigen Denkens vorausgehen". Wer ernsthaft argumentiert, hat „das ‚Sittengesetz' notwendigerweise immer schon anerkannt". Das apriorische Perfekt des „immer schon" verweist auf die unhintergehbaren Voraussetzungen des Argumentierens. Als Diskurspartner öffne ich mich für die Verständigung mit dem anderen und fordere zum wechselseitigen Geben, Nehmen, Prüfen von Begründungen auf. Argumentieren bedeutet für dich und mich, Behauptungen gegenseitig infrage zu stellen und nach rational überzeugenden Begründungen zu streben. Nicht dogmatisches, willkürliches Überreden durch den rhetorisch Stärkeren oder hierarchisch Überlegenen, sondern die stärkere Begründungskraft eines Arguments, dessen „zwanglosem Zwang" sich jeder

---

17 Karl-Otto APEL, *Auseinandersetzungen. In Erprobung des transzendentalpragmatischen Ansatzes.* Frankfurt/M. 1998, 391.
18 Vgl. BÖHLER 2013 (FN 15), 295f.
19 APEL 1991 (FN 14), 429, vgl. ders., 1998, 632, ebenso das nachfolgende Zitat.

Diskursteilnehmer als gleichberechtigter Gesprächspartner sieht, bildet das Gültigkeitsregulativ.[20]

Im Diskurs ist jeder Gesprächspartner, unabhängig von seiner sozialen Stellung, gleichberechtigt. Die soziale Pointe der Diskursgerechtigkeit

> liegt in der formalen Chancengleichheit und Gleichbehandlung aller Ansprüche, woher sie auch kommen. Es gibt keine vorweg privilegierten Ansprüche. Es wird ohne Ansehen der Person geurteilt. Praktische Fragen werden entschieden in einem praktischen Diskurs sich untereinander wechselseitig als frei und gleichberechtigt anerkennender Diskursteilnehmer.[21]

Im Diskurs verpflichtet sich ein jeder, im Einklang mit der Rolle eines glaubwürdigen Dialogpartners sinnvoll zu argumentieren. Der sinnvoll Argumentierende ist selbst zur Revision seiner Ansichten bereit. Andernfalls würde er aus dem Argumentieren ausscheiden und verriete, dass er doch kein rationaler Argumentationspartner, sondern ein bloßer Rechthaber ist, der nichts zur Geltung bringen kann, was intersubjektiv und kraft seiner rationalen Gründe zustimmungswürdig ist. Der Argumentierende weiß im Unterschied zum Rechthaber, „daß der Diskurs die einzige Möglichkeit ist, herauszufinden, wer in der Lebenswelt Recht hat".[22] Gelten kann nur das, was sich von niemandem entkräften lässt. Positiv formuliert ist allein das gültig, was einen argumentativen Konsens finden kann. Hierin liegt ein Anspruch auf Universalität: Alles, was Geltung beansprucht, zielt auf allgemeine Zustimmungswürdigkeit – es ist auf begründeten universalen Konsens hin orientiert. Ein solch allgemeiner Konsens bezieht alle Argumentationspartner, die begründbare und kritisierbare Geltungsansprüche erheben, gleichberechtigt mit ein. Gleichberechtigung ist der inhaltliche Kern der Diskursgerechtigkeit. Daraus folgt prozedural:

> Prüfe für jeden Geltungsanspruch, ob ein argumentativer Konsens aller sinnvoll Argumentierenden möglich ist.

---

[20] Vgl. Der „zwanglose Zwang des besseren Arguments", in: Habermas 1990 (FN 4), 137.
[21] Wolfgang KUHLMANN, *Sprachphilosophie, Hermeneutik, Ethik. Studien zur Transzendentalpragmatik*. Würzburg 1992, 241.
[22] APEL, *Diskurs und Verantwortung. Das Problem des Übergangs zur postkonventionellen Moral*. Frankfurt/M. 1988, 283.

Dieser diskursethische Imperativ operationalisiert die unbedingte Verpflichtung, im Diskurs Gerechtigkeit walten zu lassen, indem in vollendeter Gegenseitigkeit nach Konsens gestrebt wird.

Wachsende Diskursverantwortung

Ein jeder von uns weiß, dass die Qualität der Kommunikation in unserer realen Welt auf vielfältige Weise beeinträchtigt ist. Mangelnder Sachverstand und fehlende Problemorientierung der Gesprächsteilnehmer, gegensätzliche Interessen und Zielsetzungen oder schlicht und einfach fehlende Zeit und Aufmerksamkeit beeinträchtigen gerade auch in unserer digitalen Informationsgesellschaft das argumentative Konsensstreben. Auch wissen wir aus Erfahrung, dass sich in der realen Kommunikationsgemeinschaft nicht jeder an das Lügenverbot hält und manche nicht nach allgemeinem Konsens, sondern nach ihrem individuellen Vorteil streben.

Vielleicht ist der Arbeitskollege, mit dem ich mich gerade unterhalte, ein Konkurrent um künftige berufliche Aufstiegschancen. Wir begegnen uns deshalb nicht kommunikativ und verständigungsorientiert, sondern strategisch, von persönlichen Interessen geleitet. Mal behandeln wir uns offen als Gegenspieler, mal bleiben wir in Deckung und geben vor, kommunikativ zu handeln, obwohl wir strategisch unsere entgegengesetzten Karriereinteressen verfolgen. Auch dienen Konferenzen nicht immer der kommunikativen Verständigung, sondern oftmals der strategischen Interessendurchsetzung. Unterstützt durch Powerpoint präsentieren wir unsere konkurrierenden Konzepte und formulieren geschliffene Argumente als bullet points [Stichpunkte], um die Zustimmung möglichst vieler Entscheider zu gewinnen.

Als Bürger zweier Welten weiß ich zum einen, dass in jeder realen Kommunikationsgemeinschaft die Verständigungsorientierung durch unterschiedlich ausgeprägte strategische Interessendurchsetzung beeinträchtigt sein kann, zum anderen bin ich mir meiner Mitver-antwortung für die Verbesserung der konkreten Diskursbedingungen im Blick auf die ideale Kommunikationsgemeinschaft bewusst. Indem ich ernsthaft argumentiere, verpflichte ich mich alles zu tun, um das

Streben nach argumentativem Konsens zu ermöglichen und alles zu unterlassen, was der Verbesserung meiner konkreten realen Kommunikationsverhältnisse im Wege steht:

> Verbessere die realen Kommunikationsverhältnisse im Blick auf die Anforderungen einer idealen Kommunikationsgemeinschaft.

Diese dialogethische Verantwortung umfasst sowohl eine persönliche Selbstverantwortung für die Richtigkeit, Wahrheit und Verstehbarkeit meiner Diskursbeiträge als auch eine Mitverantwortung für die Redebeiträge aller anderen. Ernsthaft miteinander zu argumentieren, heißt nichts anderes als Kommunikationsverhältnisse anzustreben, die es allen Diskursteilnehmern ermöglichen, alle sinnvollen Argumente zum Zuge kommen zu lassen.

Wachsende Menschenwürde und Zukunftsverantwortung

Diese fortschreitende Verwirklichung des allgemeinen Rechts auf kommunikative Freiheit bildet mit dem Recht auf Leben den Kern des Grundrechts der Menschenwürde. Die Unverletzlichkeit der Person und Anerkennung ihres Rechts auf freies Urteil, einschließlich der Gewissensfreiheit, sind unbedingte Voraussetzungen, um im Diskurs miteinander nach Wahrheit und Richtigkeit zu suchen. So gehört die Anerkennung der Menschenwürde aller konkreten und potenziellen Dialogpartner, das heißt aller Mitglieder des Diskursuniversums und damit die Anerkennung der Menschenwürde aller anderen, unabhängig von Alter und Geschlecht, Hautfarbe und Nationalität, zur Moralsubstanz der Diskursphilosophie, die inhaltlich weitaus reicher angelegt ist als eine reine Verfahrensethik.

Diskursethisch begründet, umfasst die unverfügbare Würde des Menschen nicht nur alle heutigen, sondern generationenübergreifend auch alle zukünftigen Lebewesen, deren Ansprüche von uns anwaltschaftlich zu vertreten sind. Wir – die heutigen Mitglieder des Diskursuniversums – tragen nicht nur Verantwortung für unsere Argumente und Redebeiträge, sondern sind zugleich auch Advokaten der Interessen zukünftiger Generationen, deren Recht auf ein menschenwürdiges Leben uns heute bereits verpflichtet. Wozu? Zu einem Engagement in Wort und Tat. Wir sind dazu verpflichtet, die Lebens- und Diskursrechte zukünftiger Menschheitsgenerationen argumentativ einzufordern und alles zu unterlassen, was die

„Permanenz echten menschlichen Lebens auf Erden" gefährden könnte. Die Zukunft der Menschheit ist so gefährdet und zugleich wertvoll, dass wir mit Hans Jonas (1903–1993) „Verantwortung für die *Erhaltung der eigenen Voraussetzung*" übernehmen müssen.[23]

Diese Verantwortung für das zukünftige Dasein der Menschheit konkretisiert sich im Diskurs in der Verbesserung unserer heutigen und zukünftigen Kommunikationsverhältnisse.[24] Diese konsequent und kontinuierlich zu verbessern, schließt alle Handlungen aus, die mit der Permanenz menschenwürdigen Lebens auf Erden unverträglich sind.[25] So ergänzen sich Menschenwürde und Zukunftsverantwortung als substanzielle Moralprinzipien des Diskurszeitalters.

> Niemand, der darüber nachdenkt und damit in einen argumentativen *Dialog* [...] über die Frage eintritt, ob es eine Pflicht zur Verantwortung für den Erhalt der Menschheit und also für deren Zukunft gibt, könnte anderen gegenüber Gültigkeit beanspruchen für Dialogbeiträge, in denen die *Bewahrung der Dialogmöglichkeit* [der Menschheit] *als Aufgabe* für heute und/oder für morgen *bezweifelt würde*.[26]

Wenn nun unsere Verantwortung für menschenwürdige Lebensbedingungen auf unserem Planeten – heute und zukünftig – dialogisch nicht sinnvoll zu bezweifeln ist, so folgt darauf angesichts der Bedrohung von Mensch und Natur eine enorme soziale und ökologische Aufgabenstellung.

Individuelles Wachsen im Diskurs

Menschen sind keine Maschinen, sondern ansprechbar und dialogisch. Kommunikation ist der menschliche Existenzmodus. Ohne Dialog, ohne zu reden, ohne Gedanken zu formulieren, vermag der Mensch nicht Mensch zu sein. Er braucht Gespräche, wie ein Körper Nahrung benötigt. So verdeutlicht die Dialogbedürftigkeit des Menschen seine soziale Natur. Ohne Kommunikation kann niemand seine Potenziale entfalten. In der kommunikativen Begegnung mit anderen erfährt er sich als der andere und wird sich seiner selbst

---

[23] Hans JONAS 1984, 36, 215.
[24] Vgl. Böhler 2013 (FN 15), 440ff.
[25] Vgl. Jonas (s.o.), 36.
[26] Dietrich BÖHLER, „Idee und Verbindlichkeit der Zukunftsverantwortung". In: Böhler/ Michael Stitzel, u.a. (Hg.), *Zukunftsverantwortung in der Marktwirtschaft. Ethik und Wirtschaft im Dialog*. Bd. 3, Münster 2000, 46f.

bewusst. Menschen sind dialogisch aufeinander bezogen und zugleich autonom. Autonomie konkretisiert sich in der Freiheit von Triebhaftigkeit und der Fähigkeit als „vernünftiges Wesen [...] zu handeln".[27] Nur der Mensch vermag es – qua Vernunft – eine normative Ordnung zu entwerfen, die gültig ist, obwohl und weil sie gerade nicht der Lebensrealität entspricht. Ein solches kontrafaktisches normatives Regulativ der kommunikativ struktu-rierten Lebensrealität des Menschen bilden die beiden Diskurs-imperative: nach Konsens streben und Kommunikationsbarrieren abbauen.

Gemeinsam nach Konsens zu streben, setzt die Fähigkeit zum idealen Rollentausch voraus. Im idealen Rollentausch versetze ich mich in den anderen und nehme dabei seine Position ein. Wir spiegeln uns im wechselseitigen Geben und Nehmen der Argumente, die wir miteinander prüfen. Damit diese Gegenseitigkeit gelingt, bedarf es zunächst des aufmerksamen Zuhörens. Auf die Worte des anderen hören, seine Argumente nachvollziehen und das zur Rede stehende Thema aus seiner Warte und Argumentationsperspektive heraus verstehen, ist eine notwendige Diskursvoraussetzung, die per se moralische Qualität hat. Im idealen Diskurs strebe ich mit meinem Gesprächspartner nach Gegenseitigkeit, die sich im Konsens vollendet. Unabhängig von unserer Herkunft und gesellschaftlichen Rolle erkennen wir einander gleiche Rechte zu, um uns in vollendeter Gegenseitigkeit zu begegnen.

Wie kann uns dies angesichts von ökonomischem Globalisie-rungsdruck, strategischen Gegensätzen und einer spannungsreichen kulturellen Vielfalt von Flüchtlingen gelingen? Indem wir unsere konkreten realen Kommunikationsverhältnisse im Blick auf die ideale universale Kommunikationsgemeinschaft weiterentwickeln, Kommu-nikationsbarrieren abbauen und für Gleichberechtigung und Meinungsfreiheit, Minderheitenschutz und Armutsbekämpfung eintreten. Je offener wir mit anderen, – altbekannten Nachbarn oder neu eingetroffenen Flüchtlingen – ins Gespräch kommen, einander zuhören und mit Rat und Tat helfen, desto chancenreicher können

---

[27] I. KANT, *Grundlegung zur Metaphysik der Sitten*. Akademie-Textausgabe, Bd. IV, Berlin [1]1968, 412.

wir dabei unsere individuellen Fähigkeiten einbringen, um das Miteinander menschlicher zu gestalten.

Wir erleben derzeit, wie unser individuelles Diskursverhalten durch die Digitalisierung beeinflusst wird. Letzteres ermöglicht jederzeitigen Informationsaustausch *online*. In Gesprächen können wir auf unsere digitalen Smartphones zurückgreifen, um hilfreiche Fakten zur Situationseinschätzung zu erhalten. So sind Wetterberichte, Restauranttipps und geografische Standortbestimmungen immer verfügbar. Zugleich kann das Handy selbst zur Kommunikationsbarriere werden, wenn es mich im persönlichen Gespräch davon ablenkt, meinem Diskurspartner aufmerksam zuzuhören.

Die Reichweite digitaler Kommunikation ermöglicht es dem Einzelnen (globale) Resonanz zu erzeugen. Wir können in sozialen Medien für die Menschenwürde eintreten, solidarische Flashmobs organisieren und damit die Willkommenskultur für Flüchtlinge fördern. Mit diesem digitalen Vermögen wächst die Diskursverantwortung des Einzelnen das technische Können einzusetzen.

Unternehmenswachstum im Diskurs

Unternehmen sind Motoren der Globalisierung und Beschleuniger unserer hochtechnologischen Gefahrenzivilisation. Unternehmenswachstum wird zumeist in steigenden Umsätzen, Gewinnen und Marktanteilen ausgedrückt. Allerdings fordert die kritische Öffentlichkeit von Unternehmen zunehmend auch gesellschaftliche Verantwortung zu übernehmen. Nicht nur die Gewinninteressen der Anteilseigner (Shareholder), sondern auch die Ansprüche aller Interessengruppen (Stakeholder) wie Umweltschützer sollen Berücksichtigung finden. Diese aber können untereinander konkurrieren und dem Gewinninteresse von Unternehmen widersprechen. Deshalb ist zu prüfen, welche Legitimität solche verschiedenartigen Ansprüche besitzen.

Wie kann diese Prüfung in einer erfolgsrationalen Unternehmensorganisation gelingen, von der Kapital- und Kreditgeber vor allem Profitabilität erwarten? Zunächst bedarf es einer Situationsanalyse: Im Diskurs mit den Betroffenen und Beteiligten innerhalb und außerhalb der Unternehmung sind die Interessenansprüche inhaltlich zu verstehen. Welche Stakeholder verfolgen welche Interessen mit welchen strategischen Absichten? Sind die Anspruchsträger überhaupt zu einer diskursiven Prüfung ihrer Argumente bereit oder drohen sie mit Gewalt und Fabrikbesetzung? Welche Kommunikationsbarrieren verhindern in der Unternehmensführung einen konsensorientierten Dialog? Wie können diese abgebaut werden, um Argumente im Diskurs konsensorientiert auszutauschen?

Verbreitet ist eine legalistische Unternehmenskultur. Ansprüche Dritter werden nur dann gehört, wenn diese juristisch durchsetzbar erscheinen. Eine juristische Überprüfung der *Legalität* von Geltungsansprüchen ist aus erfolgsrationaler Sicht geboten, besagt jedoch nichts über deren moralische *Legitimität*. Beispielhaft sei der Geltungsanspruch von Stakeholdern genannt, Unternehmen sollten keine Aufträge mittels Schmiergeldern akquirieren. Heute sind derartige Zahlungen verboten, noch vor wenigen Jahren hingegen waren sie in Deutschland legal und steuerabzugsfähig. Auch weichen die Korruptionsgesetze und Usancen international stark voneinander ab. Manager globalisierender Unternehmen erfahren diese Unterschiede in ihrem unmittelbaren Verantwortungsbereich: Was in einem Land gesetzlich verboten ist, wird von Kunden in einem anderen Markt als *Bakschisch* selbstverständlich erwartet. Derartige kulturelle Unterschiede prägen auch den bundesdeutschen Alltag, beispielsweise aufgrund der wachsenden Zahl von Migranten, die in den Arbeitsmarkt integriert werden. In welchem Umfang dürfen etwa muslimische Arbeitnehmer ihren Gebetszeiten am Arbeitsplatz nachkommen und an religiösen Feiertagen freinehmen?

In einer effizienzorientierten Arbeitsorganisation ist das Konfliktpotenzial offensichtlich. Wie kann ich unter diesen Umständen Diskursverantwortung übernehmen? Indem ich auf andere zugehe, Ihnen zuhöre, schlicht den Diskurs ermögliche, die Argumente wechselseitig austausche und nach Konsens strebe. Wenn dies nicht vollumfänglich möglich ist und eine Entscheidung getroffen werden muss, mit der ich nicht den Erwartungen und Interessen aller anderen entsprechen kann, sollte ich zumindest meiner Rolle als glaubwürdiger Diskurspartner gerecht werden. Wie? Indem ich zum Beispiel als erfolgsverantwortliche Führungskraft vor den betroffenen Arbeitnehmern *meine* Gründe darlege, also erkläre, *warum* ich *was* und *wie* entscheide, anweise und ausführe.

Wachsende Diskursgesellschaft

Digitalisierung, Globalisierung und Migration sprengen die nationalen Grenzen. Im World Wide Web wächst die Welt zu einer realen Kommunikationsgemeinschaft zusammen. Obwohl die zukunfts-gefährdenden Herausforderungen eine planetarische Dimension haben, sind Politik und Gesetzgebung weiterhin nationalstaatlich geprägt. Die Ausgestaltung supranationaler Organisation, wie der EU, und die Bevollmächtigung der UNO sind völlig unzureichend, um die sozialen und ökologischen Menschheitsprobleme zu lösen. Welt-hunger, Flüchtlingsströme und Klimakatastrophen kennen keine nationalen Grenzen. Korruption und Terrorismus breiten sich global aus und werden durch fehlende internationale Regelungs- und Sanktionsmechanismen begünstigt.

Angesichts der weltweiten Interdependenz dieser herausragenden Problemstellungen bedarf es „Lösungen [die] von einer globalen Perspektive aus vorgeschlagen werden und nicht nur der Verteidigung der Interessen einiger Länder dienen".[28] Die Entwicklung einer *gerechten Weltordnung*[29] wäre ebenso wünschenswert, wie „das Vorhan-densein einer echten *politischen Weltautorität*";[30] doch die Welt befindet sich nicht auf dem Weg „zum ewigen Frieden" und es ist mehr als ungewiss, ob die Menschen „jenen süßen Traum" realisieren werden.[31] Angesichts der dramatischen Herausforderungen und beklagens-werten Regelungsdefizite wäre es vielmehr utopisch, ungeschichtlich und verantwortungslos, auf eine zukünftige Weltinstanz zu hoffen, die alles zum Guten wendet. Heute ist unter den gegebenen Bedingungen zu handeln, um Welthunger zu überwinden, Korruption zu bekämpfen und eine drohende Klimakatastrophe zu verhindern. Wie kann dies gelingen? Meiner These zufolge nur im Diskurs, zum Beispiel auf den von Karl-Otto Apel sogenannten *1000 Tagungen und Konferenzen* unserer realen politischen Kommunikationsgemeinschaft. Obwohl diese Verhandlungen immer auch von strategischer

---

[28] FRANZISKUS, *Laudato Si'*, 2015, 164.
[29] Vgl. die von M.J.A.N.C. CONDORCET 1795 verfasste Schrift *Exquisse d'un tableau historique des progrès de l'esprit humain*.
[30] FRANZISKUS, wie oben, 175; vgl. Benedikt XVI, *Caritas in veritate*, 2009, 67.
[31] I. KANT, *Zum ewigen Frieden*. Akademie-Textausgabe, Bd. VIII, Berlin ²1968, 343.

Interessendurchsetzung unterschiedlicher Parteien und Staaten geprägt sind, zeigen beispielsweise die Ergebnisse der UN-Klimakonferenz in Paris 2015 eine Bereitschaft zum politischen Kompromiss, dem methodisch das diskursive Streben nach Konsens zugrunde liegt. Wer hätte noch vor wenigen Jahren den Erfolg der G7-Finanzminister für möglich gehalten, durch zwischenstaatliche Regelungen weltweit Steuerschlupflöcher zu schließen. Der vereinbarte Datenaustausch fördert nicht nur die Steuerehrlichkeit, sondern erschwert zugleich Geldwäsche und damit Korruption.

Ob auf UN-Konferenzen oder in bilateralen Verhandlungen, es sind Menschen, die, von Institutionen legitimiert, in politischen Diskursen unter oftmals moralwidrigen Umständen Situationen analysieren, Prognosen prüfen, Handlungsalternativen erarbeiten und über konkrete Maßnahmenpakete entscheiden. Nur im Diskurs kann ein politischer Akteur seine Argumente einbringen und prüfen, wie unsere Weltgesellschaft die sozialen und ökologischen Herausforderungen zukunftsverantwortlich meistern kann.

Ermögliche den Diskurs – argumentiere sinnvoll und sei ein glaubwürdiger Diskurspartner – strebe nach Konsens und verbessere die Dialogchancen.

Barbara Bräutigam

„ … und meine Seele spannte weit ihre Flügel aus …"

Als ich drei oder vier Jahre alt war, ging ich mit meinem Vater an den Wochenenden um die Rehwiese in Berlin-Zehlendorf und er erzählte mir Geschichten von Pippo und Elise. Ich ging nicht gern spazieren, langweilte mich dabei ausgiebig und das Einzige, was mich vom Quengeln abhalten konnte, war eine Geschichte. Elise – so sehe ich sie zumindest bis heute vor mir – war eine schöne, grazile und sanftmütige Seiltänzerin und mit dem tollpatschigen Clown Pippo befreundet, dem stets und ständig alles misslang. So suchte er beispielsweise gerne seine Trompete, und wenn er sie denn schließlich fand und auf ihr spielen wollte, konnte er ihr nur äußerst merkwürdige und zu meinem Vergnügen sehr lustige Geräusche entlocken. Der Grund dafür war eine in der Trompete versteckte Eule – das Lieblingstier meiner Kindheit. Ich muss diese Geschichte an die tausend Mal gehört haben und habe mich jedes Mal unendlich gefreut, wenn sich die Eule als Ursache für die schrägen Trompetengeräusche entpuppte. Neben dieser schönen Erinnerung enthält die Geschichte für mich eine Weisheit, an der ich gewachsen bin und manchmal immer noch ein Stückchen wachse. Fehler und Missgeschicke sind neben einer Quelle der Scham auch eine Quelle der Komik und ein Grund mehr, jemanden sehr lieb zu haben.

Pippo und Elise waren nur der Anfang einer Reihe von Geschichten, die mir mein Vater erzählte, um mir die lästigen Spaziergänge zu versüßen. Viele hatte er sich selbst ausgedacht, es folgten aber auch Nacherzählungen der Nibelungen, vom *Schatz im Silbersee* und Felix Dahns *Kampf um Rom*. Später habe ich manches davon nachgelesen – und es erschien mir beim Lesen nicht halb so faszinierend wie als Geschichte aus dem Munde meines Vaters. Insofern haben mich erzählte Geschichten durch meine Kindheit getragen, sie haben mich getröstet und ich bin an und mit ihnen gewachsen. Von Zeit zu Zeit gestehe ich mir ein, dass diese Leidenschaft für Geschichten nicht unwesentlich zu meiner Motivation beigetragen hat, Psychotherapeutin zu werden. In

welchem anderen Beruf hat man schon die Gelegenheit, so viele und
in der Regel ja auch sehr berührende Geschichten erzählt zu
bekommen? Gleichzeitig erzählen diese Lebensgeschichten oft von
schwer verdaulichen Erlebnissen, an denen die Menschen gewachsen
sind oder aber bewusst oder unbewusst beschlossen haben, sich klein
zu halten, ihr Innerstes gut zu verstecken, zu hüten und so nur wenig
Wachstum zuzulassen.

Die Geschichten, die in Familientherapien- oder Psychotherapien
erzählt werden, sind oft schwer von Schuld, Anklage, Zorn,
Verzweiflung und Ohnmacht; es wird deutlich, dass es keine leicht zu
tragenden und leicht zu erzählenden Geschichten sind. In dem
Jugendbuch *Sieben Minuten nach Mitternacht* von Patrick Ness &
Siobhan Dowd weist das „Monster", gewissermaßen eine innere und
uralte Stimme des dreizehnjährigen Helden, konsequent auf den
Doppelcharakter von Geschichten hin:

> „Geschichten sind das Gefährlichste von der Welt", knurrte das Monster. „Geschichten
> jagen, beißen und verfolgen dich". (45)

sowie

> „Geschichten sind wichtig", sagte das Monster. „Sie können wichtiger sein als alles
> andere. Wenn sie die Wahrheit in sich tragen". (151)

Das Monster spielt hier implizit auf den heilsamen Charakter von
Geschichten an. Gemeint ist möglicherweise eine tief empfundene
Wahrheit, die Menschen in sich tragen und die unabhängig von allen
kognitiv vollzogenen Perspektivwechseln etwas zutiefst Stimmiges
und Erlösendes hat, wenn es gelingt, einen Zugang zu ihr zu
bekommen. Man könnte also sagen, dass Psychotherapeuten die
Aufgabe haben, Menschen dabei zu begleiten, aus einer – oder auch
mehreren – jagenden, beißenden und verfolgenden Geschichte eine
für sie stimmige und aktiver zu gestaltende Geschichte zu machen. Es
gilt, an bestimmten Stellen zu unterbrechen, nachzufragen, zu
intervenieren und aktiv die Beziehung zum Erzähler zu gestalten und
eventuell dazu anzuregen, die Geschichten probeweise zu verändern,
sie aus einer anderen Perspektive zu erzählen oder vielleicht auch
selbst eine Geschichte zu erzählen, die an die erzählte Geschichte des
Gegenübers in irgendeiner Form andocken kann. Dabei ist es oftmals
schwer, die Versatzstücke, die aus unterschiedlichen Perspektiven zu

hören sind, zu einer verständlichen Geschichte zu konstruieren, die die Basis für Hypothesen, Interventionen oder Empfehlungen bildet.

Woran wachsen Kinder und Jugendliche? Woran wachsen Menschen? Jugendliche sind geradezu prädestiniert, ihre Umwelt mit diesen und anderen lebenswichtigen Fragen zu konfrontieren.

Zur familientherapeutischen Sitzung ist die 17-jährige Sabine mit ihrer alleinerziehenden Mutter gekommen. Sabine leidet häufig unter Atemnot und Panikattacken sowie seit dem Tod ihres Großvaters unter der ständig drückenden Angst, die ihr liebsten Menschen zu verlieren. Ihre Mutter – eine vollbeschäftigte Frau im Schichtdienst – hat Mühe und kaum innere Kapazität dafür, die ihr irrational erscheinenden Ängste ihrer Tochter zu verstehen und hat wenig Zugang zu den existenziellen Fragen, die ihre Tochter beschäftigen: Wie gehe ich mit dem Verlust eines geliebten Menschen um? Was mache ich mit dem Gefühl, schuldig an dem Tod eines Menschen zu sein? Kann ich jemals jemanden lieben, wenn der doch auch gehen kann? Wer bin ich, wenn ich liebe? Was mache ich mit meinen Hässlichkeits- und Kleinheitsgefühlen, wenn ich mich doch verliebe?

So schwer diese Fragen auch zu beantworten sind – aus meiner Sicht kann man sich mit ihnen anhand von mehreren „wegen" und mehreren „trotz" exemplarisch auseinandersetzen. Dazu wähle ich eine Mischung aus persönlichen Erinnerungen, aus mir im Laufe der Zeit angeeignetem klinischem und entwicklungspsychologischem Wissen und aus kinder- und jugendliterarischen Werken, die sich dadurch auszeichnen, dass sie existenziellen Themen gleichermaßen zart und dennoch schonungslos in einer ihr eigenen ästhetischen Form Ausdruck verleihen.

Willkommen sein

> … da öffnete sich die Tür, und hereingestürzt kam Mattis, ganz von Sinnen vor Freude. Mit hohen Jubelsprüngen lief er durch die große Halle und schrie dabei wie närrisch: „Ich hab ein Kind gekriegt! Hört ihr, was ich sage? Ich hab ein Kind gekriegt!" … Er stand da und sah mit Staunen ihre klaren Augen, ihren winzigen Mund, ihren dunklen Haarschopf und ihre hilflosen Hände, und er erschauerte vor Liebe. (Astrid Lindgren, *Ronja Räubertochter*, S.6f.)

Manche Freude und manche Fassungslosigkeit angesichts eines neu geborenen Kindes verläuft natürlich stiller, erschöpfter und weniger sicht- und hörbar als die des ungebändigten Mattis, den die Ankunft seiner Ronja schier außer sich geraten lässt. Aber die Gefühle der dankbaren Bejahung und der behütenden Zärtlichkeit, die die meisten Eltern ihren Neugeborenen entgegenbringen, lässt diese im wahrsten Sinne gut wachsen. Natürlich wachsen auch Kinder, deren Ankunft eher von Zweifel, Schwermut und manchmal sogar Gleichgültigkeit begleitet wird. Sie wachsen trotzdem. Aber der Zweifel, ob sie wirklich da sein sollen und willkommen auf dieser Erde sind, setzt sich mitunter in ihnen fest. Das Gefühl des Willkommenseins ist auch in späteren Lebenszeiten und besonders nach einschneidenden negativen Ereignissen – wie z.B. Flucht und Vertreibung – elementar wichtig, um sich nicht nur äußerlich, sondern auch innerlich an einem Lebensort ausbreiten und entfalten zu können.

Nahrung für die Sinne

> Seht ihr den Mond dort stehen? Er ist nur halb zu sehen und ist doch rund und schön. So sind wohl manche Sachen, die wir getrost belachen, weil unsre Augen sie nicht sehn. (Matthias Claudius)

In den ersten Monaten des Lebens eines Kindes – von Jean Piaget auch als sensomotorische Phase bezeichnet – sind neben den visuellen vor allem die haptischen, auditiven und olfaktorischen Eindrücke zentral und prägend. Kleine Kinder brauchen für ihr Wachstum ausreichend Gelegenheit, sich und andere leibhaftig zu spüren, gesungene Lieder zu hören und vertraute Gerüche einzuatmen. Viele mögen den Krach und die Lebendigkeit ihrer Geschwister und lassen sich dadurch wenig aus der Ruhe bringen, andere sind reizoffener und empfindsamer. Sie alle brauchen Aufmerksamkeit für ihre Bedürfnisse nach Zuwendung, Rückzug oder dem Drang, etwas ausprobieren zu wollen. Kleine Kinder brauchen in erster Linie viel Erlaubnis, um gut wachsen zu können. Sie werden auch trotz mangelnder Erlaubnis wachsen, werden aber möglicherweise später Schwierigkeiten mit dem Genuss und dem Gönnen haben. Dafür entwickeln sie eventuell eine besondere Widerstandskraft, die sie in einem guten Trotz gegen Verbote wachsen lässt und die sie vielleicht unerschrocken vor Konsequenzen werden lässt. Das verdanken sie dann aber einem glücklichen und mutigen Naturell, das aber nicht pädagogisch provoziert werden kann und darum auch nicht beabsichtigt werden sollte.

Versunkenheit im Spiel

> Der Eimer ist ein Turm. Die Kiste ist das Schloss. Die Sofakissen sind der Wald. Hier
> geht eine Straße entlang. Die Katze spielt nicht mit. Der Teppich ist das Land. Ich bin die
> blonde Puppe, du die mit den kurzen Haaren. Und was ist Zeit? (Nadja Budde, *Such Dir*
> *was aus, aber beeil Dich*)

Als ich sechs Jahre alt war, zog eine neue Familie in unsere
unmittelbare Nachbarschaft. Sie hatte drei Kinder, der jüngste Sohn
so alt wie ich. So ziemlich am ersten Tag ihrer Ankunft kam besagter
Junge mit einem großen Stofftiger über die Straße und fragte, ob wir
zusammen spielen wollten. Mit Boris habe ich dann die nächsten 6
Jahre hingebungsvoll gespielt. Tierkönigin, Barbiepuppen, Schlumpf-
odysseen, Verkleiden, stürmische Überfahrten auf gestapelten
Matratzen und Playmobiljagden. Ich erlebte zeitlose Wochenenden
befreit von der Einsamkeit meines Einzelkind-Daseins. Ich bin
meinen und seinen Eltern bis heute dankbar, wie wenig sie uns
störten und wie oft wir von Unterbrechungen verschont wurden.
Diese Hingabe an das Spiel empfinde ich heute als die Grundlage
meiner Arbeitslust an mich fordernden Themen. Dass Spiel die Basis
für Kreativität ist, ist eine Binsenweisheit. Aber es ist noch viel mehr.
Spielen ermöglicht das Herausfinden optimaler Beanspruchung.
Spielen überfordert und unterfordert nicht. Spielen ermöglicht ein
Was-wäre-wenn im Hier und Jetzt. Und was die Spiellust weckt, lässt
sich nicht vorschreiben, manchmal anregen und eigentlich nie
verbieten. Wäre ich heute ein Kind und würde Boris als Kind treffen,
würde er mir vermutlich faszinierende Computerspiele nahebringen
und wir würden beide zusammen unfassbare Level erreichen. Wir
würden uns auch in diesen virtuellen Welten entdecken und weitere
für uns in diesem Moment bedeutsame gemeinsame phantastische
Leben erschaffen. Das wäre vermutlich genauso gut wie Tierkönigin.
Nur eben anders.

Spiritualität oder was ist die Seele?

> Die Seele sitzt im Magenbauchbereich. Die sitzt im ganzen Körper. Seele sitzt ganz tief im
> Herzen drin. Oder im Fuß. Seele sitzt am Kopf – genau an der Seite. Insgesamt ist sie so
> groß wie die Augen. Eigentlich könnte Seele überall sein. (Christina Röckl, *Und dann platzt*
> *der Kopf)*

Ich habe mir die Seele immer als ein kleines zartes Sägeblatt und den lieben Gott wie meinen Großvater im Nachthemd auf einem Stein sitzend vorgestellt. Der Kosename meines Vaters für mich war „Seelchen", er gebrauchte ihn immer dann, wenn ich grübelte oder mir etwas nahe ging. Ich habe mich wie die meisten Kinder gefragt, ob ich eigentlich ich bin und ob meine Eltern wirklich meine Eltern sind. Meine jüngere Tochter fragte mich, als sie 5 Jahre alt war, wer denn eigentlich auf Gott aufpasse. Es war eine Frage, die bis zu dem Zeitpunkt außerhalb meines geistigen Universums lag und die ich mich seitdem manchmal auch frage. Ich empfinde es als ein großes Glück unserer Zeit und des kulturellen Rahmens, in dem ich lebe, dass solche Fragen unbeantwortet bleiben und als solches ihre Schönheit und Kraft entfalten dürfen. In der Reihe *Philosophieren mit neugierigen Kindern* thematisiert Oskar Brenifier die Frage *Ich, was ist das?* und wirft dabei mehrere Fragenkomplexe auf, zu denen mehrere Antwortmöglichkeiten geboten werden:

> Bist Du ein Tier? Findest Du es gut, größer zu werden? Bist Du wie die anderen? Was verdankst Du Deinen Eltern? Was bist Du ihnen schuldig? Betrachtest Du Dich gern im Spiegel? Kannst Du wählen, wer Du bist? (O. Brenifier, *Ich, was ist das?* S.3)

Dabei weist Brenifier darauf hin, dass alle möglichen Antworten auf diese Fragen lediglich Ausgangspunkte für neue Fragen darstellen, da das Denken ein endloser Prozess sei. Kinder halten meist unbeantwortbare Fragen besser aus als Erwachsene, weil sie viel öfter mit dem Phänomen des Nicht-Verstehens konfrontiert sind. Diese Fähigkeit geht im Laufe der schulischen Sozialisation mitunter verloren und muss mühsam wieder angeeignet werden. Eine Beschäftigung mit den großen Fragen des Lebens, gleichgültig, wie klein man ist, und die frühe Erkenntnis von der allgemeinen Rätselhaftigkeit des Daseins scheinen mir aber ein wesentlicher Teil von geistigem Wachstum zu sein.

Tobender Trotz, vitale Wut und die Angst vor dem Bösen

> „Und seit wann bist du böse?" erkundigte sich Carola. „Seit mehr als tausend Jahren" sagte das Wesen voller Stolz. „Seit mehr als tausend Jahren?", wunderte sich Carola. „Und in der Zwischenzeit warst du kein einziges Mal nicht böse?" „Nein", bestätigte das Böse. Carola dachte nach. „Soll ich dir mal meine Meinung sagen? Für mich bist du nicht böse, sondern einfach nur bockig. Ich bin ja auch mal böse, wenn es zum Beispiel etwas mit Käse zu Mittag gibt. Dann werde ich wütend oder sage irgendeine Gemeinheit. Aber nach

fünf Minuten ist es dann auch wieder gut. Höchstens nach zehn Minuten." (Jakob Hein
& Kurt Krömer, *Gute Nacht Carola*)

Jakobs Heins und Kurt Krömers Heldin Carola hat vor nichts und
niemanden Angst – und auch angesichts des Bösen, das auf einmal
unter ihrem Bett schläft und ihren geliebten Stoffpinguin aus dem
Fenster werfen will, verschlägt es ihr nicht die Sprache. Carola
differenziert und zwar zwischen Trotz, Wut und böse sein. Diese
Unterscheidungsfähigkeit wird vielen Kindern nicht ermöglicht – da
geht es immer noch um lieb sein als Voraussetzung dafür, geliebt und
angenommen zu werden. Immer noch wird in Kindergärten gefragt,
ob Lena oder Max jetzt wieder lieb sind und ausgebockt haben. Es
gibt einige entwicklungspsychologisch plausible Erklärungen für
Trotz. Eine ist die der mit drei oder vier Jahren schier nicht
aushaltbaren Dissonanz zwischen dem Wunsch, etwas tun zu wollen
und dann zu merken, dass einem die Fähigkeiten dazu noch nicht
gegeben sind. Oder dass es manchmal nicht möglich ist, zwei schöne
Dinge gleichzeitig zu tun. Trotz oder auch Bockigkeit resultieren
letztlich aus der Verzweiflung, dass etwas nicht geht, was man sehr
gern möchte. In späterem Alter kann man sich – manchmal – damit
abfinden, ohne trotzig zu werden. Da gibt es dann die Möglichkeiten
der Resignation, der Rationalisierung – so wichtig war es gar nicht –
oder aber auch der Annahme des Verzichts. Um in die dritte
Möglichkeit wachsen zu können, muss die Verzweiflung und der sich
daraus entwickelnde Trotz vom Kind aber erst mal gespürt werden
dürfen. Ein trotziges Kind zu begleiten, nicht in seinen Gefühlen
abzubügeln, sondern eventuell mit ihm gemeinsam das Leidvolle des
Verzichts wahrzunehmen, ist herausfordernd und sicherlich nicht in
jeder Alltagssituation von Erwachsenen zu leisten. Aber will man die
trotzige Situation zu einer pädagogischen machen und dem Kind
Wachstum ermöglichen, scheint es mir alternativlos.

Wut ist zunächst einmal ein Gefühl oder ein Affekt, der der
Abgrenzung und der Verneinung dient. Die Entäußerung von Wut
kann extrem befreien und extrem ängstigen. Ängstigend ist meistens
die mit der Befürchtung verbundene Maßlosigkeit aus der Wut heraus
vielleicht Dinge zu tun oder zu sagen, die das Gegenüber verletzen
oder schädigen. Kindliche Wut muss ausgehalten und begrenzt
werden. Elterliche Wut darf sich in Maßen zeigen und muss sich
selbst stärker begrenzen. Zum Wachstum gehört aber das

Kennenlernen von Wut. Seiner eigenen und die der anderen. Und wechselseitig die beschämte Entschuldigung auf der einen und das großmütige Verzeihen auf der anderen Seite.

Und das Böse? Wiederum eine Frage, bei der ich froh bin, sie unbeantwortet stehen lassen zu dürfen und die mich aber in ihrer Grundsätzlichkeit schaudern lässt. Ich wünschte mir, das Böse so lässig wie Carola in seine Schranken zu weisen und wie in dem Kinderbuch einfach zukünftig Jonny zu nennen und unter meinem Bett schlafen zu lassen. Aber ich bin nicht Carola, ich habe Angst vor dem Bösen und seinen Ausmaßen – in mir und in anderen. Und da halte ich es dann doch mit Carola – bei der Angst hilft nur Licht an und Hinschauen, ob und was sich zeigt, und in guten Zeiten, sich dem entgegen zu stellen und hinzunehmen, wie die Sache ausgeht.

Ein Freund, ein guter Freund ...

> Jeden Morgen weckte Franz von Hahn den Bauernhof. Jonny Mauser und der dicke Waldemar halfen ihm dabei, denn richtige Freude helfen einander. Dann holten sie ihr Fahrrad aus dem Heuschober und radelten in den Morgen hinein. Kein Weg war ihnen zu steinig, kein Abhang zu steil, keine Kurve zu scharf und keine Pfütze zu tief. Am Dorfteich rasteten sie, wo es flache Kieselsteine zum Flippen gab und wo man so herrlich Versteck spielen konnte. (Helme Heine, *Zum Glück gibt's Freunde*)

Eine der vielen elterlichen Horrorvorstellungen besteht darin, sich auszumalen, dass ihr Kind Geburtstagseinladungen verteilt hat und kein Kind zum Fest erscheint. Mobbing, Hänseleien und soziale Isolierung gehören mit zu den stärksten psychosozialen Belastungsfaktoren, unter denen Kinder und Jugendliche leiden können. Freunde kann man nicht kaufen, rauben und noch nicht mal richtig suchen. Es ist ein großes und dankenswerterweise nicht allzu seltenes Glück, wenn man als Kind und/oder Jugendlicher Freunde findet. Eine zentrale Kategorie bei diesen Freundschaften scheint die Vertrauenswürdigkeit zu sein.

Ein guter Freund ist derjenige, dem man Geheimnisse anvertrauen und gewiss sein kann und dieser sie für sich behält. Es gibt wahrscheinlich wenig stärkere Motive für prosoziales und altruistisches Handeln als das Erleben oder auch die Sehnsucht nach Freundschaft. Vermutlich ist auch enttäuschte Freundschaft oftmals die Quelle für sozialen Rückzug und egozentrische Rücksichtslosigkeit. Die Qualität von Freundschaft misst sich nicht unbedingt an ihrer Länge – es gibt zeitlich sehr kurze aber sehr intensive Freundschaften, die in einem zentralen Entwicklungs- oder Wachstumsschritt eine wichtige Begleitung und Stütze waren, dann aber in Bedeutungslosigkeit versunken sind. Dann gibt es manchmal lebenslange Freundschaften, die über weite Strecken vor sich hin plätschern, sich aber in existenziellen Momenten als kraftvoll und tragend bewähren. Für Kinder und Jugendliche bieten Freundschaften die Möglichkeit, sich selbst in ihrer Eigenheit und Unverwechselbarkeit kennenzulernen und eben dies an ihren Freunden zu schätzen, zu akzeptieren und auch zu ertragen – Wachstum durch und Freude an und am anderen.

Als Ronja, Otto und mir zum ersten Mal die Herzen brachen

> Und jetzt wartete er, und Annie kam nicht zu spät, sie kam gar nicht, sie ließ ihn sitzen. Otto ging weiter und riss ein paar Äste ab, zerfledderte ein Ahornblatt, trat eine olle Coladose ganz platt, platt, platt und fing irgendwann an zu weinen, ohne dass er es merkte, und ging einfach weiter, bis er merkte, dass er weinte, und weinte jetzt extra und schrie: ‚Scheiße!' Man muss einfach scheiße sagen, wenn was scheiße ist. (Axel Schulß & Daniela Bunge, *Als Otto zum ersten Mal das Herz brach*)

In diesem Kinderbuch ist Ottos beste Freundin Annie, mit der er verheiratet war, siebenjährig bei einem Sturz auf der Kellertreppe gestorben. Sie kommt nicht mehr wieder und Otto ist in der ersten Klasse quasi Witwer. Als Ronjas (Räubertochter) Vater Mattis ihren besten Freund gefangen nehmen und hungern lässt, beschließt sie in dumpfer Verzweiflung, mit ihrem Vater zu brechen. Als der Hamster meiner älteren Tochter starb, war sie untröstlich – kurz zuvor hatte ihr Vater eine sehr schwere Erkrankung knapp überlebt. Als mein Freund Boris nach sechs Jahren unverbrüchlichem gemeinsamem Spiel in eine andere Stadt zog, hatte ich das Gefühl, nie mehr froh aus dem Haus gehen zu können. Elterliche Trennungen, drohende oder eintretende Tode geliebter Menschen oder Tiere oder aber auch Umzüge bester Freunde können kindliche Herzen brechen. Um wachsen und mitfühlen zu können, bedarf es zumeist der Erfahrung gebrochener Herzen. Entscheidend ist, wer dieser Erfahrung beiwohnt und wie er es tut. Bagatellisierung ist Gift, Dramatisierung meistens nicht erforderlich und die Herzstücke behutsam aufsammeln manchmal schwierig. Und dennoch ist es das Einzige, was man tun kann.

Als ich als Erwachsene zum ersten Mal jemandem sehr bewusst das Herz brach, habe ich vor Schuldgefühl irgendwann nicht mehr richtig atmen können – bis mir jemand sagte, dass es zum Erwachsenwerden dazugehöre, Schuld aufrecht tragen zu können. Da gelang es mir zumindest, mich ernsthaft zu entschuldigen und zu ertragen, dass die Verzeihung nicht in meiner Macht liegt.

Courage und Mut

> „Das war blöd, was ich gemacht habe. Alles war blöd, die ganze Sache. Das hat einfach nicht funktioniert."
> „Sagen wir mal so. Es gibt vielleicht kein Kind auf der ganzen Welt, dass jemals eine so dumme Idee hatte."
> „Opa"?
> „Ja"?
> „Warum … ich weiß nicht … also … wieso sagst du das so nett"?
> „Nun ja. Weil es eben auch keinen Menschen in Barenburg gibt, der jemals versucht hat, den Kindern zu helfen". (Susan Creller, *Elefanten sieht man nicht*, S.198)

In Susanne Crellers Roman versucht die 13-jährige Mascha einem vom Vater misshandelten Geschwisterpaar zu helfen, indem sie dieses quasi entführt und an einen sicheren Ort bringt. Es gibt im Dorf eine große Aufregung ob der verschwundenen Kinder, die schließlich von der Polizei gefunden werden, und Mascha bekommt zunächst großen Ärger. Ihr Großvater ist jedoch auch in der Lage, das Beherzte und Tapfere in Maschas Vorgehen zu sehen. Couragiertes und mutiges Handeln ist nicht zwangsläufig an Vernunft und Weitblick gekoppelt. Es hat oftmals für die so Handelnden negative und unangenehme Konsequenzen. Eltern mahnen ihre Kinder meistens zur Vorsicht und sind stets in der Sorge, dass diese zu viel und auch ihren eigenen Vorteil riskieren. Auch meine Mutter hat mich vor allem Möglichen in erster Linie gewarnt. Ich erinnere mich aber daran, wie wir nach einem Opernbesuch in einer Schlange standen und auf ein Taxi warteten, als sich ein junger Mann vordrängelte und einer älteren Frau, die eigentlich an der Reihe war, ihr Taxi wegschnappen wollte. Meine Mutter packte den jungen Mann bei der Schulter und sorgte dafür, dass die ältere Frau ihr Taxi bekam. Zu einem anderen Zeitpunkt erzählte sie eher nebenbei, wie sie sich von ihrem Vorgesetzten nicht den Mund verbieten ließ und als Konsequenz einen bestimmten Posten nicht bekam. Insofern war sie mir ein

Modell, das zwar nicht Leib und Leben riskierte, aber durchaus die Einstellung vertrat, dass Anpassung nur unter bestimmten Bedingungen zu leisten sei – und dieses Modell war erheblich eindrucksvoller als alle Warnungen. Ich wünsche mir sehr, meinen Töchtern in dieser Hinsicht ein ebensolches Modell zu sein und so ein klein wenig dazu beizutragen, dass sie sich nicht von ihrem Weg abbringen lassen.

Empathie und Ambiguitätsspannung

In Christine Nöstlingers Kinderroman *Der Zwerg im Kopf* steht die sechsjährige Anna kurz vor der Einschulung, als sie einen Zwerg im Kopf bei sich entdeckt. Mit diesem führt sie innere Dialoge und berät sich in schwierigen Situationen. Im Verlauf der Geschichte wird deutlich, dass Anna in unterschiedlichen Kontexten einiges ausbalancieren muss und in Loyalitätskonflikte gerät, die ambivalente Gefühle in ihr auslösen. Der Umgang mit diesen Ambivalenzen wird in den inneren Dialogen mit dem Zwerg sehr plastisch und gut verständlich dargestellt, ohne dass dadurch die Konflikte entschärft werden oder etwa an Komplexität verlieren. Anna lernt in den Gesprächen mit dem Zwerg ihr Innenleben, ihre unterschiedlichen Wünsche und Bedürfnisse, Ängste, Sorgen und Wutgefühle kennen; kurz: Sie lernt sich selbst besser kennen und gibt sich verschiedene Antworten auf die Frage, wer sie denn nun sei. Außerdem hilft ihr der Zwerg dabei, das rätselhafte Verhalten ihrer Mitschüler zu verstehen, da er kurzfristig auch andere Köpfe besuchen kann.

> Sie wollte schließlich genau wissen, was der Zwerg im Hermann-Kopf erlebt hatte und ob er entdeckt hatte, warum der Hermann so ein ekliges Kind war. „Oh Gotterl eins", sagte der wach genieste Zwerg, „im Herrn Mann seinem Schädel herrscht das totale wirrware Chaos. Es zuckt und zittert, blitzt und kracht, wimmert und wummert, nagt, sägt und kreischt. Unmöglich da eine Übersicht zu bekommen. Jedenfalls kommt er sich ganz arm vor. Und denkt, er muss sich gegen die Gemeinheiten der anderen Kinder zu Wehr setzen". (Christine Nöstlinger, *Der Zwerg im Kopf*, S.73)

Diese Stelle expliziert das Fremdverstehen auf eine konkretistisch-lustige Weise, bei der einerseits der Wunsch weitergesponnen wird, man könnte in den Kopf eines anderen, den man nicht versteht, hineingucken und andererseits deutlich wird, dass natürlich auch Kinder sich bereits in Hypothesen und Phantasien üben, warum wohl einer so ist, wie er ist. Empathie bedeutet das Fremde in seiner

Eigenheit zu erkennen und zu verstehen. Empathie bedeutet nicht, im Fremden das Eigene zu entdecken und so Mitgefühl zu entwickeln. Bei der Entwicklung von Empathie und dem Ertragen von Ambiguitätsspannung ist es erforderlich, den eigenen inneren Bezugsrahmen mit seinen innewohnenden Widersprüchen zunehmend besser kennenzulernen und wahrzunehmen, dass er sich von anderen Bezugsrahmen unterscheidet. Kinder und Jugendliche können diese beiden Fähigkeiten am besten dann entwickeln, wenn sie erlebt haben, dass ihr innerer Bezugsrahmen in den ersten Lebensjahren Priorität hatte und ihnen dann ab und an der authentische Bezugsrahmen ihrer Eltern in nicht pädagogischer Absicht zugemutet wurde.

How fragile we are … der Umgang mit Zerbrechlichkeit

„Wir sorgen für dich," besagte die Lüge, „wir bewahren dich vor den Monstern, die unterm Bett wohnen, den Drachen im Schrank, den Geistern, den Mördern, den Entführern. Wir bringen dir bei, wie es in der Welt zugeht, zeigen dir alle Geheimnisse des Lebens." Alle Geheimnisse, nur nicht, wie Du Dich selbst kennenlernst, wie Du Deinen Weg findest, wie Du allein sein kannst, wie Du Verlust und Ablehnung, Enttäuschung, Scham und Tod überlebst. (Meg Rosoff, *Was wäre wenn*, S.217)

Die in der Entwicklungspsychologie beschriebenen Entwicklungs- und Wachstumsaufgaben für Jugendliche, beispielsweise die Suche und Entfaltung einer Identität, die Beschäftigung mit dem eigenen Körper und dessen Veränderungen, die Auseinandersetzung mit Autoritätsfiguren sind längst nicht mehr Jugendlichen vorbehaltene Themen, sondern sie bleiben virulent bis ins hohe Alter. Es ist weder das Vorrecht, noch die alleinige Last von Jugendlichen mehr, alles, auch das vermeintlich Sichere infrage zu stellen und an der Sehnsucht nach einer passenden Verortung zu leiden, sondern diese Fragen betreffen alle Lebensalter. Gleichzeitig sind Themen, die die körperliche und psychische Versehrtheit und die generelle Zerbrechlichkeit von Existenz betreffen, die Frage „how fragile we are" , die Sting in seinem Song „Fragile" besingt, nicht nur für ältere und offensichtlich gebrechlichere Menschen bedeutsam, sondern sie berühren auch jüngere. Insofern ist es eine Lüge, Kindern und Jugendlichen zu suggerieren, sie vor allen Gefahren und Bedrohungen bewahren zu können oder auch die Idee zu unterstützen, dass sie sich selbst davor bewahren könnten. Die Aufgabe von begleitenden Erwachsenen könnte es sein, Kinder und Jugendliche bei ihrer umgekehrten

Heldenreise, – so beschreibt es der Autor John Green in einem Interview von 2013 – von dem unbeirrbaren grandiosen Glauben an die eigene Stärke in die Anerkennung der eigenen Verletzlichkeit gut zu begleiten.

Progression und Regression

Meine gerade acht Jahre alt gewordene Tochter wünscht sich in einem Moment, groß zu sein und ein Leben für sich zu haben, und in anderen Augenblicken, ein kleines Baby zu sein, das noch nichts tun muss und den ganzen Tag gekuschelt wird. Diese Wachstums- und Schrumpfungssehnsüchte begleiten die meisten von uns ein Leben lang und es zählt zu den schönsten Dingen, wenn diese von jemandem, der uns liebt, begleitet und getragen werden. In dem Jugendbuch *Hier und Jetzt* kommt die 15-jährige Heldin Fienchen nach einem Rendezvousdesaster völlig erschüttert nach Hause.

> Sie geht vorsichtig auf Fienchen zu, wie man sich einem Tier nähert, das ausreißen könnte. Aber mach das mal. Mama nähert sich ihrer Tochter, zieht ihr die Jacke vom Körper, einen Arm nach dem anderen, beugt sich nach unten, um ihr die Schuhe von den Füßen zu lösen, hebt Fienchens Füße, damit sie auch das nicht selbst machen muss, wie auch, schält Zwiebelfienchen aus ihren Schalen, aus Pulli, Socken, Hose, Unterwäsche, aus allem, was Stoff ist, hat ein nacktes Kind vor sich, das ihres ist, das sie nun zum Bad führt, wo es steht und friert, bis die Wanne vollgelaufen ist, mit warmen weichem Wasser, in das Fienchen eintaucht, das auch die letzten Muskeln ihres Körpers aufgeben und ruhen. Und die ganze Zeit sitzt Mama neben Fienchen und gibt ihr Mineralwasser und streicht ihr die Tränen von den Wangen. (Tamara Bach, *Hier und Jetzt*, S.307)

Die Adoleszenz ist eine Periode im Leben, in der sich die Progressions- und Regressionsbedürfnisse in rasender Geschwindigkeit die Klinke in die Hand geben, sodass weder die Jugendlichen selbst, geschweige denn die außenstehenden Eltern den Wechsel immer gleich realisieren können. Es ist offenbar in dieser Zeit zu viel verlangt. Die beschriebene Begegnung zwischen Fienchen und ihrer Mutter ist in vielerlei Hinsicht ein glücklicher Moment. Es ist ein Moment des Erkennens von Bedürftigkeit, der von der Mutter als solcher wahrgenommen und von der Jugendlichen angenommen werden kann und nicht zurückgewiesen werden muss. Solche Situationen können nicht geplant werden und können auch anders ausgehen. Aber wenn sie denn geschehen, sind sie für alle Beteiligten ein Wachstumsschritt und Erkenntnisgewinn. Es ist möglich mitten im Großwerden, kurze Zeit winzig klein zu werden und im nächsten Moment noch ein Stückchen größer als vorher zu sein.

Zugehörigkeit und Ausgrenzung

> Das funktioniert so nicht. Hörst Du, Einsneunzig? Es gibt keinen Menschen, der ganz zu dir hält. Den gibt´s nicht. So was kannst du einfach nicht verlangen. Und als Misses Elderly schon fast draußen war, fügte sie bitter flüsternd hinzu: Aber man wünscht es sich ein Leben lang. (Susan Creller, *Der Schneeriese*, S.106)

Die meisten Menschen wünschen sich, einzigartig und unverwechselbar zu sein und dennoch ganz und gar dazuzugehören. In dieser Widersprüchlichkeit spiegeln sich die beiden Antagonisten, die die Psychoanalyse so gut wie keine andere Theorie beschrieben hat – die Sehnsucht nach Symbiose, Verschmelzung und Selbstaufgabe auf der einen und der Wunsch nach Autonomie und Abgrenzung sowie die Furcht vor Selbstaufgabe auf der anderen Seite. Gerade psychisch einigermaßen intakte Kinder und Jugendliche artikulieren das Verlangen nach der gleichzeitigen Erfüllung beider Bedürfnisse oftmals unverblümter als Erwachsene – krass ausgedrückt, sie benehmen sich manchmal wie die Axt im Walde und wollen trotzdem umfassend geliebt und angenommen werden. Wenn es gelingt, diese widersprüchlichen Bedürfnisse – sowie Misses Elderly – als lebenslange Sehnsucht zu spüren und die Realität zu ertragen, dass diese unerfüllbar ist, können sich wiederum Wachstumsschritte, wenn auch mit damit einhergehenden Wachstumsschmerzen einstellen. Komplizierter wird es, wenn sich durch individuelle Einschränkungen oder Behinderungen kein Zugehörigkeitsgefühl einstellt.

> Wenn ich eine Wunderlampe finden würde und einen Wunsch frei hätte, würde ich mir wünschen, ein normales Gesicht zu haben, das nie jemanden auffallen würde. Ich würde mir wünschen, dass ich die Straße entlang gehen könnte, ohne dass die Leute diese Sache machen, sobald sie mich sehen, dieses Ganz-schnell-woanders-Hinschauen. Ich glaube, es ist so: Der einzige Grund dafür, dass ich nicht normal bin, ist der, dass mich niemand so sieht. (Raquel Palacio, *Wunder*, S.7)

Der Inklusionsdiskurs geht diese Problematik auf struktureller und politischer Ebene beherzt an, aber es ist fraglich, wie weit es ihm gelingt, das individuelle Leid, insbesondere von Kindern mit Behinderungen, die diese in vielen Momenten ihres Lebens einfach nicht wollen und ihrer satt und überdrüssig sind, in den Blick zu nehmen. Eine inklusive Aufgabe ihrer Mitmenschen könnte sein, diesen

Unmut auszuhalten und ihr Gegenüber mit diesem wahrzunehmen, statt sich wegzuducken und ausweichend Mitleid zu zeigen.

Zum Schluss das Größte ... Liebe

Kein Mensch wächst ohne einen Funken Zuwendung oder Liebe heran. Das wissen wir schon seit den Waisenkinderversuchen von Friedrich II. im 13. Jahrhundert. Säuglinge und kleine Kinder brauchen sie, um zu überleben. Jugendliche, um existenzielle Selbstwert- und Lebenszweifel mit ihrem Leben zu vereinbaren. Alle anderen Menschen, um morgens aufzustehen, den Alltag zu meistern und abends beim Einschlafen halbwegs die Gewissheit zu haben, das morgen wieder tun zu können. Eine 15-jährige Patientin konfrontierte mich mit der Aussage, dass sie nicht verstehe, was Menschen mit über 30 noch am Leben hielte. „Wenn ich mir meine Eltern so angucke, nichts als Stress, das macht doch keinen Spaß mehr.“ Bei mir – die nach dieser Rechnung schon 16 Jahre zu lange lebte – entstand zunächst der Impuls, diese pubertäre Aussage überheblich vom Tisch zu wischen. Aber wenn ich etwas in Psychotherapien gelernt habe, ist es, ersten Impulsen meistens zu widerstehen. Ich habe diese Aussage an mich herangelassen und zugelassen nachdenklich zu werden. Was hält mich im und am Leben? Das erste Bild, das auftauchte, war das meiner schlafenden Töchter, welches ich der Patientin nach dreimaligem tiefem Durchatmen beschrieb und das dieser immerhin ein zweifelndes Nicken entlockte. Liebe zu irgendwem oder irgendwas hält die meisten von uns am Leben. Manchmal können wir uns aus Pathologien herauslieben oder uns aber in diese hineinlieben und mit ihnen leben. In jedem Falle ist psychisches Wachstum ohne Liebe nicht denkbar.

> Ich liebe dich, und es gehört nicht zu meiner Geschäftspolitik, mir einfache Freuden, wie das Aussprechen von Wahrheiten zu versagen. Ich liebe dich, und ich weiß, dass Liebe nichts als ein Ruf in die Wüste ist und dass das Vergessen unvermeidbar ist und dass wir alle Verdammte sind und dass ein Tag kommt, wenn alle unsere Werke zu Staub zerfallen, eine Zeit, wenn sich niemand daran erinnert, dass es einst Kreaturen gab, die in selbst gebauten Maschinen geflogen sind, und ich weiß, dass die Sonne die einzige Erde, die wir je haben, irgendwann verschlucken wird, und ich liebe dich. (John Green, *Das Schicksal ist ein mieser Verräter*, S.142)

Literatur:

BRENIFIER, O.: *Ich, was ist das?* Köln 2010.
BACH, T. *Hier und Jetzt.* Hamburg 2007.
BUDDE, N.: *Such Dir was aus, aber beeil Dich.* Frankfurt/Main 2009.
GREEN, J.: *Das Schicksal ist ein mieser Verräter.* München 2012.
HEIN, J. & KRÖMER,K.: *Gute Nacht Carola.* Hamburg 2010.
HEINE, H.: *Zum Glück gibt's Freunde.* Weinheim 1982.
KRELLER, S.: *Elefanten sieht man nicht.* Hamburg 2012.
KRELLER, S.: *Schneeriese.* Hamburg 2014.
LINDGREN, A.: *Ronja Räubertochter.* Hamburg 1982.
NESS, P. & DOWD, S.: *Sieben Minuten nach Mitternacht.* München 2011.
NÖSTLINGER, C.: *Der Zwerg im Ohr Nöstlinger,* Weinheim 1989.
PALACIO, R.: *Wunder.* München 2012.
RÖCKL, C.: *Und dann platzt der Kopf.* Mannheim 2014.
ROSOFF M.: *Was wäre wenn.* Hamburg 2007.
SCHULß, A. & BUNGE, D.: *Als Otto zum ersten Mal das Herz brach.* Mühlheim 2009.

II. Zum Dialog der Religionen

Abdel-Hakim Ourghi

Ein postmodern-humanistischer Islam
Die Autonomie des Korantextes und die Freiheit des Lesers

1. Die Vielfalt einer zeitgenössischen Lesart

Das historische Erbe und die vergangene Tradition können objektiv gesehen nicht als ein abgeschlossener Akt der Vergangenheit betrachtet werden. Die überlieferte Tradition ist und wird präsent in den aktuellen Lebenssituationen der Menschen; sie beeinflusst die Gegenwart der Kulturen. Die existenzielle Teilhabe der Menschen als Erben der vergangenen Ideengeschichte ihrer eigenen Kultur liegt darin, sie immer wieder von Neuem zu deuten und zu reflektieren, obwohl die Tradition in ihrer historischen und räumlichen Entfernung zum Hier und Heute nicht einfach lesbar ist. Darum geht von der Vergangenheit ein Ruf nach Interpretation aus; das Erbe verlangt und provoziert die Interpretation. Kurzum: Ideengeschichte und Interpretation sind korrelierende Entitäten, die sich nicht voneinander trennen lassen. Allerdings ist darauf hinzuweisen, dass die Rezeption des Feldes der Ideengeschichte eine Vielzahl von Interpretationen hervorruft, die gleichzeitig miteinander konkurrieren oder sich gegenseitig ergänzen können.

Genau wie in allen anderen monotheistischen Religionen spielt die Vergangenheit des Islams eine essenzielle Rolle im Alltag der Menschen. Sie kann sich allerdings nicht als Dokument darstellen, das sich nicht untersuchen lässt, nur weil es von anderen Generationen vererbt wurde. Sie kann reflektierender und kritischer Analyse nicht entbehren, nur weil dies von einigen muslimischen Gruppen verboten wird, die ein Monopol der Deutungshoheit über die Geschichte des Islams aufbauen wollen. Sowohl die Tradition der Ideengeschichte als auch die Akteure, die sie erschaffen haben, können und müssen selbstverständlich auch reflektierend kritisiert werden, besonders wenn die Diskrepanzen zwischen der Vergangenheit und der

Gegenwart so groß sind. Zweifelsohne gilt das auch für die kanonischen Quellen des Islams. Trotz des Bestehens einheitlicher kanonischer Quellen ist ihre Rezeption in der Geschichte des Islams offensichtlich ein *system in action*, ein immerwährender vitaler Prozess, zieht man die Vielgestaltigkeit der Interpretationen in Betracht.

Eine bloße Beobachterperspektive der islamischen Studien auf die Texte der Vergangenheit kann im Rahmen einer Neutralität *de facto* nicht realisiert werden, wenn es nicht schlicht um die Aneignung und die Weitergabe der klassischen islamischen Wissenstradition an die anderen Generationen geht. Gewiss vollzieht sich die Geschichtsinterpretation und die Textauslegung des Vergangenen immer als eine Selbstauslegung des Interpreten in seiner Lebenswirklichkeit.[1] Deshalb vermag ein kritisches und selbstreflektierendes Verstehen der islamischen Tradition auf die Existenz des gegenwärtigen Menschen ausgerichtet zu sein. Besonders durch die Vielfalt der zeitgenössischen Lesarten können die Menschen selbst neu verstehen und entdecken.

Nicht nur die kanonischen Quellen des Islams, sondern auch die Ideengeschichte der islamischen Wissenstradition sind nicht selbstevident, denn sie alle bedürfen als Gegenstand von Verstehensprozessen der verstehenden und erklärenden Auslegung. Die gegenwärtige Selbstbestimmung der Muslime kann durch eine eigene zeitgemäße Lektüre der vergangenen Ideengeschichte vollzogen werden. Allerdings bleibt solch ein hermeneutisches Verstehen eine bloß eindimensionale Grundkonzeption, wenn die Weltanschauungen und die menschliche Existenz der interpretierenden Generation nicht in Betracht gezogen werden. Freilich ist hierbei zu beachten, dass das Ziel die reflektierende Entfaltung der Menschen und ihre Identitätsfindung ist, ausgehend aus den eigentlichen bzw. realen Kontexten ihrer jeweiligen Lebenssituation. Interessanterweise gewinnen nicht nur die verschiedenen Texte der Tradition des Propheten durch ihre Redaktion, sondern auch die Texte der klassischen islamischen Wissenstradition durch ihre Verschriftung ihre Autonomie gegenüber ihren Autoren. Durch den Akt des Verstehens von verschiedenen Rezipienten in unterschiedlichen Zeitepochen vollzieht

---

[1] Vgl. Rudolf BULTMANN: *Neues Testament und christliche Existenz. Theologische Aufsätze*, hg. v. Andreas Lindemann, Tübingen 2002, 13ff.

sich eine textuelle und kontextuelle Befreiung der schriftlichen Texte von der Macht des Autors. Sie lösen sich von ihrer historischen Entstehungssituation und fügen sich in eine neue historische Rezeptionssituation ein.

Nun wage ich es, einen theoretischen und methodischen Entwurf für die Autonomie des Textes und die Freiheit der Interpreten in ihrer Vielfalt zu skizzieren. Denn die beiden sich ergänzenden Konzepte sind schwer voneinander zu trennen und agieren miteinander im Rahmen eines Wirkungszirkels bzw. eines Wechselspiels. In diesem Kontext versuche ich auch eine Vorgehensweise für eine herme-neutische Dekonstruktion in der islamischen Theologie und Religi-onspädagogik zu skizzieren. Vorab muss mit Nachdruck betont werden, dass es sich hierbei ausschließlich um neue Verstehens-ansätze handelt, die möglicherweise einen konstruktiven Beitrag für die Etablierung eines humanistischen Islams in einem westlichen Kontext leisten könnten. Denn Identitätsfindung kann nicht gelingen als ein einfacher Versuch, die religiöse Zugehörigkeit aufrecht zu erhalten bzw. sie zu verteidigen, indem man das Erbe auf die Vergangenheit reduziert. Sie ist letztlich ein innovativer Weg der kritischen Auseinandersetzung mit dem Erbe des Islams.

2. Die Autonomie des Textes und die Freiheit des Lesers[2]

Die Muslime können sich heutzutage der Tatsache bewusst sein, dass sie mit dem Korantext nicht mehr dort stehen, wo der Prophet Muhammad im 7. Jahrhundert n.Chr. stand. Nicht nur der Korantext und die Tradition des Propheten sondern auch das historisch akkumulierte Wissen des muslimischen Diskurses sind Bestandteil des nicht abgeschlossenen Verstehensakts des Lesers, der sich immer den jeweiligen Realitäten und den heutigen Lebenswelten der Muslime reflektierend anpassen muss. Deshalb kann gesagt werden, dass die kanonischen Quellen des Islams – Korantext und die Tradition des Propheten – und die sie rezipierenden Texte der kontinuierlichen Selbstauslegung unterliegen. Es muss dennoch deutlich darauf hingewiesen werden, dass diese drei Erkenntnisgegenstände, die durch menschliche Verstehensprozesse in anderen historischen

---

2 Hans ZIRKER: *Der Koran. Zugänge und Lesarten*, Darmstadt [2]2012, 191ff.

Kontexten verortet werden können, auch ihrer jeweiligen historisch
bedingten Entstehungssituation unterliegen.

Selbstverständlich liegt die Aufgabe des heutigen Lesers darin, die
kanonischen Quellen des Islams im Rahmen eines theoretisch-
praktischen Reflexionsverstehens und -erklärens in je veränderter
Geschichtssituation neu und zeitgemäß auszulegen. Allerdings kann
die Einnahme einer neutralen Beobachterposition, etwa im Rahmen
eines deskriptiven und historischen Verstehensansatzes des muslimi-
schen Diskurses, dafür nicht ausreichend sein. Dies war und ist noch
stets die selbst gestellte Aufgabe der westlichen Islamwissenschaft,
obwohl mittlerweile klar ist, dass die vermeintliche Objektivität durch
den Fakt des Vorverständnisses der Wissenschaftler belastet ist.
Gewiss bleibt auch das Vorverständnis der eigenen Kultur tief in den
Denkformen der Islamwissenschaft verankert, sonst wäre eine
hermeneutische Interpretation erst gar nicht realisierbar.[3] Freilich
erhalten die Bemühungen des Lesers ihre objektiven wissen-
schaftlichen Aspekte, wenn die kritische Analyse eine zentrale Rolle in
der jetzigen Zeit und Daseinserschließung des Menschen spielt. Sonst
mündete das ganze Unterfangen schlicht in eine Reproduktion der
Tradition bzw. der Ideengeschichte des muslimischen Diskurses seit
seiner Entstehung.

Im Zuge der literarischen Hermeneutik und der poststruk-
turalistischen Rezeption von Texten konstituierte sich die wesentliche
Erkenntnis von der Autonomie des verfassten bzw. veröffentlichten
Textes von seinem Autor. Durch die Lektüre verkündet die
Autonomie des Textes den Tod des Autors. Dabei handelt es sich um
die Emanzipation des Geschriebenen von seinem Autor, denn durch
die Verschriftung eines Textes wird ein Werk unabhängig. Kein Autor
ist imstande zu kontrollieren, was die Lektüre des Lesers aus seinem
Text macht. Der Autor wird zum Beobachter seines eigenen Werkes.
Denn die Spielräume für die Möglichkeit, verstanden oder
missverstanden zu werden, sind nahezu unbegrenzt weit. Dieser
grundlegende Gedanke ist universell und kann mit aller Selbst-

---

[3] Vgl. Rudolf BULTMANN: *Das Problem der Hermeneutik* (1950), in: Ders.: Glauben und
Verstehen. Gesammelte Aufsätze, Bd. II, Tübingen 1961, 211–235, hier 216.

verständlichkeit und ohne Bedenken auf die Werke der Ideengeschichte des Islams übertragen werden.

Im Akte des Lesens können auch die schriftlichen Texte der islamischen Kultur von ihrer Leblosigkeit nicht nur befreit werden, sondern sie werden durch neue interpretierende Sinngehalte bereichert. Genauer gesagt: Eine hermeneutische Distanz zum Autor, die eine Atmosphäre des Verstehens für die Differenz im Vergleich zum Original begründet, ist bei der Rezeption des Textes durch den Leser nicht vermeidbar. Durch die Vielzahl konkurrierender Lesarten werden die Texte der islamischen Wissenstradition von der Intention des Autors befreit.

Somit stellt sich die Frage, ob es für das Textverständnis so wichtig ist, der Frage nach dem Autor überhaupt nachzugehen. Denn der Leser möchte in erster Linie die Textinhalte der islamischen Ideengeschichte verstehen und sich einen Überblick über die verschiedenen Ideen und Themen verschaffen. Überwiegt das Interesse am Text selbst, wird beim Leser eine bewusste Gleichgültigkeit gegenüber der Frage nach der Autorschaft hervorgerufen. Ab diesem Zeitpunkt beginnt das Verschwinden des Autors, während das Überleben des Werkes und sein Fortbestand über die Frage nach der Autorschaft hinaus an Bedeutung gewinnen. Solch eine am Text orientierte Verstehensmethode lässt die Frage nach dem Autor zurücktreten. Michel Foucault (1926–1984) betonte in diesem Sinne die Aufgabe des Werkes im literarischen Sinn, sich unsterblich zu machen. Allerdings habe es auch das Recht erhalten, den Autor zu töten. Keinen kümmere es, wer hierbei spricht oder schreibt. „Das Kennzeichen des Autors ist seine Abwesenheit."[4] Bereits Roland Barthes (1915–1980) war der Ansicht, dass die Autonomie des Textes den Tod des Autors verkündet. „Und die Schrift in Form der Rezeption beginnt zu leben."[5] Mit anderen Worten: Die Bedeutung des Textes entspricht nicht mehr den Intentionen des Autors bzw. dem, was der Autor mitteilen wollte. Dadurch wird der in dem Werk

---

[4] Michel FOUCAULT: *Schriften zur Literatur*, übersetzt von Karin von Hofer u. Anneliese Botond, München [8]1993, 11ff.
[5] Roland BARTHES: *La mort de l'auteur*, in: Ders.: Œuvres complètes, édition établie et présentée par E. Marty, Paris 1994, 491 ff. Vgl. Umberto ECO: *Nachschrift zum Namen der Rose*, München 1984, 14.

enthaltene Text durch miteinander konkurrierende Rezeptionen verschiedenen Verstehensschicksalen ausgesetzt.[6]

Anhand eines Beispiels des Korantextes möchte ich diesen Sachverhalt erneut[7] aufgreifen, um aufzuzeigen, dass die Autonomie des kanonischen Textes auch eine zentrale Rolle in der islamischen Theologie in einem europäischen Kontext spielen kann. Die westliche Islamwissenschaft konzentriert sich bis heute zum größten Teil auf die Frage der geschichtlichen Genese des Korantextes. Nicht nur seine Vorgeschichte und seine Redaktion waren ein zentrales Thema, sondern auch die jüdischen, christlichen und anderweitigen Einflüsse auf ihn.[8] Möglicherweise mit der Absicht, die Originalität des Korans als Offenbarungsbuch in Zweifel zu ziehen, bewegte sich die westliche Koranwissenschaft methodisch zwischen der historischen und der rezeptionsgeschichtlichen Analyse. Man wollte bisweilen nichts anderes, als die Heilige Schrift der Muslime unter dem Aspekt der epigonalen Reprise des Gedankenguts aus dem Alten und Neuen Testament zu beschreiben. Demnach wäre der Korantext nichts anderes als ein nachbiblisches Werk im Sinne eines Fortschreibungstextes, der von Muhammad verkündet wurde.

Ohne eine historisch-kritische Begründung will man bewusst seinen Status als Gottes Wort in Form einer Offenbarung nicht anerkennen. Diese Haltung, inzwischen auch vertreten von einer renommierten Islamwissenschaftlerin,[9] scheint ihre Wurzeln in der historischen Rezeption des Korantexts durch Nichtmuslime zu haben. Das harte Verdikt einer Epigonalität des Korans im Verhältnis zu anderen Heiligen Schriften durch die westliche Islamwissenschaft erinnert an die Anfänge des klassischen Orientalismus. Bereits der

---

[6] Paul RICOEUR: *Philosophie und theologische Hermeneutik*, in: Ders./Eberhard Jüngel: Metapher, München 1974, 24−45, hier 28.

[7] Abdel-Hakim OURGHI: *Der Terminus Weisheit (al-ḥikma) im Koran. Vom Text zum Kontext*, in: Hermann Josef Riedl /Reinhard Wunderlich (Hg.) "Erwerbt euch Weisheit ..." (Sir 51,25). Weisheit im Spiegel theologischer und pädagogischer Wissenschaft. Festschrift für Bernd Feininger. Übergänge − Studien zur evangelischen und katholischen Theologie/Religionspädagogik, Bd. 22, Frankfurt/Main 2013, 139−169, hier 142ff.

[8] Karl AHRENS: *Christliches im Qoran*, Zeitschrift der Deutschen Morgenländischen Gesellschaft 84 *(1930)*, 15−68, hier 17f.; Heinrich SPEYER: *Die biblischen Erzählungen im Koran*, Darmstadt 1961, 41ff.; Abraham GEIGER: *Was hat Mohammed aus dem Judenthume aufgenommen?* Leipzig 1902 (unveränderter Nachdruck Osnabrück 1971), 40ff.

[9] Angelika NEUWIRTH: *Der Koran als Text der Spätantike. Ein europäischer Zugang*, Berlin 2010, 37ff.

orthodoxe Theologe Johannes von Damaskus (gest. um 750), einer der berühmten Kirchenväter, der etwa ein Jahrhundert nach dem Tod des Propheten wirkte, war der erste Gelehrte, der Muhammad im zweiten Teil seines theologischen Werkes *Quelle der Erkenntnis* über die Häresien (*De Haeresibus*) als falschen Propheten und Vorläufer des Antichrist darstellte.[10] Der Gelehrte betrachtete den Islam nicht als eine eigene Religion, sondern bezeichnete ihn als eine christliche Denomination mit gewissen Irrlehren und klassifizierte ihn somit als jüngste unter den christlichen Häresien.[11]

Zwei Ergebnisse einer solchen verzerrten Rezeption sind zu verzeichnen: *Erstens* wird der Korantext allzu häufig ohne seinen interaktiven Kontext behandelt, ganz zu schweigen von seinen Themen. Es vollzieht sich also ein unendliches historisches Verstehen ohne Interesse am textuellen Verstehen, weil die Intertextualität in verschiedenen Korankontexten vernachlässigt wird.

Zweitens bleibt die Frage nach der Urheberschaft des Korantextes, die sich wie ein roter Faden durch das gesamte Werk der westlichen Koranwissenschaftler zieht, zentral in der Islamwissenschaft. Denn bis heute schreiben die westlichen Vertreter dieses Faches den Korantext dem Propheten Muhammad zu. Damit will man nichts anderes, als dem Koran seine Natur als Gottes Buch absprechen, und ihn stattdessen zu einem Machwerk des Propheten erklären, in dem er aus anderen Heiligen Schriften abgeschrieben habe. Es findet vielfach eine Substitution der Koranforschung durch die unendliche Erforschung der Korangenese statt. In der westlichen Koranwissenschaft wurde der Korantext als ein historisches Zeugnis angesehen, dessen Autorschaft dem Propheten Muhammad zugeschrieben wird. Man fragte nach dem Autor und ließ dabei das Werk mit seinen unterschiedlichen Themen und verschiedenen Begriffen fallen, obwohl die Auseinandersetzung mit dem Korantext als

---

[10] Adel Theodor KHOURY: *Der theologische Streit der Byzantiner mit dem Islam*, Paderborn 1969, 12f.

[11] Joachim GNILKA: *Bibel und Koran. Was sie verbindet, was sie trennt*, Freiburg ³2010, 29f. Ilse ROCHOW: *Die Legende von der abgehauenen Hand des Johannes Damaskenos: Ursprung – Varianten – Verbreitung*, Frankfurt am Main/Berlin/Bern/Wien [u.a.] 2007, 72; Daniel J. SAHAS: *John of Damascus on Islam: the 'Heresy of the ishmaelites'*, Leiden 1972, 68ff.

„geschlossenem Textkorpus" ohne die Anwesenheit des Autors
geschah.

Ein unmittelbares Indiz für die Autonomie des Textes ist der
Korantext selbst. Nicht nur die Prozessualität der Textgenese bei
seiner Verkündung, sondern auch seine kommunikative Sprach-
struktur innerhalb seiner kontextuellen Konzipierung verleiht dem
Koran als Text eine gewisse Originalität und Eigenständigkeit, die
sich nicht unbedingt mit anderen heiligen Schriften vergleichen lässt.
Seine vielgestaltigen Redeformen und Sprachakte bezeugen deutlich
die Existenz einer großen literarischen Partitur, die eine immer wieder
neue Lektüre des Korantextes und seiner intertextuellen Variationen
legitimiert/ermöglicht. Als selbstreferenzieller Text mit einer inter-
pretativen Fortschreibung seiner selbst in Form eines Koran-
textwachstums[12] verhält sich der Korantext in seiner stilistischen und
sprachlichen Intention wie ein literarischer Text, der seinen Inhalt
und seine Sprachform zum Gegenstand macht. Er wiederholt sich
nicht nur, sondern kommentiert sich ständig selbst und bereichert
seine Themen mit neuen sprachlichen und inhaltlichen Informa-
tionen.[13] Der Leser entdeckt einen Wandlungsprozess durch die
Sprach- und Stilentwicklung im Korankorpus. Dies wird deutlich
durch die Debattenlandschaft in einem kommunikativen Modus
zwischen dem Propheten und seiner Hörerschaft im siebten
Jahrhundert illustriert. Hierbei spielt die Intentionalität (*qaṣdīya*) des
Verkünders eine zentrale Rolle, die der Hörerschaft neue Verstehens-
felder für interpretative Ansätze ermöglicht. Denn der Korantext
bezeugt seine eigene Offenheit für freie Lektüren der Leser oder
Rezipienten in ihren veränderten historischen Rahmenbedingungen,
die im Sinne lebensweltlicher Bedingtheit neu angeeignet werden
können.

Der Korantext ist somit nicht nur eine religiöse Schrift, sondern
auch ein literarisches Werk *par excellence*. Nicht nur seine

---

[12] Nicolai SINAI: *Fortschreibung und Auslegung. Studien zur frühen Koraninterpretation*, Wiesbaden
2009, 5ff.; Ders.: *Qur'anic Self-refentiality as a Strategy of Self-authorization*, in: Stefan Wild (Hg.):
Self-refentiality in the Qur'an, Wiesbaden 2006, 103–134, hier 126.
[13] Navid KERMANI: *Gott ist schön. Das ästhetische Erleben im Koran*, München 2000, 97; Angelika
NEUWIRTH: *Erzählen als kanonischer Prozess. Die Mose-Erzählung im Wandel der koranischen
Geschichte*, in: Rainer Brunner u. a. (Hg.): Islamstudien ohne Ende. Festschrift für Werner
Ende zum 65. Geburtstag, Würzburg 2002, 323–344, hier 326.

Heilsgeschichten, sondern auch die zahlreichen Termini, die einer spezifischen semantischen und hermeneutischen kommunikativen Textentfaltung im Sinne einer Sinnerweiterung unterliegen, sind ein deutlicher Beleg dafür. Durch seine Autonomie illustriert er deutlich die Sinnentfaltung seiner eigenen internen Exegese – die Schrift legt sich selbst am besten aus. Das zeigt auch die Rezeption des Korantextes durch die Gelehrten, die seine Intertextualität berücksichtigten. Anders gesagt: Selbstverständlich eröffnet diese korrelierende Sinnentfaltung neue Verstehensräume für die nachkoranische Exegese bzw. Auslegung der Muslime und gewährt eine gewisse „Freiheit der Rezeption" im muslimischen Korandiskurs. Hierbei kann auch eine weitere Sinndimension der existenzialen Verstehensebene[14] der verschiedenen Themen und Termini in Betracht gezogen werden, die auf seine „reale Konzeption" im Hinblick auf seine Umsetzbarkeit hinweist.

Die Autonomie des Textes bedeutet, dass der Autor nach seiner Verschriftung keinen Einfluss auf den Text bzw. auf die Textwelt hat, womit die Frage nach dem Urheber ihre Bedeutung verliert. Der Tod des Autors vollzieht sich durch den eingreifenden Leser, durch seine Art der Rezeption und des Verstehens, die sich auf den Text und seinen Inhalt konzentriert. Hinsichtlich des Korans bedeutet diese Herangehensweise eine freiwillige Abkehr von der Frage nach der Autorschaft und die Auseinandersetzung mit den Themen des Korantextes. Durch diesen symbolischen Tod des Autors, wodurch das geistige Eigentum des Urhebers in die Sphäre der Anonymität zurücktritt, beginnt sich die Macht der Selbstständigkeit des Korantextes zu entfalten. Historisch-kritisch gesehen kann zwischen dem „historischen Muḥammad" und dem „Koran als Quelle des Glaubens" unterschieden werden, denn der Prophet selbst war schlicht ein Verkünder von Gottes Wort. Ein Bezug auf Inhalte des Korantextes befreit den Propheten von späteren muslimisch-theologischen Projektionen, die ihn zum Beispiel als Analphabeten und islamwissenschaftliche Übermalungen als Autor des Korantextes sehen.

Anhand der Auseinandersetzung mit den verschiedenen Koranthemen vollzieht sich ein Hervorrufen einer unbegrenzten

---

[14] RICŒUR: *Le conflit des interpretations. Essais d'herméneutique*, Paris 1969, 23ff.

Möglichkeit zur Entfaltung des Islamdiskurses. Die im Laufe der Jahrhunderte entstandene muslimische Koranwissenschaft und Koranexegese – als nachkoranische Exegese – im Rahmen einer interpretativen Rezeption bezeugen die Diskurspluralität, die die fortlaufende Rezeption des Korantextes und die Neulektüren ausgelöst haben.[15] Der Korantext kann als Begründer einer Diskursivität bezeichnet werden, weil er die schier unerschöpfliche Quelle für die Entstehung anderer Verstehenskontexte und explikativer Interpretationen darstellt. Somit vollzieht sich im muslimischen Korandiskurs ein historischer Prozess des ständigen Wachstums durch die Rezeption des Korantextes.

Nun fasse ich das bisher Gesagte noch einmal zusammen: Wie die anderen monotheistischen Schriften und die sie rezipierenden Texte schaffen nicht nur der Korantext, sondern auch die Texte des islamischen Diskurses im Laufe der Jahrhunderte unterschiedliche Verstehensräume für immer wieder neu entstehende interpretatorische Texte. Diese betonen die Meinungsdiversität in der islamischen Ideengeschichte. Hierbei tritt die Frage nach der Urheberschaft zurück und die Autonomie des Textes wird durch die Vielstimmigkeit der Leser bestärkt. Der Korantext als religiös verbindliche Schrift ist dabei die wichtigste sinnstiftende Instanz, weshalb seine Einflüsse auf diese Diskursivität nicht nur in der muslimischen Koranexegese und der muslimischen Koranwissenschaft zu finden sind, sondern in der gesamten islamischen Wissenstradition. Durch die im Laufe der Jahrhunderte akkumulierte Wissenstradition dieser beiden und weiterer Gebiete der islamischen Theologie wird die Abwesenheit des Urhebers des Korantextes bekräftigt. Somit hebt sie die historisch-situative völlige Kontrolle des Autors über seinen eigenen Text auf.

Der Korantext als Gottes Wort im Sinne eines „absoluten Autors" oder Urhebers kann also nicht unbedingt nur zu einer einzigen „absoluten Lektüre und Lesart" führen. Der Grund dafür mag auch darin liegen, dass die Instanz der Fehlbarkeit des Menschen nicht zu vermeiden ist. Gewiss wird dadurch die Mehrdeutigkeit in den

---

[15] Claude GILLIOT: *Kontinuität und Wandel in der „klassischen" islamischen Koranauslegung* (II./VII.– XII./XIX. Jh.), *Der Islam 85* (2008), 1–155, hier 5ff.

Lesarten gefördert. Das beweisen die verschiedenen muslimischen Glaubensgemeinschaften und zahlreichen Rechtsschulen. Die Autonomie des Textes als Kommunikationsfeld ermöglicht im Rahmen von Sinnkontinuität und -wandel die Freiheit des Lesers.

Die Autonomie des Textes setzt die Freiheit des Lesers voraus und begründet das reflektierende und das kritische Verstehen, denn beide liegen in einer Relation der Wechselwirkung oder einer interaktiven Beziehung zwischen der Textwelt und der Welt des Lesers.[16] Im Rahmen einer vielfältigen Textrezeption muss solch ein Verstehensverfahren nicht unbedingt zu Widersprüchlichkeiten der verschiedenen Lektüren führen. Denn verschiedene Meinungen, entstanden aus einer freien und kreativen Tätigkeit durch die Kommunikation mit dem Text, können sich durchaus konstruktiv ergänzen. Mit dem Terminus „die Freiheit des Lesers" beabsichtige ich den erkenntnistheoretischen Wissensweg für eine Kritik der islamischen Vernunft zu ebnen, dadurch, dass sie von den ahistorischen und transzendentalen Illusionen der klassischen Islamwissenstradition und zeitgenössischen Rückprojektionen befreit wird. Es handelt sich also darum, eine Archäologie der Ideensysteme[17] in ihrer jeweiligen historischen und kontextuellen Entstehungssituation zu vollziehen. Auch die historischen Entwicklungsprozesse, wie etwa die Anwendung des Begriffes „die Tradition des Propheten" müssen genau analysiert werden. Die Archäologie der Ideengeschichte im Islam hat nicht nur die Aufgabe, zum Beispiel die klassische Wissenstradition hinsichtlich ihrer Rezeption der kanonischen Quellen zu befragen, sondern muss auch die politischen und sozialen Begleitumstände erhellen. Sie vermag diese beiden Felder kritisch zu behandeln und neu zu interpretieren. Genauer gesagt: Die eigentliche Verstehensmethode liegt darin, zum Beispiel die Genese, die Kontinuität und Totalisierung der Sunna des Propheten als ein finales Projekt des Verstehens für den ganzen Islam zu befragen.

Die Freiheit des Lesers ist in meinen Augen ein wesentliches Element, besonders wenn es um die Etablierung eines diskursiven Islams in einem westlichen Kontext geht. Diese Lesart beinhaltet

---

[16] Mohamed ARKOUN: *Lectures du Coran*, Tunis ²1991, 45f.
[17] Michel FOUCAULT: *Les mots et les choses*, Paris 1966 ; Paul VEYNE : *Michel Foucault. Sa pensée, sa personne*, Paris 2008.

entschieden den Aspekt der grenzenlosen Freiheit. Der Anspruch auf
das Monopol einer einzigen und richtigen Lesart der islamischen
kanonischen Quellen und der Wissenstradition kann von keinem
Gelehrten und von keiner bestimmten Glaubensgemeinschaft oder
Gruppierung, wie etwa hierzulande den sogenannten Dachverbänden,
beansprucht werden. Dies führt zur Unmündigkeit des Textes und
des Lesers. Eine übergeordnete Lehrinstitution gab es in der
Geschichte des Islams nicht und jeder heutige Versuch, eine solche zu
schaffen, würde nicht nur das Verstehen des Islams und seiner
Ideengeschichte fortwährend stagnieren lassen, sondern auch die
Freiheit der pluralen Interpretation aufheben. Die Geschichte des
Islams weist deutlich darauf hin, dass es keine kirchliche Instanz oder
absolute politische Autorität gibt, welche die Lesart der kanonischen
Quellen und die Ideengeschichte des Islams bestimmt. Zudem
würden Bestrebungen in diese Richtung den europäischen Islam
politisieren. Hingegen ist der Diskurs der Interpretation auf
reflektierendes Verstehen und Erklären angewiesen, die ein uner-
schöpfliches Repertoire für freie Lesarten anbieten. Die Verbind-
lichkeit des Korantextes als einheitlicher Textkorpus begründet gewiss
die Vielfältigkeit der Lektüre.[18]

Und somit könnte man das Folgende ergründen: die Vielfalt des
Verstehens anhand der Einheit des Textes. Sich orientierend an der
Lust des Textes[19] bzw. des Kontextes ist eine plurale Lesart imstande,
erstens interpretierend mitzuteilen, was der Autor vermitteln wollte.
Zweitens besitzt sie auch die Fähigkeit, das Ungesagte bzw. das
Ungedachte zwischen den Zeilen verständlich zu machen. *Drittens*
eröffnet sie die Möglichkeit, sich interpretieren zu lassen. Solch eine
plural angelegte Lesart ebnet einen toleranten Weg für die gegen-
seitige Anerkennung des freien Geistes im islamischen Diskurs.
       Gewiss ist es kein einfaches Unterfangen, die bestehenden festen
Überzeugungen im sunnitischen Islam infrage zu stellen oder zu
kritisieren. Jedoch hat der freimütige Leser den Drang und den Mut
zur Freiheit. Mit Freimütigkeit ist hier gemeint, was das griechische
Wort *parrhesia* bezeichnet: das Wahrsprechen. Der *Parrhesiast* ist

---

[18] ZIRKER: *Der Koran. Zugänge und Lesarten*, 192ff.
[19] Roland BARTHES: *Le plaisir du texte*, Paris 1973.

derjenige, der alles ohne Furcht sagt oder schreibt. Er will alles genau und in aller Offenheit zum Ausdruck bringen. Als freier Leser mit der eigenen Wissenstradition verbirgt de *Parrhesiast* nichts. Ohne stilvolle Klauseln oder rhetorische Ausschmückung, die verschlüsseln oder maskieren könnten, ohne Angst vor der Reaktion der anderen, können freimütige Leser unter den Muslimen auch kritisch mit der eigenen Tradition umgehen. Die *parrhesia* im Sinne von Freimütigkeit bedeutet also, alles ohne Furcht vor der Reaktion des Anderen zu sagen, jedoch bei diesem Versuch darauf ausgerichtet zu sein, zur Wahrheit zu gelangen. Der *Parrhesiast* will alles mitteilen und nichts verheimlichen. Genauer gesagt: Die *parrhesia* bezeichnet das mutige Ergreifen des Wortes seitens eines Individuums, das an eine andere Person unangenehme Wahrheiten richtet und dadurch ihren Zorn oder aber Bestrafung riskiert.[20]

Ein vorbildhaftes Beispiel findet man in dem Korantext, in dem es zu einem Dialog zwischen Gott und den Engeln kam. Hierbei möchte ich gern ein Beispiel für eine humanistische Lesart des Korantexts vorschlagen, das meine Ansichten über die Autonomie des Textes und die Freiheit des Lesers mit Nachdruck betont. Die Engel sind während ihres freimütigen und offenen Dialogs mit Gott als *parrhesiastes* zu betrachten. In der ersten in Medina offenbarten Sure 2, Verse 30–34, kommt es ein einziges Mal zu einem Dialog zwischen Gott und den Engeln bezüglich der Einsetzung eines menschlichen Vertreters auf Erden.[21] Nach der Erschaffung des Diesseits – Erde und Himmel – teilt Gott den Engeln mit, dass er einen Vertreter auf der Erde erschaffen wolle. Die Engel sind nicht begeistert von dem Vorhaben Gottes. Sie schweigen jedoch nicht, sondern sie äußern klar, was sie denken. Ein deutlicher Hinweis auf ihre Aufrichtigkeit als *parrhesiastes* ist ihr Mut. Ihre *parrhesia* beinhaltet eine bestimmte Form des Mutes, da sie wissen, dass sie durch ihre Meinungsäußerung Gefahr laufen, ihre Beziehung zu Gott zu untergraben. Die Engel

---

[20] Michel FOUCAULT: *Diskurs und Wahrheit*, Berkeley-Vorlesung 1983, übers. v. Mira Köller, Berlin 1997, S. 9f.; Ders.: *Le courage de la vérité. Le gouvernement de soi et des autres. II. Cours au Collège de France*, 1984, Paris 2009, 11.

[21] Ǧalāl ad-Dīn as-Suyūṭī: *al-Itqān fī ʿulūm al-qurʾān*, Bd. 1, Algier o. J., S. 81ff. Ausführlicher über die verschiedenen Sichtweisen bezüglich der chronologischen Reihenfolge der Suren siehe auch Sami Awad Aldeeb ABU-SAHLIEH: *Le Coran. Texte arabe et traduction française par ordre chronologique selon l'Azhar*, Vevey 2008, 14ff.

waren über das Vorhaben nicht nur erstaunt, sondern mit dem Projekt Gottes schlicht nicht einverstanden.[22] Die Freimütigkeit der Engel lässt sich anhand der Sichtweise des hanbalitischen Gelehrten Naǧm ad-Dīn aṭ-Ṭūfī (gest. 1316) deutlicher erklären. Die Engel als Diener Gottes seien der Meinung: Es sei keine Weisheit dabei, wenn Gott einen Vertreter auf der Erde einsetze, der von seinem Übel heimgesucht werde. Die wahre Weisheit liege darin, den Vertreter auf Erden einzusetzen, der genau wie sie selbst ihm lobsinge und seine Heiligkeit preise. Das Wahrsprechen der Engel beinhalte einen Einwand gegen diese Entscheidung Gottes und eine Verleugnung seiner Weisheit und seines Wissens.[23] Wichtiger scheint, dass die Engel ohne Furcht vor seiner Strafe mit Gott debattieren. Dadurch, dass sie kein Einverständnis mit dem Plan Gottes zeigen, wollen sie ihn darauf aufmerksam machen, dass möglicherweise seine Entscheidung fehlerhaft sein könnte. Vielleicht sollte Gott sich über sein Vorhaben mit ihnen beraten, in der Hoffnung, dass er es revidiert. Daher sind die Engel nicht mehr nur als Diener Gottes zu betrachten, sondern als ebenbürtige Gesprächspartner Gottes. Schließlich kann gesagt werden, dass die *parrhesia* auch als Mut des tugendhaften Kritikers bei aufgeklärtem Umgang mit der eigenen Tradition betrachtet werden kann.

3. Hermeneutische Dekonstruktion in den islamischen Studien

Es bestehen keine Zweifel, dass konservatives − d.h. bewahrendes − Denken bis heute die islamische Theologie prägt. Gründe dafür gibt es genügend, wie etwa das Fehlen kritischer Verstehensmethoden, die blinde Nachahmung von Meinungen früherer Gelehrter oder die fehlende differenzierte Unterscheidung zwischen den kanonischen Quellen einerseits und den Meinungen der Gelehrten andererseits. Die Liste könnte beliebig verlängert werden. Besonders in einem europäischen Kontext muss dies in der islamischen Theologie und Religionspädagogik bewusst vermieden werden, indem ein historisch-kritischer Methodenansatz gewählt wird. Wäre das nicht der Fall,

---

[22] Abdel-Hakim OURGHI: *Auch die Engel sprachen mit Gott im Koran. Die parrhesia der Engel, Der Islam 85* (2008) [tatsächlich erschienen März 2011], 360−397 , hier 368ff.
[23] Naǧm ad-Dīn aṭ-Ṭūfī: *Alam al-ǧadal fī ʿ ilm al-ǧadal*, hg. v. Wolfhart Heinrichs, Wiesbaden 1987, 95f.

könnte man der Gefahr kaum entgehen, dass sich eine überholte historische Verstehensweise verfestigt, die den Gegenstand der Theologie kategorial unreflektiert auf die Vergangenheit festlegt und somit verhindert, dass der Korantext und die Tradition des Propheten neue Auslegungen in veränderten Situationen erfahren. Bedenklich erscheint mir in diesem Zusammenhang etwa der Import einer vorgefertigten Theologie, die in einem anderen historischen Kontext entstanden ist. Den muslimischen Gelehrten ging es in erster Linie um Sicherung und Weitergabe der eigenen Lehrtradition bzw. ihrer Rezeption der kanonischen Quellen an die nächste Generation. Allerdings wird dadurch ihre vitale Dynamik der Mehrdeutigkeit eingeschränkt, die neue Interpretationen gemäß der verwandelten Zeitumstände ermöglicht.

Freilich ist es kein Wunder, dass die muslimische Tradition als ahistorisch aufgefasst wird. Denn man hat es mit einer Mythologisierung der islamischen Theologie zu tun, die zu einer transzendentalen „Zeitlosigkeit" geführt hat. Hierbei wird unter anderem die klassische islamische Theologie als Inhaberin der absolut vollkommenen Wahrheit, die nicht diskutiert bzw. kritisiert werden darf, betrachtet. Und jeder, der kritisch bemüht ist, ihre Denksysteme infrage zu stellen, wird als ein Gegner des Islams oder sogar als Ketzer (*kāfir*) im Sinne eines Apostaten (*murtadd*) eingestuft. Die Verketzerung (*takfīr*) von Anhängern anderer Ansichten ist im Übrigen eine schon lange verfestigte Tradition in der Geschichte des Islams. Die Wurzeln dieses Phänomens sind schon kurz nach dem Tode des Propheten im Jahre 632 festzustellen.

Fest steht, dass die Meinungen der muslimischen Gelehrten relativ sind. Ihre Entstehung in verschiedenen Zeitaltern unterliegt den historischen, politischen und gesellschaftlichen Begleitumständen. Als Beispiel dafür kann man die klassische Wissenstradition nehmen. Ihre Texte sind in erster Linie als historische Dokumente zu betrachten, die in einer bestimmten Epoche und zu bestimmten Zwecken entstanden sind. Ihre religiösen Sichtweisen lassen deshalb eine Reflexion und Analyse ihrer historischen Bedingtheit zu bzw. erheben eine solche zur Notwendigkeit. Ihre Texte sind auch als eine Sinnerweiterung des historischen Geschehens während jener Zeit zu verstehen. Ihre Ideensysteme und ihre religiösen Gutachten sind nicht unbedingt vereinbar mit dem Geist unseres Ortes und unserer Zeit.

Nur durch den Vollzug kritischen Verstehens können sich die Muslime von der Ehrfurcht vor ihnen befreien und ihren Vollkommenheitsanspruch schließlich aufheben.

In der Einführung zur Übersetzung des Buches *Auf dem Weg zu einer Kritik der islamischen Vernunft* von Arkoun vertritt der syrische Islamreformer Hisham Saleh die Sichtweise, dass die Gelehrten dem Korantext Schranken gesetzt und ihn in den Käfig ihrer Auslegung eingesperrt haben, indem sie seinen Sinngehalt festzulegen versuchten. Dadurch seien plurale zeitgenössische Lesarten nicht mehr möglich. Sie machten aus ihm einen autoritären und zwingenden Text, obwohl in ihm selbst zu lesen sei, dass es in der Religion keinen Zwang gibt (Koran 2:256). Deshalb trügen die frühen und zeitgenössischen Gelehrten die volle Verantwortung für die Beseitigung der Denkfreiheit im Islam oder zumindest die Verantwortung für deren Einschränkung. Darüber hinaus werde wegen der vorherrschenden Unwissenheit der Laien unter den Muslimen zwischen der Rede Gottes und den interpretativen Meinungen der Gelehrten nicht klar differenziert, was dazu führte, dass sie die Ansichten der Gelehrten als vollkommen betrachteten.[24]

Tatsächlich finden sich in dem gesamten Korantext, sowohl in der mekkanischen als auch der medinensischen Epoche, zahlreiche Verse, die die Freiheiten des Individuums betonen und zu einem nachdenkenden Geist aufrufen. So mag in diesem Zusammenhang auf einen Koranvers der zweiten Periode des mekkanischen Korantextes verwiesen werden, der klare Akzente auf die Suche nach Wahrheit in eigener Regie setzt:

> Und geh nicht einer Sache nach, von der du kein Wissen hast! Gehör, Gesicht und Verstand (w. Herz), für all das wird (dereinst) Rechenschaft verlangt. (Koran 17:36)[25]

Der Mu'tazilit az-Zamaḫšarī (1070–1144) ist der Auffassung, dieser Vers besage, dass der Mensch Meinungen von anderen Gelehrten ohne exakte Prüfung nicht befolgen dürfe. Und er dürfe keine Sichtweisen anderer in Wort und Tat nachahmen, wenn er kein

---

[24] Muḥammad ARKŪN: *Naḥ wa naqd al-ʿaql al-islāmī*, übers. v. Ḥišām Ṣāliḥ, Beirut 2009, 11.

[25] Hinsichtlich der Übersetzung der Koranverse verwende ich die folgenden allgemein anerkannten Übersetzungen: Rudi PARET: *Der Koran. Übersetzung*, Stuttgart ¹¹1989; Hartmut BOBZIN: *Der Koran. Aus dem Arabischen neu übertragen*, München 2010. Hier siehe die Übersetzung von Paret!

Wissen darüber besitze. Jemand, der sich auf einen Weg begebe, ohne zu wissen, wohin dieser führt, gehe in die Irre.[26] Sklavische und unreflektierte Nachahmung ist im Islam also strikt untersagt. Dieser Koranvers weist deutlich auf die Freiheit zu verstehen und auf die Notwendigkeit, die eigene Vernunft hinsichtlich der Tradition anzuwenden. Hierbei handelt es sich um die Fähigkeit zu unterscheiden bzw. zu kritisieren, also die Fähigkeit, sich eine eigene Meinung zu bilden. Somit entstehen ein Verlangen nach Rationalität und die Möglichkeit zur beständigen Sinnerneuerung. Es kann auch darauf hingewiesen werden, dass die nicht durchdachte epigonale Übernahme des Alten schlicht die Stummheit der gesamten Traditionstexte bestärkt und die schicksalsergebene Resignation der Muslime betont, die jegliches individuelles und kommunikatives Handeln verhindert.

Die Freiheit des Menschen und seine Selbstbestimmung werden also deutlich im Korantext betont.[27] Deshalb ist diese Selbstbestimmung des Muslims von der Freiheit im Umgang mit der Geschichte der eigenen Religion nicht zu trennen. Šahrūr, der bedeutendste syrische Islamreformer unserer Zeit, betrachtet die Freiheit und die Wahlfreiheit der Muslime als die größte Huld, durch die Gott den Menschen Ehre erwies. Und keiner könne sie ihm nehmen, denn die Freiheit sei das zentrale Wort in seiner Schöpfung.[28] Daraus kann abgeleitet werden, dass die Muslime frei sein und ihre religiösen Grundsätze gemäß ihrer vielfältigen Lebensbedingungen gestalten können.

Der heutige Umgang der Muslime mit dem Korantext und der Tradition des Propheten ist durch die Tradition der Altvorderen geprägt. Das Vergangene ist keine abgeschlossene Vergangenheit.

---

[26] Maḥmūd b. ʿUmar az-Zamaḥ šarī: *al-Kaššāf ʿan ḥaqīq ġawāmiḍ at-tanzīl*, hrsg. v. Ubai ʿAbdallāh ad-Dānī, Bd. 1, Beirut 1429 h.q. (2008), 490.

[27] Abdel-Hakim OURGHI: *Die Ansprache des Satans an die Verdammten* (Sure 14, Vers 22). Eine gleichnishafte Qurānerzählung, in: Jahrbuch für Islamische Theologie und Religionspädagogik 1 (2012), 62–97, hier 84ff.

[28] Muḥammad ŠHAHRŪR: *al-Islām wa-l-imān. Manẕ āmat al-qiyam*, Damaskus 1996, 156f. u. 176f. Ausführlich über diesen Islamreformer siehe unter anderen Sahiron SYAMSUDIN: *Die Koranhermeneutik Muhammad Shahrours und ihre Beurteilung aus der Sicht muslimischer Autoren*, Würzburg 2009; Thomas AMBERG: *Auf dem Weg zu neuen Prinzipien islamischer Ethik. Muhammad Shahrour und die Suche nach religiöser Erneuerung in Syrien*, Würzburg 2009.

Vielmehr hinterlässt sie Spuren, selbst dort, wo man sich von der Vergangenheit lossagt. Der verdeckte und im Laufe der Geschichte manchmal entstellte Sinngehalt der Primärquellen im Islam soll wieder aufgesucht und wiederhergestellt werden. Hierbei kann die Wissenstradition in der Geschichte des Islams als autonomer Text verstanden werden, der sich gemäß dem Gegenwartshorizont immer wieder neu interpretieren lässt. Als Text lässt sie sich von ihrer Entstehungssituation ablösen und anhand der konstruktiven Kritik in einen neuen historischen Kontext einfügen. Im Akt des zeitgemäßen Verstehens bringt die islamische Wissenstradition einen neuen Sinn hervor, ohne sich je zu erschöpfen. Deshalb kann durch einen Rückgriff auf die originalen Quellen als historisches, akkumuliertes Wissen und deren verstorbenen Sinn versucht werden, sie auch zu hinterfragen. Die Geschichte des Islams bzw. seine Ideengeschichte muss endlich durch eine diskursive Dekonstruktion im Rahmen einer historisch-kritischen Hermeneutik befreit werden. Denn die entscheidenden historischen Prozesse in der Geschichte des Islams wurden in ihrer Entwicklung nicht von der Wissenschaft bestimmt, sondern von der Macht und der damals betriebenen Politik. Und deshalb kann darauf hingewiesen werden, dass sich zum Beispiel der historische Prozess der Koranisierung der Sunna nicht außerhalb der Ideologie und politischen Machtkämpfe der verschiedenen Glaubensgemeinschaften unter den Muslimen vollzogen hat.

In den Islamstudien muss gleichzeitig eine Dekonstruktion bei den Entwicklungsprozessen der Ideensysteme in Betracht gezogen werden. Mit solchen methodischen Reformprogrammen haben in den letzten dreißig Jahren muslimische Intellektuelle begonnen. Dank der diskursiven, pluridisziplinären und transdisziplinären Verstehensansätze von Arkoun[29], einem Pionier der postmodernen westlichen Islamwissenschaft, hat zum Beispiel eine Verschiebung des Interesses von der Vorgeschichte und Entstehung des Korans zum Textkorpus an sich und dessen Auslegung und Rezeption eingesetzt. Die methodische Dekonstruktion ist ein rationalistisches Projekt und eine Praxis der kritischen Lektüre. Ihre hermeneutische Motivation liegt

---

[29] Ursula GÜNTHER: *Mohammed Arkoun. Ein moderner Kritiker der islamischen Vernunft*, Würzburg 2004, S. 48ff.; Jon ARMAJANI: *Dynamic Islam. Liberal Muslim Perspectives in a Transnational Age*, New York 2004, 133.

nicht darin, den hagiographischen Sinn der Ideengeschichte des Islams samt seiner kanonischen Quellen aufzuheben. „Man muss filtern, sieben [und] kritisieren."[30] Es geht in erster Linie darum, die Gründungstexte, ihre historische Genese und ihre Rezeption im Laufe der Jahrhunderte auf eine objektiv-kritische Art und Weise zu erörtern. Denn das Ziel ist es, die kanonischen Quellen von historischen Illusionen und ideologischem Missbrauch sowie Rückprojektionen zu befreien. Genauer gesagt: Die Dekonstruktion verhält sich gegenüber der erstarrten islamischen Tradition der Gelehrten nicht negierend, sie rationalisiert sie kritisch und bietet Offenheit für die Entstehung neuer Lesarten.

Die islamische Theologie und Religionspädagogik hat in einem europäischen Kontext die eigentliche Aufgabe, in einem kommunikativen Prozess die Ideensysteme aufzudecken und freizulegen, was im Laufe der muslimischen Verstehensgeschichte der kanonischen Quellen zugedeckt worden ist. Die verkündete Offenbarung des Propheten Muhammad wollte zum Beispiel durch die unzähligen Korandialoge mittels der sprachlichen Kunstfertigkeit des Koran nicht nur die gewünschte emotionale Reaktion bei seinen Zuhörern erzeugen und ihre Imagination anregen, sondern auch dazu auffordern, den Dialog in menschlichen Belangen selbst umzusetzen. Der koranische Dialog zum Beispiel als musterhafter Kommunikationsmodus darf nicht auf Rezitationen während der Gebete reduziert werden, sondern kann auch im Alltag der Menschen umgesetzt werden. Im Umgang mit der Ideengeschichte wird eine dialogische Kommunikation ermöglicht und vollzogen werden. Ebenfalls darf eine korrelative Islamtheologie nicht vernachlässigt werden, die das „Heute" der Primärquellen angesichts des Menschen in seinen vielfältigen Lebensbedingungen und Lebensorientierungsversuchen betont. Auf die methodische und reflexive Auslegung mit einer Neubestimmung dieser Tradition angesichts veränderter historischer Rahmenbedingungen muss Wert gelegt werden.

Genauer gesagt: Der im Laufe der Jahrhunderte akkumulierte Diskurs über die Primärquellen muss unbedingt in seinem jetzigen situativen

---

[30] Jacques DERRIDA: *Marx' Gespenster. Der verschuldete Staat, die Trauerarbeit und die neue Internationale*, übers. v. Susanne Lüdemann, Frankfurt 1995, 36.

Wirkungszirkel freigelegt werden. Auch historische Entstehungs-
kontexte der islamischen Primärquellen und der historisch-kritische
Umgang damit müssen unbedingt in Betracht gezogen werden.
Deutungskontexte zu kommunizieren, um sie gegebenenfalls
kritisieren und sich in einem weiteren Schritt neu aneignen zu können,
können kommunikative Islamstudien als prozessorientiertes Fach
kennzeichnen. Denn die Tradition und heutige Erfahrung der
muslimischen Europäer können als in einer lebendigen Wechsel-
beziehung stehend aufgefasst werden.[31] Hierbei handelt es sich unter
anderem darum, eine Hermeneutik der Quellentradition (des Korans
und der Tradition des Propheten) in eine Hermeneutik der
historischen Situation (im Sinne lebensweltlicher Bedingtheit)
einzubinden.

Anders als in den meisten muslimischen Ländern ist der Islam in
den westlichen Ländern nicht die vorherrschende Religion der
Mehrheit oder gar die einzige Religion. Der Islam im europäischen
Kontext lebt in ständiger Berührung mit anderen Religionen. Eine
islamische Theologie und Religionspädagogik wie in der Azhar-
Universität oder in den Universitäten Saudi-Arabiens darf und kann in
einem europäischen Kontext nicht gelehrt werden Das wird bestimmt
nie der Fall sein, auch wenn solche Hoffnungen von vielen
europäischen Muslimen gehegt werden. Dort gelten offensichtlich die
vermittelten Informationen des „islamischen Katechismus" als
unhinterfragbar und werden den Schülern oder Studenten in der
didaktischen Form des Memorierens ohne jegliche Textanalyse
vermittelt.[32] Genau wie in den Moscheen gelten in diesem
Lehrkontext die Lehrer und die Lehrerinnen als wortgetreue
Verkünder der absoluten Wahrheit des Katechismus und die
Lernenden als diejenigen, die zu diesen Wahrheiten begleitet werden
müssen. Die historisch-kritische Methode zur Interpretation des
Korantextes, der Tradition des Propheten, der islamischen
Rechtslehre usw. hingegen wird als ein Tabu angesehen. Allein schon
diese veraltete Lehrmethode, die dem heutigen europäischen Kontext
an Schulen und Hochschulen fremd ist, zeigt, dass islamische

---

[31] Vgl. Bernd Jochen HILBARATH/Matthias SCHARER: *Kommunikative Theologie. Grundlagen –
Erfahrungen – Klärungen*, Ostfildern 2012, 14ff.
[32] Abdel-Hakim OURGHI: *Der Islamische Religionsunterricht im interreligiösen Dialog. Das Ich im
Anderen, Impulse (Herbst 2012)*, 24–27, hier 26.

Theologie und Religionspädagogik im europäischen Kontext anders verstanden und gestaltet werden müssen. Auch der Import von Lerninhalten und -kompetenzen mittels fremder Gelehrter, etwa aus der Türkei oder aus Saudi-Arabien, ist zum Scheitern verurteilt, da der europäische Islam durch die ständige wirkungsvolle Berührung mit der westlichen Kultur in seiner Dynamik einfach anders ist als der Islam in den muslimischen Ländern.

In einer pluralistischen und demokratischen Gesellschaft darf die islamische Theologie und Religionspädagogik nicht als Mittel zur „Resozialisierung" bzw. zur „Integration" der sogenannten „Migranten" oder Muslime mit „Migrationshintergrund" aufgefasst werden. Schon diese Begriffe marginalisieren Menschen und grenzen sie aus, obwohl sie sich als Europäer betrachten. Muslimische Kinder, die hier im Lande geboren und mit dem Bildungssystem bestens vertraut sind, dürfen nicht als Fremdkörper betrachtet werden. Sie sind schon ein Bestandteil der hiesigen, westlichen Kultur. Solche Begriffe gehören zum Gedächtnis der gescheiterten Integrationspolitik des „Alten Europa".

Die islamische Theologie und Religionspädagogik kann stattdessen als konstruktiver pädagogischer Weg zur Selbstentdeckung bzw. Selbstdefinition der religiösen Identität der Wissenssuchenden gelten. Die kritische Beschäftigung mit der eigenen religiösen und historischen Identität bildet in einem interkulturellen Klima das Fundament für einen toleranten Umgang und ein Zusammenleben *erstens* unter den Muslimen aller Couleur und *zweitens* der Muslime mit der nicht-muslimischen Mehrheit. Hierbei geht es in erster Linie um ein lebendiges, alltagsorientiertes und dialogisches Lernen in der Begegnung des Ich mit dem Anderen.

Die muslimische klassische Wissenstradition, wie etwa die Koranauslegung, die Prophetenbiographie und die ethisch-juristische Rechtslehre, schränkten die individuelle und schöpferische Kraft des Islams auf verpflichtende Verhaltensweisen, dogmatische Evidenzen und ein Bündel von Definitionen ein.[33] Die islamische Theologie darf nicht anhand der Sakralisierung der vergangenen Wissenstradition ihre wissenschaftliche Aufgabe auf die Erstellung eines synoptischen Katalogs von Erlaubtem und Verbotenem laut der verschiedenen

---

[33] Mohamed ARKOUN / Louis GARDET: *L'Islam*. Hier – demain, Paris 1979, 58.

muslimischen Rechtsschulen und Glaubensgemeinschaften redu-
zieren. Vielmehr sollten junge Menschen zur kritischen Reflexion von
Traditionen befähigt werden. Die gegenwartsbezogenen Islamstudien
sollen eine freie Bühne darstellen, auf der europäische Muslime ihre
individuelle Selbstbestimmung auf der Grundlage eines situativen
Selbstverständnisses entfalten können. Der Islam in seiner
pluralistischen Form ist keine Ansammlung von fertigen Antworten,
sondern eine ständige Suche nach dem Ich in der Berührung mit dem
Anderen. Neben der muslimischen Gemeinde ergibt sich in den
Hochschulen bzw. allen Schulen die Möglichkeit, den „Islam" in
deutscher Sprache zu vermitteln und über ihn auf Deutsch zu
diskutieren. Und somit kann ein religiöses Erwachen eines
europäischen Islams in einem westlichen Kontext beginnen, der
Alleinvertretungsansprüche ablehnt und sich stattdessen in Pluralität
entfaltet.

Eine islamische Theologie im pluralistischen Sinn mit innerislami-
schen Differenzen muss wahrgenommen werden. Denn der Islam in
den westlichen Ländern ist nicht nur der sunnitische Islam – in
Deutschland nicht nur die hanafitisch-sunnitische Rechtsschule –,
sondern der Islam in einem pluralen Sinn in aller Vielfalt der
verschiedenen Glaubensgemeinschaften. Andere muslimische Kon-
fessionen, etwa die Schiiten, bilden zweifelsohne auch einen
Bestandteil der kulturellen Identität des europäischen Islams. Also
muss man sich allmählich von der Vorstellung verabschieden, dass es
nur einen Islam im Sinn einer Singularität gibt. Die vier sunnitischen
Rechtsschulen und die unterschiedlichen muslimischen Glaubensge-
meinschaften sind der deutliche Beweis dafür, dass man heute vom
Islam in der Pluralform sprechen muss. Hierbei muss die religiöse
Pluralität des Islams nicht nur als eine historisch äußere Erscheinung
bekräftigt werden, sondern als eine innere Tatsächlichkeit.
      Hermeneutisch und religionstheologisch müssen die Islamstudien
in einem sich gegenseitig bereichernden Austausch mit den bereits
vorformulierten Erkenntnissen in der christlichen Theologie, Religi-
onspädagogik und Philosophie charakterisiert werden. Die Moderne
darf nicht als ein rein zufälliges Konstrukt allein für die westliche
Kultur aufgefasst werden, sondern muss als ein menschliches Erbe
gesehen werden, besonders wenn es um die monotheistischen

Religionen geht. Hierbei kann die Methodenfrage einen essenziellen Beitrag bei der Konstruktion eines humanistischen Islams in einem westlichen Kontext leisten.

Diese wirkungsvolle Bereicherung in den islamischen Studien kann gewiss dazu führen, dass ein moderner Methodenpluralismus begründet wird. Hierbei können zwei epistemologische Aspekte hervorgehoben werden, welche als sinnstiftende Instanzen betrachtet werden können. *Erstens* kann solch ein Pluralismus in der Methodik eine Vervielfältigung des Sinngehalts der kanonischen Quellen und der Texte der muslimischen Wissenstradition hervorbringen. Dadurch lässt sich *zweitens* die Subjektivität bzw. die Relativität hinsichtlich der Sichtweisen des Auslegenden oder des Lesers erfahren.[34] Freilich werden dabei unkontrollierbare Kräfte, ein ständiger Fluss von Interpretationen freigesetzt und ein uneingeschränkter Islamdiskurs hervorgerufen. Schließlich resultiert daraus eine Relativierung der Wahrheitsfrage.

Die epistemologischen Verstehensansätze der westlichen Kultur können selbstverständlich für die Ideengeschichte des Islams von Nutzen sein. Denn der konstruktive Dialog mit dem Anderen ist nichts anderes als eine neu aufgebaute Brücke des Dialogs zu sich selbst. Die eigene religiöse Identität des Menschen kann dadurch neu reflektiert und neu definiert werden. Das Verstehen des Anderen in seinem europäischen Kontext als hermeneutisches Problem und eine neue pluralitätsfähige Hermeneutik[35] sind in der islamischen Theologie unbestreitbare Notwendigkeiten, denn der Islam ist hierzulande keine isolierte Religion. Und jeder Versuch, ihn von den anderen Religionen zu isolieren, wird scheitern. Nicht zuletzt muss die Tatsache betont werden, dass die islamische Identität ein Grundbestandteil der menschlichen Kultur ist. Wichtig scheint auch, eine Wissensatmosphäre für eine selbstkritisch reflektierende Analyse des Islams zu etablieren. Denn die islamtheologische und religionspädagogische Reflexivität als Verfahren der Selbstanalyse des Islams kann sich als zeitgenössischer Wissensweg herauskristallisieren, der dazu verhilft, sich ein eigenes Denken anzueignen, um

---

[34] Vgl. Manfred OEMING: *Biblische Hermeneutik. Eine Einführung*, Darmstadt 1998, 29ff.

[35] Karl Ernst NIPKOW: *Pädagogik und Religionspädagogik zum neuen Jahrhundert. Christliche Pädagogik und Interreligiöses Lernen. Fremderziehung, Religionsunterricht und Ethikunterricht*, Bd. 2, Gütersloh 2005, 258f.

differenzierter mit der eigenen Geschichte und dem Wissen des Anderen umzugehen. Dadurch kann Selbstentfaltung in den Islamstudien ein konzeptueller Schritt zu einer möglichen Wissensfreiheit in einem europäischen Kontext sein.

Hierzu ist es nötig ein Projekt zur Relativierung des Wahrheitsanspruches im Fach der islamischen Theologie und Religionspädagogik aus der Taufe zu heben. Mit diesem Anliegen für die Modernisierung der Islamstudien beziehe ich mich bewusst auf den apriorischen Wahrheits- und Überlegenheitsanspruch, der bis heute im muslimischen Diskurs vorherrscht. Zunächst muss eine Basis für eine postmoderne Erkenntnistheorie zur radikalen Relativierung jeglicher Rede von Wahrheitsbesitz geschaffen werden. Der Gedanke, dass die eine oder die andere Religion als Einzige einen absoluten Anspruch auf die Wahrheit erheben könnte, muss gänzlich vergessen und verbannt werden.[36] Ohne dies mangelte es am gegenseitigen Respekt aller Religionen, und alle Bemühungen um einen Dialog wären nichts anderes als ein Scheindialog, den ich als einen „Dialog der Tauben" bezeichnen möchte.

Mit anderen Worten: Der Anspruch auf die Aufhebung anderer Religionen im Sinne einer Abrogation muss im Islam revidiert werden. Denn genau wie andere Religionen ist auch der Islam nicht im Besitz einer exklusiven Wahrheit. Allerdings muss dies auf zwei Verstehensebenen geschehen. *Erstens* darf keine Religion die andere als diejenige, die sich im Irrtum befindet, betrachten und bezeichnen. *Zweitens* kann sich keine muslimische Glaubensgemeinschaft als die einzige gerettete und auserwählte Gruppe betrachten, während die anderen fehlgeleitet seien. Denn niemand ist im Besitz einer exklusiven Wahrheit, die ihm erlaubte zu entscheiden, was das Richtige und das Falsche im Islam ist. Niemand hat das Recht, frei Denkenden ihre religiöse Zugehörigkeit zum Islam abzusprechen, nur weil sie den Islam anders verstehen. Auch unter den politischen Vertretern der unterschiedlichen muslimischen Gruppen muss in einem europäischen Kontext die Behauptung des absoluten Wahrheitsanspruches endlich aufgegeben werden. Auch außerhalb der Moschee kann es Heil geben, indem der Muslim sich selbst und die anderen wahrnimmt und respektiert. Das religiöse Projekt eines

---

[36] Ebd. 245ff.

bloßen Nebeneinander gefährdet nicht nur die eigene Identität, sondern auch die eigene Religion.

Schließlich möchte ich eine zentrale Problematik in den islamischen Studien kurz ansprechen. Inzwischen gibt es im Westen zahlreiche Islamwissenschaftler muslimischer Herkunft. Dabei meine ich mit Islamwissenschaftlern nicht muslimische Soziologen, Politikwissenschaftler usw., sondern nur diejenigen, die das Fach Islamwissenschaft an westlichen Universitäten studiert haben. In der deutschen Presse und Öffentlichkeit scheint dazwischen bedauerlicherweise häufig nicht genau unterschieden und differenziert zu werden. Dabei ist nicht unbedingt jeder Wissenschaftler, der sich mit Themen rund um den Islam beschäftigt auch ein Islamwissenschaftler, der ein entsprechendes Fachstudium absolviert hat.

Im Gegensatz zu den westlichen Islamwissenschaftlern, die selber mit einem „Vorverständnis"[37] der eigenen Kultur an die islamische Religion herantreten, können Islamwissenschaftler mit einer muslimischen Herkunft und Religion keine unbeteiligten Zuschauer sein. D.h. sie können nicht als „unbeteiligter Museumsführer"[38] gegenüber der eigenen Kultur handeln. Durch die aktive Teilnahme am theologischen Diskurs können sie jedoch auch die Texthorizonte und das wirkungshistorische Bewusstsein des hermeneutischen Verstehens durch die Macht der kritischen Analyse und durch die Kraft des Arguments erreichen.[39] Im Vergleich zu der Islamwissenschaft, die mehr von philologischen und historischen Studien im Rahmen einer deskriptiven Methode geprägt ist[40], können islamische Studien einen erheblichen Beitrag leisten. Kritische muslimische Islamwissenschaftler vermögen den Weg für eine analytisch-dekonstruktive Methodik hinsichtlich der Geschichtsaufklärung zu ebnen.

---

[37] Hans-Georg GADAMER: *Wahrheit und Methode: Grundzüge einer philosophischen Hermeneutik*, Tübingen 1990, 270ff.

[38] Vgl. Rachid BENZINE: *Islam und Moderne. Die neuen Denker*, übers. v. Hadiya Gurtmann, Berlin 2012, 89

[39] Vgl. Felix KÖRNER: *Schriftauslegung im Gespräch. Theologische Kritik einer zeitgenössischen Koranhermeneutik*, Bamberg 2000 (unveröffentlichte Magisterarbeit), 7f.

[40] Maurus REINKOWSKI: *Islamwissenschaft und relevante Redundanz*, in: Abbas Poya / ders. (Hg.): Das Unbehagen in der Islamwissenschaft. Ein klassisches Fach im Scheinwerferlicht der Politik und der Medien, Bielefeld 2008, 19–35, hier 23ff.

Mit Recht vermerkt der renommierte Islamwissenschaftler *van Ess* Folgendes in einem anderen Kontext:

> Die deutsche Islamwissenschaft ist seit Ende der vierziger Jahre nie mehr so isoliert gewesen wie jetzt. [41]

Nicht nur das eurozentrische Selbstverständnis, wodurch die Gleichgültigkeit als neutraler Beobachter gegenüber einer ganzen Kultur als Gegenstand konstituiert wird, käme als Grund dafür infrage, sondern auch ihre philologische Vorgehensweise. Islamische Studien dürfen nicht nur philologisch die Texte der eigenen Kultur behandeln, sonst würden sie allmählich in den Dienst der Geschichtswissenschaft geraten. Die Texte der kanonischen Quellen des Islams bzw. der Ideengeschichte werden noch als historische Zeugnisse bzw. Quellen betrachtet. Die essenzielle Aufgabe der islamischen Studien ist die Aufdeckung der religiösen Prinzipien, die Enthüllung der Grundsätze, die Entfernung der historischen Masken und die Bloßstellung der im Laufe der Jahrhunderte entstandenen Mythen und Idealisierungen der vergangenen Ideensysteme.

Die Identitätsfindung des europäischen Islams kann als ein Prozess der Auseinandersetzung mit dem Problem von Tradition und Moderne begriffen werden, der im postmodernen Denken und in der Pluralität des europäischen Kontextes wurzelt. Die Autonomie der stetigen Identitätsprozesse und der Identitätsfindung des europäischen Islams in der westlichen Gesellschaft, in der er sich bewegt, kann freilich nicht durch die historischen Denksysteme der klassischen muslimischen Wissenstradition definiert werden, auch wenn dies durch einen reflektierten Verstehensansatz geschieht. Dafür können muslimische Islamwissenschaftler eine zentrale Rolle bei der Aufklärung der Geschichte des Islams spielen. Im Vergleich zur Islamwissenschaft wäre die islamische Theologie und Religionspädagogik in einem europäischen Kontext keine Stunde der Mühe wert, sollte sie schlicht ein historisches deskriptives Wissensfeld von Experten für Experten sein.

Es muss auch gesagt werden, dass die muslimische Gemeinde und ihre Vertreter die wissenschaftlichen Sichtweisen der muslimischen Islamwissenschaftler in einem europäischen Islamkontext nicht ernst

---

[41] Josef van Ess: *Der Eine und das Andere. Beobachtungen an islamischen häresiographischen Texten*, 2 Bde., Berlin/New York 2010, hier Bd. 1, XI.

nehmen. Da sie Islamwissenschaft im Westen studiert haben und mit den westlichen Denkweisen und Weltanschauungen bestens vertraut sind, können sie jedoch einen erheblichen Beitrag für eine epistemologische Allianz zwischen der Moderne und dem kulturellen Erbe des Islams leisten. Denn die Unterschiede hinsichtlich der methodischen Herangehensweise im Verstehen können die Meinungspluralität betonen und bereichern.

Schließlich darf kein Monopol über die islamische Kulturtradition vonseiten einer bestimmten Gruppe aufgebaut werden. Auch die Begründung ihrer Apologie mit dem Heraufbeschwören des vermeintlichen Verlustes der islamischen Identität in der Moderne und der nostalgischen Verklärung ihrer Ursprünge ist nicht mehr haltbar. Die Vergangenheit der islamischen Ideensysteme darf nicht als heilig aufgefasst werden, nur weil die Muslime sie geehrt haben. Auch die sogenannten vortrefflichen Vorfahren waren nicht vollkommen. Sie waren auch Menschen, die Fehler begangen haben. Die Zeiten, in denen die Muslime nur glauben und nicht nachdenken durften, gehören schlicht der Vergangenheit an.

Mir geht es in erster Linie um die hoch angesehene Wissenschaft in Deutschland, deren Freiheit unantastbar bleiben muss. Dies muss auch in der islamischen Theologie und Religionspädagogik gewährleistet werden. Die Meinungsfreiheit und die wissenschaftlich-theologische Redlichkeit des innerislamischen Diskurses im europäischen Kontext darf nicht durch irgendwelche Gutachten oder mediale Statements verhindert werden. Es ist heutzutage dringender denn je und unvermeidbar geworden, das religiöse Erbe des Islams und den Diskurs der muslimischen Wissenstradition frei zu erforschen. Diese gegenwärtige Notwendigkeit ist die oberste Bedingung für eine Renaissance des europäischen Islams. Denkverbote müssen dringend aufgehoben werden.

Heinrich Beck

Zur Idee eines kreativen Dialogs von Christentum und Islam

Zur aktuellen Situation

Ein Dialog von Christentum und Islam wird zunehmend dringlicher, da mit den nicht abreißenden Strömen von Flüchtlingen aus dem Vorderen Orient eine „islamische Invasion" nach Europa und vor allem nach Deutschland im Gange zu sein scheint. Bis Ende 2015 beliefen sich die Zuwanderer auf annähernd 1,5 Millionen, und wenn diese ihre Familien nachholen, so könnte sich ihre Zahl bald auf 7−8 Millionen erhöhen – ganz abgesehen von den bisher schon hier lebenden Muslimen; in Berlin z.B. sind ganze Stadtbereiche bereits „türkisch". Diese Entwicklung wird für Deutschland, das in seiner Geschichte grundlegend durch christliche Werte geprägt wurde, eine wesentliche soziale und kulturelle Veränderung mit sich bringen. Dabei tritt immer deutlicher eine Gegensätzlichkeit, ja teilweise Unverträglichkeit der Wertvorstellungen zutage.

Einer echten Auseinandersetzung der Kulturen scheint jedoch der innere Anreiz zu fehlen: Denn bisher stehen sich die Religionen fremd, wenn nicht ablehnend gegenüber, da jede sich im Besitze der „absoluten Wahrheit" wähnt und so die andere als Bedrohung empfindet. Soweit von unserer Seite Toleranz und Liberalität gezeigt werden, gründet diese meist nicht in engagierter Achtung und Wertschätzung des Partners, sondern in religiöser Gleichgültigkeit. So entsteht der Eindruck, dass das vormals christliche Abendland seine kulturelle Identität verloren hat; nach Äußerungen unseres ehemaligen Bundespräsidenten und der Bundeskanzlerin verhält es sich sogar so, dass der Islam zu Deutschland „gehört" (wobei nicht zwischen den Gläubigen und der Religion selbst unterschieden wird).

So stellt der Islam für Europa eine noch nicht da gewesene Herausforderung dar. Dies umso mehr, als seine geistige Ausrichtung alle Lebensbereiche bestimmt. Damit aber hat der religiöse und kulturelle Zusammenstoß nicht nur negative Aspekte, sondern birgt auch die Chance, sich neu auf die metaphysischen Grundlagen des Daseins zu besinnen und eine Kultur zu schaffen, in welcher der christliche und der islamische Glaube in einem fruchtbaren Dialog stehen.

Ein „dialogisches Selbstverständnis" der Religionen könnte in Gang kommen, indem sie erkennen, dass sie sich gegenseitig Wesentliches zu geben haben und so eine tiefere Identität gewinnen können.

Es wird also im Folgenden um die Herausarbeitung einiger wichtiger Gesichtspunkte gehen, unter denen sich für beide Seiten die Möglichkeit einer kreativen Weiterentwicklung anbietet.

Dabei ist wohl die wichtigste Aufgabe eine Diskussion des *Begriffes von Gott* als der Grundlage von allem Sein und Sinn.

Hier ist zunächst zu sehen: Christentum und Islam kommen darin maßgeblich überein, dass sie als Urheber alles zeitlichen und begrenzten Seienden einen einzigen und ewigen Gott annehmen, der hinter dem Schicksal der Welt und des Menschen steht.

Der christliche Glaube fügt hinzu – und dies steht bei ihm im Vordergrund –, dass die Einheit Gottes in der Gemeinschaft dreier verschiedener Personen besteht. Ihnen werden im großen Glaubensbekenntnis von Nicäa und Konstantinopel (von 381), auf das sich auch ein bekanntes Kirchenlied bezieht, jeweils unterschiedliche Handlungen zugeordnet: Der Vater „schuf die Welt"; der Sohn „hat uns erlöst"; und der Heilige Geist „sprach durch die Propheten".[1]

Damit ergibt sich die Schwierigkeit, die drei real verschiedenen Personen als „ein und denselben Gott" aufzufassen.

Der Islam hingegen lehnt eine Mehr-Personalität des Einen Gottes ab; sie würde für ihn die unverzeihliche Sünde einer „Beigesellung zu

---

[1] Dazu sind Anhaltspunkte im NT die Hinweise Jesu auf eine Sukzession von drei Personen in Gott: „Taufet alle im Namen des Vaters, des Sohnes und des Heiligen Geistes" (Mt 28,19). „Drei sind es, die Zeugnis geben im Himmel: der Vater, das Wort und der Heilige Geist, und diese drei sind eins." (1 Joh 5,7). Ebenso: Mt 3,16 f. und 11,27; Joh 8,58; 16,28 und 17,5; 2 Kor 13,13. – Die Drei-Einheit Gottes wird von der Kirche als „strenges Glaubensgeheimnis" bezeichnet, auf das es jedoch aufgrund von triadischen Strukturen in der Schöpfung substanzielle Hinweise gibt. Vgl. dazu: Heinrich BECK: *Dialogik – Analogie – Trinität* (Frankfurt/M. u.a. 2009), Kap. 20: *Analogia Trinitatis. Ein Schlüssel zu Strukturproblemen der heutigen Welt*; und Gisbert GRESHAKE: *Der dreieine Gott. Eine trinitarische Ontologie*, Freiburg /Br. 1997.

Gott" bedeuten. „Allah" ist eine singuläre Person. Die „Einzigkeit Gottes" stellt hier kein Denkproblem dar; sie wird als ein oberster Glaubenssatz hochgehalten.[2]

So kann der Blick auf den Islam einen Christen vor dem möglichen Missverständnis eines (zumindest unbewussten) „Tri-theismus" warnen – was zur Neigung des Europäers zum „*Pluralismus*" passen würde.

Umgekehrt steht der Ausschluss einer Mehrheit göttlicher Personen beim Islam in einer gewissen Entsprechung zu dessen eher „*monistischem Wirklichkeitsverständnis*", das eine inter-personale Partnerschaft in der Gesellschaft, z.B. zwischen Mann und Frau, nicht vorsieht. Die Geschlechter sind hier nicht gleichgestellt; der Mann kann zugleich mehrere Frauen heiraten und hat die Frau zu „erziehen" (wobei er sie gelegentlich auch „strafen" darf) – aber nicht auch umgekehrt.

So könnte die Begegnung mit der europäischen Kultur für einen Moslem zum Anstoß einer vertieften Reflexion auf seinen Glauben an die „Einheit Gottes" werden.

Um die für beide Seiten sich hier abzeichnende Chance einer mentalen Weiterentwicklung besser zu verstehen, sind die kulturellen Entsprechungen und möglichen Auswirkungen der Religionen nun noch etwas genauer zu kennzeichnen.

Der kulturelle Kontext der Religionen.

Betrachten wir zunächst die „*westliche Welt*", die Europa und Amerika umfasst.

Der christliche Einfluss begründete vor allem die Auffassung, dass der individuellen Person eine „unverwechselbare" und „unbedingte" Würde zukommt; jeder Mensch wird als „Ebenbild Gottes"

---

[2] Vgl. die auf den christlichen Trinitätsglauben bezogene Sure V,74 (nach der Koranübersetzung von Ludwig Ullmann und L. W. Winter, München 6.Aufl. 1959): „Ungläubig sind diejenigen, die sagen: ‚Allah ist einer von dreien' ; denn es gibt nur einen einzigen Gott. Enthalten sie sich nicht, so zu sprechen, so wird diese Schriftbesitzer schwere Strafe treffen". Oder Sure V,117, die annimmt, christliche Trinität meine ‚Gott, Jesus und Maria' – wobei es sich in Wahrheit lediglich um eine frühe Form von Volksfrömmigkeit oder Sekte handelt, die in Ägypten, Syrien und Nordarabien verbreitet war (Kollyridianerinnen, Marianiten).

betrachtet. So lässt sich die westliche Welt durch eine hohe Wertschätzung von *Verschiedenheit* und *Mannigfaltigkeit* kennzeichnen. Das Recht auf freie Meinungsäußerung, eingeschlossen die Pressefreiheit, gilt als einer der höchsten Werte, und die Toleranz gegenüber Andersdenkenden als Verpflichtung.

Diese Betonung des Einzelnen in seiner Vielfalt betrifft auch die weltanschaulichen Positionen und fördert eine weitgehende Autonomie der einzelnen Kulturbereiche. Nicht der Monismus einer Religion oder Ideologie, sondern die Tendenz eines Pluralismus ist charakteristisch für die westliche Geisteshaltung. Entsprechend ist die Ethik generell auf individuelle Selbstbestimmung bezogen; sie zeigt in diesem Sinne eine ausgeprägte *humanistische Orientierung*.

Als eine eindeutig *negative Erscheinung* und Fehlentwicklung im europäischen und amerikanischen Kulturraum wäre aber die gelegentliche Übersteigerung des Aspektes der Verschiedenheit und Pluralität zu betrachten, unter Hintanstellung der Einheit. Dies führt zu gegenseitiger Ferne und menschlicher Beziehungslosigkeit der Partner bzw. zu einem „Kampf aller gegen alle", wie einem brutalen wirtschaftlichen Unterwerfungs- und Ausbeutungsverhalten und einem rücksichtslosen individualistischen Machtkapitalismus, der mit einer legitimen Verteidigung der individuellen Freiheitsrechte nichts mehr zu tun hat. Ebenso wird weithin ein Recht auf schrankenlose Meinungs- und Pressefreiheit vertreten, das auch dort keine Grenzen zu haben scheint, wo das Recht anderer Menschen auf Respekt verletzt wird, und das auch zulässt, Angehörige anderer Überzeugung mit Spott und Hohn zu bewerfen, wie es z. B. mit den Mohammed-Karikaturen vor Jahren durch einen dänischen Journalisten und in jüngster Zeit durch das Pariser Journal „Charlie Hebdo" geschah.

Weitgehend entgegengesetzt verhält es sich mit den Wertvorstellungen aufseiten der *islamisch-arabischen Kultur*.

Das in ihr besonders ausgeprägte „*grundlegende Menschlich-Positive*" ist zweifellos der Einheitsgedanke! Er betont die Zusammengehörigkeit aller Menschen und den Bezug jedes Einzelnen auf das Ganze. Denn die Welt ist nach islamischer Auffassung von ihrem göttlichen Grund her eine Einheit. Die Einheit des göttlichen Grundes geht auf seine Schöpfung über und begründet eine all-umfassende Sinn-Einheit der Welt, der Menschheit und ihrer Kultur. So sind die einzelnen

Kulturbereiche wie Politik, Wirtschaft und Kunst im Sinne des
Korans als eine *theo-zentrische Ethik* zu gestalten.

Als *negativ* erscheint jedoch eine weitgehende Übersteigerung des
Einheitsaspektes unter Herabspielung oder gar Ausschluss von
Verschiedenheit und Vielheit. So entstand und entsteht bei gewissen
fundamentalistischen Richtungen eine leidenschaftliche Intoleranz
gegenüber dem Einzelnen und Anderen; man denke an die Bewegung
„Islamischer Staat". Diese Gesinnung stellt den Nährboden für einen
Terrorismus dar, der die gewaltsame Vernichtung des Anderen sucht
und dabei selbst das eigene Leben nicht achtet. Ein aktuelles Beispiel
für die Überbetonung der umgreifenden Einheit der Gesellschaft oder
des Staates, wobei die einzelnen Bürger nur als ausführende Glieder
oder Organe betrachtet werden, ist die Reaktion auf die erwähnten
Mohammed-Karikaturen. Islamische Länder verlangten, dass der
betreffende Staat, das ist im erstgenannten Beispiel Dänemark, sich zu
entschuldigen hat – was dieser zurückwies, da er für das individuelle
Handeln seiner Bürger nicht verantwortlich sei. Die Antwort waren
terroristische Attacken, die sich nicht nur auf die einzelnen Akteure,
sondern auf die betreffende „Gesellschaft" richteten, die das
Verhalten des Einzelnen ermöglicht und trägt und somit letztlich für
es „zuständig" sei.[3]

---

[3] Die Auffassung, dass der göttliche Grund der Welt „Einheit ohne jegliche innere
Differenz" besagt, kann leicht zu einem Verhalten führen, das in der Welt (als ‚Abbild'
Gottes) nur Einheit gelten lässt, absolut intolerant ist und auch *politische Gewalt* nicht scheut –
unter Berufung z. B. auf die Suren II,193 und IV,90: „Ergreift und tötet sie (= die
Ungläubigen), wo ihr sie trefft!"; oder VIII,13: „Haut ihnen die Köpfe ab und haut ihnen alle
Enden ihrer Finger ab"; ähnlich VIII,37 ff.; IX,41. Selbst wenn man annimmt, dass solche
Worte in damalige Verhältnisse hinein gesprochen (und in ihrer Geltung auf sie bezogen)
sind, so ist damit nicht ausgeschlossen, dass sich analoge Situationen, in denen Gewalt
angesagt ist, in den Augen von Vertretern des Islams auch heute wiederholen, wie die
Ereignisse um die genannten Mohammed-Karikaturen zeigen. Solche Aggressivität erfolgte
auch nicht immer nur zur „Selbstverteidigung"; vgl. schon das Verhalten Mohammeds. Dies
ist jedoch für das Christentum kein Anlass, sich zu überheben, da auch in seiner
Vergangenheit Gewaltanwendungen festzustellen sind. – Jedoch scheint auch die Auffassung
des Korans nicht eindeutig. *Adel Theodor Khoury* weist gegenüber der Tradition des „Heiligen
Krieges" („Djihad") auf eine ebenfalls im Koran angelegte Theorie des Friedens hin und
macht damit die (an gewisse Voraussetzungen gebundenen) „Toleranzpotenziale" des Islams
sichtbar (vgl: Was sagt der Koran zum Heiligen Krieg?, Gütersloh, ²2007, bes. 138 f.).

Der Begegnungsweg der Religionen

Welches wäre nun der Weg, diesem Konflikt der Religionen und Kulturen zu begegnen?

Hier kann man sich auf den neuerdings wieder viel beachteten großen vor-reformatorischen christlichen Theologen, Philosophen und Pädagogen *Jan Amos Komensky* (lat. *Comenius*) beziehen, der im 17. Jahrhundert lebte. Er plädierte für einen umfassenden und „menschlich kreativen" Frieden, der eine uneingeschränkte dialogische Offenheit voraussetzt.[4]

Demnach darf ein Dialog nicht nur als gegenseitige Information und Bestätigung im ‚Status quo' verstanden werden, geschweige denn als „taktisches Manöver", den Andern den eigenen Vorstellungen anzupassen, wobei keiner sich grundlegend zu ändern braucht. Ein „wahrer Dialog" verlangt vielmehr, dass jeder bemüht ist, sich in den Andern gedanklich und emotional hineinzuversetzen und sich selbst mit den Augen des Andern zu sehen.

Dabei wäre es *unweise*, den Dialog mit der Kritik eines vermeintlichen Irrtums und entsprechenden praktischen Fehlverhaltens des Partners beginnen zu wollen:

> Unmöglich ist es, Eingewurzeltes leichterdings herauszureißen; und weil die eigene Überzeugung für wahr gehalten wird, gilt der (nicht nur als persönlicher Gegner) sondern als Feind der Wahrheit, der mit kämpferischer Absicht auftritt; man fängt sofort an, ihn zu fürchten und zu hassen. Dies verhindert die Aufmerksamkeit wie auch die Zustimmung, auch wenn reine Wahrheit dargeboten wird. Man muss vielmehr bei ihren jeweiligen Voraussetzungen anfangen und diese auf größtmögliche Weise bestätigen; erst dann kann man anderes anführen, was die Wahrheit ergänzt und Irrtümer beseitigt.[5]

---

[4] „Wir sind angehalten, den Frieden […] mit allen zu suchen." […] „Unberücksichtigt bleibe dabei, ob jemand Christ oder Mohammedaner, Jude oder Heide ist. Sie alle sollen zugelassen und in dem gehört werden, was sie an guten Dingen darbieten". (1. Zitat: Der Weg des Lichtes, Via lucis, 7,4; 2. Zitat: Vorspiele. Pansophiae prodromus § 54). Als sein Hauptwerk gilt: Umfassende Beratung über die Verbesserung der menschlichen Angelegenheiten, im Original: *De rerum humanarum emendatione Consultatio Catholica.* Editio princeps, moderante Otocar Clap.T. I/II, Pragae 1966 (Abkzg.: CC); Vgl. auch: Heinrich BECK: *Dialogik – Analogie – Trinität.* Frankfurt/M. 2009, Kap. 22: *Christliche Identität als kreativer Dialog. Impulse im Ausgang von Comenius,* Abschn. II: Dialogische Identität des Christentums gegenüber dem Islam?, und III: Der Begriff des Friedens bei Comenius, seine ontologische Begründung und seine aktuelle Bedeutung.

[5] CC II, Sp. 557 f.

Durch eine aggressive Vorgehensweise würde man den Partner veranlassen, um sich zu verteidigen, sich gerade in der Position zu verfestigen, von der man ihn abbringen möchte. Eine lieblose Haltung ist ineffektiv. Die Liebe jedoch erweist sich als im höchsten Maße intelligent und nützlich – wenn sie echt ist. So zeigt sich gewissermaßen eine „*Logik des Guten*", da das Gute gut auf den Urheber zurück-*strömt*, – ebenso wie eine „*Dialektik des Bösen*", indem das Böse bös auf den Urheber zurück-*schlägt*. Es entspricht der im Seienden angelegten Ordnung, zuerst das Positive zu benennen und darin den Partner als Menschen zu achten und anzuerkennen; erst auf dieser Grundlage lässt sich das als negativ oder defizient Erscheinende wirksam ansprechen und gemeinsam aufarbeiten.

Die Erfolg versprechende Form des Dialogs liegt demnach nicht in der *Konfrontation* der Kulturen – unter Betonung der beiderseitigen negativen Aspekte, sondern vielmehr in einer *Kooperation* der Kulturen – mit Blick primär auf das Positive und im Bemühen um die Annäherung an die Wahrheit und die Verwirklichung des Guten. Dabei müssen beide alles daran setzen, sich einander zu öffnen und sich in ihrer entgegengesetzten Betonung menschlicher Werte zu *verstehen*. So würde die Grundlage für eine gedeihliche Koexistenz und für einen kreativen Frieden geschaffen, der Zukunft eröffnet. Die Erfahrung bestätigt: Geistige Auseinandersetzung kann in dem Maße fruchtbar sein, wie die Partner darauf verzichten, sich auf negative Aspekte zu fixieren und stattdessen die positiven Werte fortschreitend entdecken und anerkennen.

So empfiehlt sich als Vorgehensweise der „Aus-ein-andersetzung", stets in einem *1. Schritt* das auf beiden Seiten als *positiv* Erscheinende zu suchen und herauszustellen; so entsteht eine entscheidende menschliche Annäherung. Auf dieser Grundlage kann in einem ebenso wichtigen *2. Schritt* eine dialogisch-kritische Herausarbeitung des *Negativen* und Kritikbedürftigen erfolgen – mit der Aussicht auf ein tieferes und umfassenderes Verständnis sowohl des anderen als auch des eigenen Standortes, in einem möglichen *3. Schritt*.

Um ein gutes Gespräch zu sichern, könnten die Partner in einem Vorgespräch diese „Methode" vereinbaren und sich gegebenenfalls gegenseitig daran erinnern – wobei sie sich durch sachliche und menschliche „Fortschritte" ermutigt erfahren dürfen.

Dialogisch zu verantwortende Glaubensinhalte

Wie schon eingangs erwähnt, geht es grundlegend um den „Begriff Gottes".

Das Gespräch könnte beginnen mit einer von beiden Seiten vollziehbaren philosophischen Überlegung: Als umfassender Grund alles zeitlichen und begrenzten Seienden muss „Gott" von diesem verschieden und somit in seinem Wesen ewig und unbegrenzt sein. Den Un-begrenzten kann es aber nur einmal geben: Existierten mehrere „Götter", so hätte jeder gegen die anderen eine Grenze und keiner wäre in sich unbegrenzt und wirklich Gott.

In dieser unbegrenzten Seinsfülle Gottes müssen alle positiven Inhalte der Welt in höherer Weise „vorausenthalten" sein: so ähnlich, um es in einem Vergleich zu sagen, wie der Lichtgehalt der vielen Farben, die beim Durchgleiten von Lichtweiß durch ein Prisma sichtbar werden, im reinen Lichtweiß ungeteilt eins ist – als einfache Fülle ohne Vielheit.

Insbesondere gilt dies für die Seinsqualität der menschlichen Person; deshalb kann das göttliche Sein nicht etwas „Unterpersönliches" und Unpersönliches bedeuten. So besagt es gegenüber dem Menschen wohl mehr *an* Personalität, jedoch nicht mehr *als* Personalität – wenn man unter „Person" im Sinne der Tradition ein „selbstständiges Subjekt geistigen Wesens" versteht.[6]

Damit erscheint es möglich, unter gewissen Voraussetzungen Gott als ein „Du" anzusprechen und ihn „anzurufen" – wie auch er nach

---

[6] Auch Pflanzen und die Tiere sind „selbstständige Subjekte", werden aber nicht als „Personen" bezeichnet; denn zu „Personalität" würde die Anlage eines geistigen Bewusstseins gehören, mit dem die Fähigkeit zu freier und verantwortlicher Selbstbestimmung gegeben ist. Im Unterschied zu sinnlicher Erkenntnis, die nur die *Erscheinung* der Dinge erfasst, geht geistige Erkenntnis auf das *Sein*, z. B. ein ins Wasser gehaltener Stab erscheint der optischen Wahrnehmung an der Schnittstelle gebrochen, aber man weiß, dass dies in Wahrheit bloßer Schein ist. „Geistiges Bewusstsein" bedeutet also (zumindest fragend und suchend) „beim Sein sein", auch beim eigenen Sein – und so *die Vollstufe von „Seins-Identität"*. Der von „per-sonare" hergeleitete Ausdruck „Person" hebt hervor, dass hier das Sein als Sein „durch-tönt". – Vgl. zur weiteren Entfaltung und Diskussion des Personbegriffs: Heinrich BECK: *Natürliche Theologie. Grundriss philosophischer Gotteserkenntnis* (München – Salzburg 1986, 2.Aufl. 1988), bes. 192–205 zu „Wesen und Personalität: Gottes Wesen als Per-sonalität".

den Aussagen der jüdischen, christlichen und islamischen Glaubensquellen den Menschen als „Du" gerufen hat.[7]

Aber man kann noch konkreter werden: Wie schon Plato argumentierte, ist die all-umfassende Seinsquelle als „sich verströmende Güte und Liebe" zu verstehen. Von daher liegt es nahe, von Gott unermessliche Macht, Weisheit und Güte auszusagen, worin christlicher und islamischer Glaube übereinkommen; dem entspricht auch unbegrenzte „Barmherzigkeit" – im Islam einer der wichtigsten „Namen" Gottes.

Darauf aufbauend könnte die christliche Philosophie versuchen, einem Moslem die Aussage einer „Dreipersonalität" Gottes verständlich zu machen.

Denn: *Personale* Liebe zeigt sich in phänomenologischer Analyse auf ein „Du" bezogen – nicht etwa als Ausdruck einer Unvollkommenheit und Ergänzungsbedürftigkeit, sondern als reines Sich-Verströmen.

Der Mensch als begrenztes Wesen käme aber niemals als *adäquater* Partner des unbegrenzten Gottes in Betracht. So liegt es nahe, Gott als eine „innere Partnerschaft" aufzufassen.

Nach dem biblischen Schöpfungsbericht bezeichnet Gott sich als ein *Wir*: „Lasset *uns* den Menschen machen, nach *unserem* Bilde, *uns* ähnlich!" (Gen 1,26 f.). Das *Wir* drückt offenbar die Fülle der Personalität aus – worauf ja auch schon der von hohen Persönlichkeiten gebrauchte „Pluralis Majestatis" hinweist.

Wenn aber die Einheit des Schöpfers sich als Beziehungs-Einheit verschiedener Personen darstellt, so impliziert dies für die Schöpfung den Auftrag, diese zu „spiegeln" – was z.B. für das Verhältnis der Geschlechter gleichrangige Partnerschaft und Anerkennung bedeuten würde.

---

[7] Vgl. dazu auch das im Alten Testament (in Exodus 3,14) geschilderte Ereignis, wonach Moses den ihm in einem brennenden Dornbusch erscheinenden Gott nach seinem Namen fragt, worauf dieser antwortet: „Ich bin der: Ich bin". Er setzte dann fort: So sollst Du zu den Israeliten sprechen: Der ‚Ich bin' hat mich zu Euch gesandt". Demnach bezeichnet sich Gott als ein ‚Ich' und als den schlechthin und unbegrenzt Seienden, das „Sein in Person". So ist er der für alle unbegrenzt und verlässlich „Da-seiende", der uneingeschränktes Vertrauen verdient. (Vgl. zur Diskussion dieser Stelle auch H. BECK, *Natürliche Theologie* ..., aaO, 181, Fn 22).

Im Gespräch mit dem Islam, der die Einheit des göttlichen Seins hervorkehrt, ergibt sich für den Christen die herausfordernde Frage, wie eine Mehrheit verschiedener Subjekte mit der Einheit ihres Seins übereinstimmen kann. Hier könnte der Rückgriff auf den frühen christlichen Theologen und Philosophen *Augustinus* (ca. 400 n.Chr) einen Zugang eröffnen. Er versteht das göttliche Sein in einer (entfernten) Analogie zum geistigen Lebensvollzug des Menschen und geht dabei vom *Prolog des Johannesevangeliums* aus. Dies ist noch kurz zu explizieren.

Der Johannes-Prolog lautet: „Im Anfang war das Wort, und das Wort war *bei* Gott, und Gott *war* das Wort [...]; alles ist durch es geworden [...] und das Wort ist Fleisch geworden und hat unter uns gewohnt" (Joh 1).

Das Wort war *bei* Gott – ist also Gott irgendwie nachgeordnet; es *war* (und *ist*) aber auch Gott selbst – und das heißt, in ihm ist die ganze Fülle der Gottheit ausgesprochen. So gelangt Augustinus zu der Deutung: Der eine unbegrenzte Gott hat in sich selbst einen differenzierten Status: als *sich Aussprechender* und als *von sich Ausgesprochener*. Gott erkennt sich selbst und spricht den Inhalt seiner Selbsterkenntnis in sich aus: in einem „inneren Wort", dem ewigen „Logos". Er tritt damit sich selbst gegenüber und konstituiert einen „geistigen Begegnungsraum mit sich selbst".

Diesen „erfüllt" er durch die *gegenseitige Gabe der Liebe*, den Heiligen Geist, der einen dritten Status des göttlichen Seins darstellt.

Es handelt sich hier also um einen dreifachen Status, um drei verschiedene personale Selbst-Stände des einen und selben göttlichen Seins – nicht etwa um drei verschiedene „Götter". Denn, wie oben schon vermerkt: Das unbegrenzte göttliche Sein kann es *nur einmal* geben; sonst wäre jeder der drei Selbststände gegen die andern abgegrenzt und keiner wäre unbegrenzt und in Wahrheit Gott.

Somit beschreibt der (zeitlose) göttliche Selbstvollzug gewissermaßen eine „Kreisfigur": Gott geht im „Ausdruck seines inneren Wortes" *in sich selbst* aus sich heraus und im „Liebeshauch des Heiligen Geistes" *in sich selbst* in sich hinein.[8]

---

[8] Damit entspricht die Dreiheit der Personen der Folge von Sein (esse), Erkennen bzw. Wissen (nosse) und Lieben bzw. Wollen (velle); so AUGUSTINUS in: *Confessiones* 13,11; vgl. auch: *De Trinitate* 9,5 und 10,1–12. Das „innere Wort" ist das Werk der Erkenntnis, des Verstandes; und so kann der Wille bzw. die Liebe sich zu dem Seienden zurückwenden, von

In dieser „trinitarischen Kreisgestalt" ist auch der Weg des Dialogs zwischen Menschen vorgezeichnet, wie er nach unserer obigen Beschreibung von *Comenius* empfohlen wird: als Bewegung aus sich heraus und hin zum Andern, um von ihm her umso tiefer in sich hinein zu gelangen – und dabei eine „gemeinsame Mitte" zu finden.

Augustinus geht nun mit der Deutung des trinitarischen Geschehens in Gott noch einen Schritt weiter: Nach ihm ist die Hervorbringung des „inneren Wortes" als *„geistige Zeugung"* zu verstehen, und in diesem Sinne das Wort, der Logos, als der *„Sohn Gottes"* zu bezeichnen. Der Sohn wird in Jesus Christus „Fleisch" – und bietet der Menschheit an, sich ihm anzuschließen und an seinem eigenen Kindschaftsverhältnis zu Gott teilzunehmen. Damit bringt Gott zum Ausdruck, dass er die Menschheit in seinen „inner-trinitarischen Dialog" einbeziehen und so in ein *familiäres Verhältnis* mit ihr eintreten möchte.

Dies könnte freilich für den Christen auch die Gefahr einschließen, sich mit Gott auf dieselbe Stufe zu stellen. Demgegenüber bedeutet „Islam" seinem Wortsinn nach „Unterwerfung". So würde in einer dialogischen Beziehung beider Religionen das Christentum mehr (eine von Gott geschenkte) „Nähe" betonen, der Islam hingegen den (von Natur aus gegebenen) „unendlichen Abstand".

Ähnlich wie das Christentum durch seine Berührung mit dem Islam aufgefordert ist, *die Mehrheit / Dreiheit der göttlichen Personen* in Anbetracht der Einheit des göttlichen Seins zu verstehen, – so dürfte der Islam durch seine Berührung mit dem Christentum angeregt werden, seine Lehre von der *Einheit Allahs* weiterzudenken; denn sie darf hinter der inter-personalen Lebensfülle des trinitarischen Gottes nicht zurückstehen.

Ansatzpunkt dazu könnte der in Allah existierende „Ewige Koran" sein, in dem er sein Wesen ausdrückt und der auszugsweise über Mohammed den Menschen mitgeteilt wurde. So wäre der Ewige

---

dem der Verstand seinen Inhalt empfangen hat. – Ähnlich spricht THOMAS VON AQUIN (ca. 1250) von einer („in uns wie in Gott" geschehenden) „Kreisbewegung (circulatio quaedam) der Werke des Verstandes und des Willens; denn der Wille kehrt dorthin zurück, von wo der Verstand ausging" (*De Potentia* q 9, a 9). – Entsprechend sagt COMENIUS: „(Das göttliche Wesen) ist im Vater wie in der Quelle (ut in fonte), im Sohn wie im Ausfließen (ut in effluxu), im Hl. Geist wie im Zurückfließen (ut in refluxu)"; so in: Antisozinianische Schriften, Teil 2, Kap. LIV, 6.

Koran mit dem johanneischen „Logos" zu vergleichen. Denn der Koran ist im Grunde gleichwohl „ewig" und „unerschaffen" und damit von göttlicher Wesensart; dementsprechend kommt ihm eine „absolute Autorität" zu.[9]

Schließlich: Die Mitteilung des Logos bzw. des Korans an den Menschen könnte man in einer gewissen „Komplementarität" sehen: *Christlich* wird der „Logos" durch den Erzengel Gabriel (als Boten der „männlichen Kraft" Gottes) angekündigt und durch den Hl. Geist von Maria empfangen, die es auf ihre „weibliche" Weise umsetzt; so geschieht seine „In-karnation" in Jesus Christus. *Islamisch* wird ein „Auszug aus dem Ewigen Koran" durch den Erzengel Gabriel vermittelt, den der „Hauch Gottes" begleitet, von Mohammed aufgenommen, der es auf „männliche" Weise umsetzt, so geschieht seine „In-literation". – In Entsprechung stehen hier also *Maria und Mohammed*, sowie *Jesus und der niedergeschriebene Koran*. Für den Christen könnte durch den Vergleich mit dem Koran die *Lebendigkeit Jesu* noch mehr hervortreten, für den Moslem durch den Vergleich mit Jesus die *Sachlichkeit des Korans*. Beide Religionen könnten einander dienlich sein.[10]

---

[9] Zumindest nach Interpretationen werden in gewissen Suren vom Koran *personale Attribute* ausgesagt, wie etwa: „Der Koran empfindet angesichts des Ungehorsams der Menschen Schmerz und Trauer"; er „leidet". Sollte es sich hier nicht um eine bloße metaphorische Rede handeln, so würde dies bedeuten, dass sich die Personhaftigkeit Gottes auch auf den Koran ausdehnt (was eine innergöttliche „Partnerschaft" implizieren könnte).

[10] Vgl. auch: Wolfgang KLAUSNITZER: *Jesus und Muhammad. Ihr Leben, ihre Botschaft. Eine Gegenüberstellung*. Freiburg/Br. 2007. Nach einer persönlichen Mitteilung des Orientalisten und Trägers des Friedenspreises des Dt. Buchhandels 2015, *Navid Kermani*, „hat sich in den letzten Jahren innerhalb des sufischen Islams eine Christologie herausgebildet, die sich dem Gedanken der Menschwerdung Gottes immerhin annähert, indem sie Jesus als Modell und Vorbild einer Vergöttlichung des Menschen deutet, wie es etwa für den islamischen Propheten nie behauptet werden würde". – Die Sicht des Islams der Mitteilung Gottes an den Menschen steht auch mit dessen Auffassung von der „Höherrangigkeit des Mannes" im Einklang, während in der christlichen Sicht eine „heilsvermittelnde Bedeutung des Weiblichen" antönt (auch als Aufgabe einer weiteren Bewusstseinsentwicklung). Grundsätzlich hat es bei einem Dialog der Religionen nicht darum zu gehen, die eine von der andern her zu „deuten" und damit unter Umständen zu „verfremden", sondern auf Möglichkeiten einer weiteren Identitätsentwicklung hinzuweisen.

Fazit

Es war unser Anliegen, zu zeigen, dass ein für Europa dringend anstehender Dialog von Christentum und Islam „kreativ" und „kulturproduktiv" sein kann.

Dabei fiele es der christlichen und europäischen Seite zu, „in der Einheit des Seins *die Verschiedenheit und Vielheit des Seienden*" zu artikulieren, der islamischen und asiatischen Seite hingegen, „in der Verschiedenheit des Seienden *die Einheit des Seinszusammenhangs*" zu betonen. So ergäbe sich die Aussicht auf eine „*in sich dialogische Ordnung* der Gesellschaft", die von beiden Seiten" gelebt wird und in einer Art „polarem Gegensatz" verstanden würde. Von hier aus könnte sich eine neue gegenseitige Achtung und Wertschätzung entwickeln. Dies könnte als „reine Utopie" erscheinen. Aber nicht zuletzt der steigende Leidensdruck der Verhältnisse gibt Anlass zur Hoffnung. Dabei kommt – so paradox es klingen mag – die zunehmende religiöse Gleichgültigkeit des „alten Europas" zu Hilfe. Denn die Frage, wie ohne Bezug auf einen unbedingten Gott die unbedingte Geltung von Menschenwürde, an der man ja festhalten will, zu begründen sei, bringt einen dann in peinliche Verlegenheit. Diese gemeinsame Aufgabe könnte den Dialog beflügeln und die getrennten Religionen vielleicht mehr zusammenführen als alle Auseinandersetzung über unterschiedliche Lehrmeinungen.

III. Zeitgeschehen

Michael Hüther

Deutsch für alle

Kennst du viele Sprachen – hast du viele Schlüssel für ein Schloss. (Voltaire 1694–1778)

Der Flüchtlingsstrom, der Deutschland in den vergangenen Monaten erreicht hat, bedingt ein Neuordnen der Integrationsdebatte. Während Politik und Wirtschaft zuletzt versucht hatten, Zuwanderung vermehrt passgenau zu steuern, um die Integration in den Arbeitsmarkt von vornherein zu vereinfachen, werden sie nun vor vollendete Tatsachen gestellt. Zuerst waren es die Bilder der Toten aus dem Mittelmeer, jetzt sind es die Schlangen vor den Migrationsbehörden. Hunderttausende Menschen mit unterschiedlichsten Qualifikationsniveaus sind in Deutschland angekommen und werden, zumindest in den kommenden Jahren, auch hier bleiben.

Kurzfristig stehen die Verantwortlichen vor einer logistischen Herkulesaufgabe, die von Registrierung über Erstversorgung bis zur Verteilung in die Kommunen reicht. Bereits hier ist das staatliche Krisenmanagement vor massive Probleme gestellt: Nachdem die Bundeskanzlerin den Flüchtlingen am Budapester Bahnhof die Arme ausgebreitet hatte, setzte sie kurze Zeit später das Schengener Abkommen außer Kraft und begann, wieder die Grenze kontrollieren zu lassen. Zur Entspannung der Situation innerhalb Deutschlands trug dies wenig bei. Auch die Zahlungsversprechungen des Bundes gegenüber Ländern und Kommunen konnten nicht darüber hinwegtäuschen, dass Deutschland seine Gäste heillos unvorbereitet empfängt.

Überforderung darf aber keine Ausrede für überhastete und unsystematische Politik sein. Diese sollte sich heute mehr denn je auf die Integration in den Arbeitsmarkt konzentrieren. Die Schlüsselrolle kommt dabei der Forderung und Förderung von Sprachkenntnissen zu. [1]

---

[1] Vgl. M. HÜTHER, W. GEIS, *Offenheit und Bindung: Ökonomische Aspekte des Flüchtlingszustroms nach Deutschland.* In: Jens Spahn (Hg.), Ins Offene. Deutschland, Europa und die Flüchtlinge. Freiburg i.B. 2015, 155–162.

Herkulesaufgabe Integration – Sprachkenntnisse sind entscheidend

Die eigentliche Integrationsproblematik ist bisher entweder nur punktuell aufgetreten oder – wie bei den Gastarbeitern – bewusst ignoriert bzw. gar geleugnet worden; sie wird sich in Zukunft so oder so massiv verschärfen. Denn kulturelle Differenzen zwischen Geflüchteten aus den Bürgerkriegsregionen im Nahen und Mittleren Osten sowie Nordafrika einerseits und der autochthonen Bevölkerung andererseits sind enorm. Es gibt hinlänglich viele Beispiele, wie Integration ganzer Bevölkerungsgruppen in Europa gescheitert ist. Parallelgesellschaften, die sich über Sprache, Habitus, Religion und alltägliche Rituale abgrenzen, sind aber unbedingt zu vermeiden, bilden sie doch Projektionspotential für negative Stereotypisierung oder gar tiefsitzende Konflikte. Die Ablehnung des Fremden nimmt dann regelmäßig noch dadurch zu, dass Verteilungskonflikte mit bestehenden sozialen Gruppen beispielsweise über Arbeitsplätze oder Sozialleistungen entstehen.

Das Erfolgsrezept kann demnach nur in der Durchmischung der Neuankömmlinge mit den Eingesessenen bestehen. Der institutionelle Rahmen muss – zentral – den Flüchtlingen so schnell wie möglich Zugang zu Bildung, Kultur und Arbeit ermöglichen. So führt die soziale Mobilität zugleich zu einer ethnischen Öffnung, die viele Integrationskonflikte vermeiden lässt.

Die deutsche Wirtschaft ist aufgrund der demografischen Struktur seiner Arbeitnehmer zurzeit und in Zukunft verschärft auf externe Impulse angewiesen. Seit einigen Jahren beklagen sich Arbeitgeber, insbesondere in den Technik- und Gesundheitsberufen, über Schwierigkeiten bei der Rekrutierung von Fachkräften. Auch durch großzügige Regelungen zur Frühverrentung, wie der Rente mit 63, verschärft sich die Lücke zwischen Arbeitsnachfrage und Arbeitsangebot weiter. In den vergangenen Jahren hat lediglich die gestiegene Zuwanderung dazu geführt, dass der Fachkräftemangel nicht – wie erwartet – zu einer noch stärkeren Minderung des Potentialwachstums geführt hat.[2]

---

[2] C. ANGER, O. KOPPEL, A. PLÜNNECKE, *MINT-Frühjahrsreport 2015 MINT – Regionale Stärken und Herausforderungen,* Köln 2015.

Ob die aktuell nach Deutschland Flüchtenden einen ebenso großen Beitrag leisten werden, hängt von unterschiedlichen Faktoren ab. Eine Grundvoraussetzung ist in jedem Fall der schnelle Erwerb umfangreicher Sprachkenntnisse, ohne die der Zugang zum Bildungssystem und zum Arbeitsmarkt, aber auch zum kulturellen Verständnis der neuen Heimat, verwehrt bleibt. Der Erwerb von Sprachkenntnissen ist weniger trivial, als es auf den ersten Blick erscheinen mag. Denn in der Vergangenheit haben in Deutschland Migranten mit Flüchtlingshintergrund wesentlich weniger gute Sprachkenntnisse erworben als Migranten mit anderem Zuwanderungshintergrund. Abbildung 1 zeigt, dass für die nach 1985 Zugewanderten eine relativ schwache Sprachkompetenz in allen getesteten Bereichen, der Lese-, Schreib- und Sprechkompetenz zu verzeichnen ist. Das Schreiben in deutscher Sprache erlernen sogar 20 Prozent der Personen mit Flüchtlingshintergrund schlecht oder gar nicht.

Die relativ schlechte Performance der Flüchtlinge kann einerseits dadurch erklärt werden, dass viele Personen mit anderem Zuwanderungshintergrund aus dem geografisch nahen Ausland stammen und damit bereits in der Schulbildung Deutschkenntnisse erworben oder sich über langfristig geplante Zuwanderung auf ihren Aufenthalt in Deutschland vorbereitet haben. Bei Personen mit Flüchtlingshintergrund sind Vorkenntnisse selbstverständlich nicht vorauszusetzen – sind sie doch gezwungen, ihre Heimat aus humanitären Gründen kurzfristig und unberechenbar zu verlassen. Dies soll jedoch nicht vernachlässigen, dass Personen mit Flüchtlingshintergrund im Durchschnitt wesentlich längere Zeit in Deutschland verbracht haben – nämlich über zehn Jahre – als Personen mit anderem Zuwanderungshintergrund. Woher stammt also eine solche Divergenz?

Abbildung 1: Sprachkenntnisse von Personen mit Flüchtlingshintergrund Selbsteinschätzung zugewanderter Personen im Alter zwischen 25 und 64 Jahren, Zuwanderung nach 1985, Deutschland, Stand 2013.

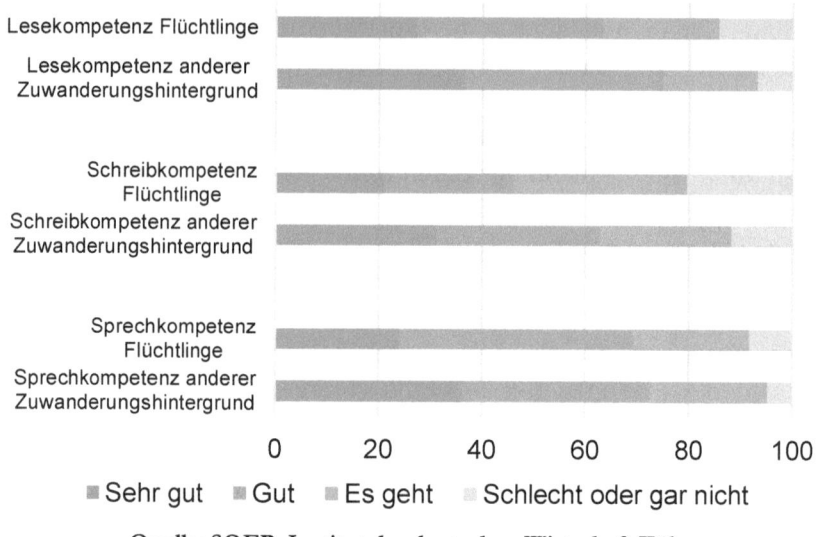

Quelle: SOEP; Institut der deutschen Wirtschaft Köln

Die Antwort auf diese Frage liegt auch in der institutionellen Benachteiligung von Migranten mit Flüchtlingshintergrund, die in der Vergangenheit zum Großteil, nämlich Asylbewerber und Geduldete, von Sprachkursen ausgeschlossen waren. Auch die 2005 mit dem Zuwanderungsgesetz eingeführten Integrationskurse waren ihnen bis vor Kurzem verschlossen. Durch gezielte Sprachförderung der nach Deutschland kommenden Flüchtlinge sollte dieses Problem für die Zukunft unmittelbar nach Ankunft in Angriff genommen werden. Die gesetzliche Verankerung von Angeboten zum berufsbezogenen und nicht berufsbezogenen Spracherwerb im geänderten Asylgesetz ist dementsprechend zu begrüßen, ebenso die Öffnung der Integrationskurse. Die Politik hat die Problematik erkannt. Asylbewerber dürfen nun bereits nach dreimonatigem Aufenthalt Integrationskurse besuchen und dort die deutsche Sprache erlernen. Aufbauend auf diese Integrationskurse werden berufsbezogene Sprachkurse angeboten, die den Zuwanderern den Eintritt in den Arbeitsmarkt erleichtern sollen.

Passgenaue Zuwanderung – ein funktionsfähiges Modell

Einem wichtigen Teil der Zuwanderung wurde dieses Angebot dezentralisiert angeboten. Während die ausbildenden Institutionen, wie beispielsweise die Hochschulen, Sprachkurse anbieten, wird diese Aufgabe bei Erwerbsmigranten mit qualifikationsadäquater Beschäftigung von den jeweiligen Arbeitgebern übernommen. Familiennachzügler hingegen durften das staatliche Sprachangebot bereits vor der Gesetzesänderung nutzen. Unverständlicherweise haben Zuwanderer über die EU-Freizügigkeit überhaupt keinen Anspruch auf Sprachförderung. Unabhängig davon, ob Sprachkurse zentral oder dezentral organisiert werden, die passgenaue Zuwanderung ist das elementarste Werkzeug gegen den Fachkräftemangel: Gute Sprachkenntnisse und hohe Erwerbstätigkeitsquoten zeichnen die nunmehr 300 000 Personen aus, die sich in Ausbildung oder Erwerbstätigkeit befinden. Die Anzahl der ausgestellten befristeten Aufenthaltstitel ist seit 2011 jährlich um 20 000 Personen gestiegen und hat damit den beschriebenen Beitrag zur Milderung des Fachkräftemangels geleistet.

Angebot und Nachfrage sind hoch: Migranten werden aber bis jetzt fehlgeleitet, da klare Regeln zur Arbeitsmigration schlichtweg fehlen. Zur weiteren Verbesserung dieser Zuwanderungsform sollte das Zuwanderungsgesetz daher klare, verständliche, transparente und praktikable Kriterien formulieren, die bereits in den Herkunftsländern die Attrahierung[3] von Arbeitskräften wirksam fördert. Ein Punktesystem, wie es beispielsweise in Kanada angewandt wird, ist hierfür ein gutes Vorbild. Berufsqualifikationen und Sprachkenntnisse könnten dann als ein wichtiges Kriterium einfließen.

Der Flüchtlingsstrom nach Deutschland – eine Einordnung

Die angebotenen Sprachkurse gelten also nach Änderung des Asylgesetzes auch für Personen mit anhängigem Asylverfahren. Dies ist besonders wichtig, denn Asylverfahren nehmen hierzulande immer noch einen wesentlich längeren Zeitraum in Anspruch als in den europäischen Nachbarländern. Obwohl die Bundesregierung immer

---

[3] Attrahierung = in Wirtschaftswissenschaft und Volkswirtschaft: das Anziehen neuer Kunden, Unternehmen oder auch von Kapital in eine Region. (Anm. d. Red.)

wieder angekündigt hatte, die Verfahrensdauer der Asylanträge massiv zu senken, hat die schiere Anzahl an Asylverfahren beschleunigte Prozesse und Neueinstellungen in den Ämtern überkompensiert.[4] War die Anzahl der jährlichen Asylanträge in den 2000er Jahren unter 50 000 gefallen, so gingen Ende 2015 doppelt so viele Anträge ein, und zwar monatlich.

Ein Großteil dieser Flüchtlinge stammt aus Bürgerkriegsländern wie Syrien und dem Irak. Die Schutzquote, also der Anteil der anerkannten an der Gesamtzahl der Asylanträge von Geflüchteten aus diesen Ländern liegt bei über 90 Prozent. Asylanträge aus dem Westbalkan, die bis Mitte 2015 die größte Gruppe darstellten, werden fast durchgehend abgelehnt; die Schutzquote liegt nahe null. Die mit dem geänderten Asylgesetz in Kraft tretende Kategorisierung weiterer Balkanstaaten als sichere Herkunftsländer, die vorher noch nicht in diese Kategorie gefallen sind, vereinfacht die Bearbeitung der Asylanträge mit sehr geringer Aussicht auf Erfolg weiter. Schon bevor diese Kategorisierung wirksam wurde, war eine rapide Verlangsamung der Einwanderungsdynamik aus dem Westbalkan zu erkennen. Im August 2015 wurden in Deutschland beispielsweise lediglich 780 Asylanträge von Personen aus dem Kosovo eingereicht.[5] Dies entspricht einer Reduktion innerhalb eines halben Jahres um den Faktor 15. Obwohl die in dieser Höhe drastische Reduktion aktuell noch ein Ausnahmefall zu sein scheint, kann von einem zunehmenden Asylmissbrauch der Wirtschaftsmigranten vom Westbalkan keine Rede sein.

Die Personen, die in der Mehrzahl nach Deutschland kommen und mittelfristig das Bild der Zuwanderung in Deutschland prägen werden, stammen also tatsächlich aus den Krisenherden dieser Welt. Deren kurzfristige Rückkehr in ihre destabilisierte Heimat ist bei zunehmender Eskalation der immer unüberschaubarer werdenden Konflikte so gut wie ausgeschlossen. Eine homogene Gruppe ist es deshalb trotzdem nicht. Drei Viertel der Asylbewerber sind männlich, knapp ein Drittel minderjährig. In welcher Masse es Familiennachzug geben wird und inwiefern das die Geschlechterstruktur angleichen

---

[4] K. HIRSELAND, *Flucht und Asyl: Aktuelle Zahlen und Entwicklungen.* Nürnberg 2015.
[5] EUROSTAT, *Asylum and managed migration database.* Brüssel 2015.

sowie den Altersdurchschnitt weiter senken wird, kann derzeit niemand abschätzen.

Für die Arbeitsmarktintegration ist der hohe Anteil der männlichen Zuwanderung jedoch mehr Chance als Problem. Abbildung 2 zeigt die verhältnismäßig hohe Erwerbstätigenquote der männlichen Flüchtlinge. Geflüchtete Frauen hingegen schaffen bislang den Sprung in das deutsche Berufsleben lediglich in weniger als 50 Prozent der Fälle, was aber im Umkehrschluss nicht gleichbedeutend mit einer steigenden Arbeitslosigkeit ist. Häufig nehmen Frauen Tätigkeiten im Haushalt wahr, nehmen also freiwillig keinen Beruf an. Bemerkenswert ist an dieser Stelle die Integration anderer männlicher Zuwanderer in den Arbeitsmarkt seit 1985 –, die Erwerbstätigenquote betrug im Jahr 2013 über 80 Prozent und ist damit sogar besser als die der Gesamtbevölkerung.

Erwerbstätigkeit und Bildung – der Schlüssel zur Integration

Im Vergleich mit den in Abbildung 1 dargestellten Kenntnissen der deutschen Sprache fällt auf, dass es eine große Schnittmenge mit der Arbeitsmarktintegration gibt. Entsprechend der Erwerbstätigenquote und den Sprachkenntnissen ist auch das Qualifikationsniveau der über einer halben Million in Deutschland lebenden Zuwanderer mit Flüchtlingshintergrund verhältnismäßig niedrig. Zwar hat knapp ein Fünftel der Geflüchteten im Alter zwischen 25 und 64 Jahren einen Hochschulabschluss, mehr als die Hälfte dieser Personen jedoch nie einen berufsqualifizierenden Abschluss erworben.[6]

Erste Analysen der Personen aus dem aktuellen Flüchtlingsstrom verschärfen diese Diagnose weiter. Eine aktuelle Auswertung des Instituts für Arbeitsmarktforschung zeigt, dass unter den sozialversicherungspflichtig Beschäftigten und Erwerbslosen aus den Bürgerkriegsländern sogar über 70 Prozent keinen berufsqualifizierenden Abschluss haben.[7] Die Bedeutung dieser Zahlen ist jedoch durchaus umstritten, da viele Berufstitel aus dem Ausland von der deutschen Agentur für Arbeit nicht anerkannt werden. Kein anerkannter Berufstitel ist zwar mitnichten

---

[6] W. GEIS, A. ORTH, *Flüchtlinge – Herausforderungen und Chance für Deutschland*. Köln 2015.
[7] INSTITUT FÜR ARBEITSMARKT UND BERUFSFORSCHUNG (IAB), *Aktuelle Berichte: Flüchtlinge und andere Migranten am deutschen Arbeitsmarkt*. Nürnberg 2015.

gleichbedeutend mit keiner Qualifikation, an der generellen Tendenz – der verhältnismäßigen Geringqualifizierung der Zuwanderer – ändert dies jedoch nichts.

Die Integration der Flüchtlinge in den Arbeitsmarkt ist schwierig, aber nicht unmöglich. Vielmehr zeigt sich die Dringlichkeit der Weiterbildung von Neuankömmlingen. Der schnelle Zugang zum dualen Ausbildungssystem sowie zur Hochschulbildung ist dabei besonders wichtig. Vorkenntnisse können nur ein Vorteil sein und sollten unbedingt genutzt werden.

Abbildung 2: Erwerbsbeteiligung von als Flüchtlinge zugewanderter Personen

Erwerbstätigenquoten von Personen im Alter zwischen 25 und 64 Jahren, Zuwanderung nach 1985, Stand 2013.

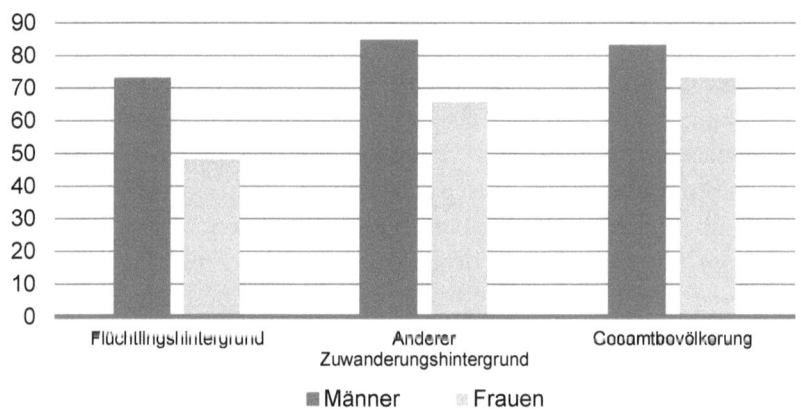

Quelle: SOEP; Institut der deutschen Wirtschaft Köln

Gerade der sehr hohe Anteil von Personen unter 25 Jahren, laut IAB[8] über die Hälfte, birgt für den Arbeitsmarkt große Potentiale. Dies gilt insbesondere im Lichte der hohen ungesteuerten Zuwanderung über die EU-Freizügigkeit der letzten Jahre. Demografiebedingt werden auf dem deutschen Arbeitsmarkt in den kommenden Jahren viele Stellen neu zu besetzen sein. Süd- und osteuropäische Länder stehen vor einem ähnlichen Problem und werden den Bedarf der deutschen

---

[8] Ebd.

Wirtschaft nach Arbeitnehmern mittelfristig nicht stillen können. Zudem folgt die Wanderung in der Europäischen Währungsunion grundsätzlich einer anderen Logik. Es ist eine temporäre Antwort auf unterschiedliche wirtschaftsstrukturelle Bedingungen.

Schafft man es aber, die jungen Flüchtlinge entsprechend auszubilden, können sie in der Zukunft in zweifacher Hinsicht einen wichtigen Beitrag zur wirtschaftlichen Entwicklung in Deutschland leisten. Denn erfolgreiche Migration folgt klassischerweise Netzwerken. Sind einmal Migranten mit einem bestimmten ethnischen Hintergrund integriert, fällt Interessierten aus der Heimat der Nachzug häufig leichter. Die heutigen Asylbewerber können in dieser Hinsicht also doppelt beitragen. Hier kommen die bereits in Deutschland integrierten Einwanderer ins Spiel: Sie können durch ihren Erfolg viel zur Integration der jetzt Zugewanderten beitragen. Noch beschränkt sich diese aber auf Einzelfälle, während Migrantenorganisationen noch keine geschlossene Position zum Umgang mit Flüchtlingen hierzu aufweisen.

Damit Migranten der ersten Generation auch den Schritt in den Arbeitsmarkt schaffen, sind noch einige institutionelle Rahmenbedingungen anzupassen. Die Abschiebungsverfahren nach Beginn einer beruflichen Ausbildung sollten auch für Personen in einem Alter von über 21 Jahren ausgesetzt werden. Außerdem legt die Bürokratie den Arbeitgebern bei der Ausbildung neuer Arbeitnehmer zurzeit immer noch Steine in den Weg. Auf die in den ersten 15 Monaten des Aufenthalts geltende Vorrangprüfung, also die Pflicht des Arbeitsgebers zur Bevorzugung deutscher Staatsbürger sowie Ausländer mit unbeschränkter Erlaubnis zur Erwerbstätigkeit, sollte daher zumindest bei der dualen Berufsausbildung verzichtet werden.

Arbeitssuchenden ist außerdem immer noch der Wechsel des Aufenthaltstitels untersagt. Hat eine Person einmal Asyl beantragt, unterliegt sie dem Asylrecht und hat keine Möglichkeit, sich beispielsweise auf eine sogenannte „blue card" zu bewerben, dem wesentlich komfortableren Aufenthaltstitel für hochqualifizierte Zuwanderung. Um einen solchen Antrag zu stellen, müsste die Person erst wieder Deutschland verlassen –, ein wenig sinnvoller Vorgang.

Schließlich drängen sich Zweifel auf, ob das Mindestlohngesetz in seiner jetzigen Form passend ist. Sehr vielen Flüchtlingen dürfte deshalb wegen der Qualifikationsdefizite der Weg in den ersten Arbeitsmarkt versperrt sein.

Dabei lässt schon eine Interpretation der gesetzlichen Mindestlohnbestimmungen Raum zum Experimentieren. Berufsorientierende Praktika, die bereits nach drei Monaten ohne bürokratische Hürden den Asylbewerbern offenstehen, unterliegen dem Mindestlohn, sofern sie länger als drei Monate dauern. Dazu müssen sie freiwillig wahrgenommen werden und der Praktikant älter als 18 Jahre sein. Diese Beschränkungen sollten aufgehoben werden, analog der bestehenden Befreiung vom Mindestlohn für Einstiegsqualifizierungen und Maßnahmen zur Berufsausbildungsvorbereitung.

Ebenso kann man entsprechend der Regelung für Langzeitarbeitslose, die erst nach sieben Monaten Anspruch auf Mindestlohn haben, einen Anpassungspfad für Personen mit Asylstatus sowie Geduldete eröffnen, sodass sie erst nach 18 oder 24 Monaten den Mindestlohnanspruch erhalten.

Willkommenskultur ist gut – eine gesamteuropäische Lösung besser

Die Begrüßungsszenen am Münchener Bahnhof sind ebenso weltweit durch die Presse gegangen wie Bilder von Flüchtlingen mit Angela Merkel, die zwischenzeitlich in vielen Ländern wie ein Popstar gefeiert wurde. Tatsächlich haben sich in Deutschland nach Schätzungen einer repräsentativen Forsa-Umfrage 44 Prozent der Menschen aktiv für Flüchtlinge eingesetzt. Ein solcher Empfang bleibt unter den Menschen in Flüchtlingscamps in der Türkei, Jordanien oder dem Libanon nicht unbeachtet.

Dabei ist gerade die rechtliche Lage dieser Menschen nach der für die Anerkennung des Flüchtlingsstatus' maßgeblichen EU-Qualifizierungsrichtlinie besonders umstritten. Denn die Einführung des sogenannten „beschleunigten Verfahrens" für Syrer, Eritreer sowie irakische Christen, Mandäer und Yeziden, das die Asylanträge auch ohne Anhörung durchwinkt, gilt auch für Asylbewerber, die schon in einem anderen Land Hilfe erhalten haben. Nach dem europäischen Recht haben Menschen, die bereits in einem Flüchtlingscamp vor Bürgerkrieg und Bedrohung sicher waren, eigentlich keinen Anspruch mehr auf einen Aufenthaltstitel in

Europa. Deutschland gewährt also wesentlich mehr Flüchtenden Hilfe, als das unter normalen Umständen der Fall wäre.

Wie viele Menschen sich aufgrund der neuen Regeln dazu entscheiden, den gefährlichen Weg nach Deutschland in Angriff zu nehmen, kann derzeit niemand verlässlich abschätzen. Klar ist nur, es werden viele sein. Und schon jetzt tobt in der deutschen Gesellschaft die Debatte darüber, wie viele Menschen das Land wohl aufnehmen kann. Logistische und infrastrukturelle Engpässe sind bereits an allen Ecken zu spüren, auch Befürworter von Flüchtlingshilfe sehen das Land am Rande des Machbaren. Mehr und mehr wird deutlich, dass der aktuelle Ausnahmezustand nicht auf Dauer durchhaltbar ist — sowohl für die Flüchtenden als auch für die Systeme der unvorbereiteten und nur schwer zur Zusammenarbeit findenden europäischen Länder.

Gleichzeitig hat die Masse an Asylbewerbern dazu geführt, dass die Debatte um die Möglichkeit des Antragstellens aus dem Ausland wieder verstummt ist. Betrachtet man die Schicksale der Flüchtenden, geprägt durch den langwierigen und gefährlichen Weg nach Europa, dann wäre es wohl besser, den Menschen über die Botschaft eines europäischen Landes oder eine spezielle EU-Einrichtung im Ausland die legale Einreise zu ermöglichen. Mit ausgestellten Einreisevisa könnten die Flüchtenden dann ganz legal die Grenzüberquerung vornehmen und in ihrem Zielland einen Asylantrag stellen. So würde die Gefahr für Leib und Leben so gering wie möglich gehalten. Gerade bei guter Bleibeperspektive reisten die Menschen dann geordnet und müssten sich nicht in die Hände von Schleppern begeben, deren skrupelloses Geschäftsmodell aktuell boomt wie selten zuvor.

Der erstaunlich starke Wille der Deutschen, den Flüchtlingen zu helfen, hat gezeigt, dass die deutsche Politik der offenen Arme — wenn auch zuhause unvorbereitet und in Europa unabgesprochen — eine bessere Alternative ist als ein stures Beharren auf den Dublin-Regeln, die speziell Ländern mit EU-Außengrenzen wie Griechenland, Kroatien und Ungarn gänzlich ins Chaos gestürzt hätten.

Die vielfach geforderte Alternative zu den beiden Optionen „Dublin" und „uneingeschränkter Einlass", ein Abschotten Europas, wäre ein Affront gegen Menschen, die den völkerrechtlichen Status von Flüchtlingen genießen und zu deren Hilfe sich die Länder verpflichtet haben. Eine geschlossene außereuropäische Grenze würde außerdem nur zu einer Verlagerung des Problems vor die Tore Europas führen. Die Bilder der toten Kinder aus dem Mittelmeer würden uns wieder begleiten.

Eine alternative Lösung wäre die Einrichtung einer zentralen Anlaufstelle außerhalb Europas. Hier könnten Einreiseanträge in einen europäischen Mechanismus eingespeist und zentral bearbeitet werden. Die Kosten müsste ein europäischer Fond tragen, wobei sich die Beitragssätze an wirtschaftlicher Stärke und Anzahl bereits bewilligter Asylanträge ausrichten ließen. Über Ausgleichszahlungen würde so ermöglicht, dass manche Länder eine höhere Anzahl Geflüchteter aufnehmen als andere – eine Lösung vereinbar mit dem europäischen Solidargedanken.

Denn: Aufoktroyierte Quoten, die Flüchtlinge in ein Land verteilen, in dem sie ebenso wenig willkommen sind, wie sie dort leben wollen, helfen niemandem. Menschen, die Tausende von Kilometern geflüchtet sind, um ihr Leben zu schützen, werden sich nicht in ein feindliches Umfeld stecken lassen. Mit hoher Wahrscheinlichkeit würden die Geflüchteten wieder flüchten, abermals mit ihrem vorherigen Ziel Deutschland. Bleiben die Menschen aber doch, ist schlechte Integration kaum zu verhindern und würde wohl eher zu einem weiteren Erstarken der Kräfte am rechten Rand führen. Dies darf nicht das Ergebnis der europäischen Migrationspolitik sein – es darf Ländern aber auch nicht als Ausrede dienen, sich einer Grundsolidarität zu verschließen. Ausgleichszahlungen sind daher der Ausweg.

Christian Dries

Wachstum der Angst
Eine Innenansicht aus dem wissenschaftlichen Hamsterrad

Es gibt in diesen Tagen durchaus drängendere Probleme. Wo Millionen vor Krieg und Verfolgung Zuflucht suchen, erscheint das chronische Lamento über den bedenklichen Zustand und die Zukunftsfähigkeit deutscher Universitäten ein Fall von Jammern auf höchstem Niveau. Soll man den anschwellenden Klageliedern über das drohende Ende einer einst so glanzvollen Institution, deren Humboldt'sche Grundverfassung einmal als Exportschlager galt, noch eine weitere Strophe hinzufügen? Nicht nur, aber vor allem aus Sicht des sogenannten „wissenschaftlichen Nachwuchses" lautet die Antwort: Man muss!

Schon immer war die akademische Karriere hochgradig prekär und wenig planbar, „eine Angelegenheit, die einfach Hazard ist", wie der Soziologe Max Weber 1919 in seinem berühmten Vortrag *Wissenschaft als Beruf* einer Schar junger Zuhörer ins Gewissen diktierte. Wer sich darauf einlässt, sollte wissen, was er tut und sich am Ende nicht beschweren, wenn trotz allen persönlichen Engagements aus dem beruflichen Glücks- ein existentielles Trauerspiel geworden ist. Doch auch wenn die wissenschaftliche Laufbahn an sich, philosophisch gesprochen „ihrem Wesen nach", mit größeren Stolpersteinen gepflastert sein mag als andere Wege zu sozialem Status und regelmäßigem Einkommen, folgt daraus nicht, die institutionellen und staatlich fixierten Rahmenbedingungen auszublenden, unter denen das akademische Karriere-Roulette stattfindet.

Dazu gehört zum Beispiel die unkontrollierte Explosion der Studierendenzahlen und der dahinter stehende, bis heute ungebrochene politische Wille — man könnte auch von blinder Sturheit sprechen —, möglichst viele Schulabgänger an die Hochschulen zu peitschen. Oder die chronische Unterfinanzierung der Universitäten, die stetig wachsenden „Studentenbergen" seit dem „Untertunnelungsbeschluss" von 1977 mit der gleichbleibenden, ja relativ gesehen sogar sinkenden Zahl an Planstellen begegnen müssen.

Für den „Nachwuchs" von zentraler Bedeutung ist daneben das sogenannte Wissenschaftszeitvertragsgesetzes (*WissZeitVG*) aus dem Jahr 2007 – eines der handwerklich schlechtesten, darüber hinaus frauen- und familienfeindlichsten Machwerke in der Geschichte der bundesdeutschen Legislative: Es dekretiert, dass nach insgesamt 12 Jahren Promotions- und Habilitationsphase im beruflichen Aus landet, wer es nicht auf eine feste Professur an einer Universität oder Fachhochschule geschafft hat. Er oder sie muss dann leider „verschrottet" werden. Der inzwischen verstorbene Historiker Hans-Ulrich Wehler fühlte sich bei dieser Wortwahl eines Ministerial-beamten des Bundesbildungsministeriums seinerzeit an „die menschenfeindliche Sprache des Reichssicherheitshauptamtes" erinnert.

Nun ist das Hochschulrahmengesetz kein rassistischer „Generalplan Ost", der im Nazi-Jargon die „Verschrottung" ganzer Ethnien vorsah. Etwas nüchterner betrachtet, handelt es sich beim *WissZeitVG* dennoch um nichts weniger als einen politisch motivierten, autoaggressiven Akt des Wissenschaftsstandorts Deutschland, eine gigantische Maßnahme zum strukturellen Abbau wissenschaftlicher Exzellenz. Um eine Analogie zu einem anderen innenpolitischen Krisenherd zu bilden: Während es der Bundeswehr an tüchtigem Gerät mangelt, das sie nicht selbst herstellt, wird an unseren Hochschulen tüchtiges und in langen Jahren kostspielig eigens ausgebildetes Personal mutwillig aussortiert, ins Exil der Forschungsinstitute oder auf den außerakademischen Arbeitsmarkt getrieben. Das ist so, als gäbe der Generalinspekteur der Bundeswehr den Auftrag, die noch einsatzbereiten Hubschrauber und Jagdflieger ebenfalls fluguntauglich zu machen, oder an Nachbarländer zu verhökern – und die besten Piloten gleich mit.

Der Ansatz des von Edelgard Bulmahn unter Rot-Grün initiierten, inzwischen mehrfach ergänzten und notdürftig reparierten Hochschulrahmengesetzes, die oft quälend lange und unwägbare akademische Qualifikationsphase im Interesse aller Beteiligten planbarer zu gestalten und vor allem abzukürzen, war wie so oft nicht schlecht. Allein, die Realität ist eine andere. Wer sich heute in das Wagnis Wissenschaft begibt, wird – im Gegensatz zur beinahe idyllisch anmutenden Qualifikationsphase der ihn oder sie betreuenden Professoren – vom Start weg mit einer absurden Fülle an

Erwartungen und Zusatzanforderungen konfrontiert. Nicht nur soll man sich mit einem auf drei Jahre befristeten Promotionsstipendium oder in derselben Zeit als Mitglied eines Graduiertenkollegs schon möglichst früh in der Lehre engagieren. Auch regelmäßige Kolloquien, Workshops, Vorträge, Konferenzteilnahmen und eine eigene Publikationsliste stehen auf der Agenda des Nachwuchses, idealerweise ergänzt um eine Tagungsorganisation, Drittmittelakquise inklusive, und das alles am besten transdisziplinär und international. Nicht zu vergessen die eigene mediale Selbstvermarktung qua Internetpräsenz und freier Redakteursarbeit. Moderne Wissenschaft „kommuniziert" schließlich ihre Ergebnisse auch außerhalb des klischeebewehrten Elfenbeinturms. Zeitraubende „Workshops" für gute Lehre (in denen man dann Kennenlernspiele probt, die Studierenden die Schamröte ins Gesicht trieben, setzte man sie in Seminaren tatsächlich ein), machen das Überforderungskarussell komplett.

Die *unhappy happy few*, die in diesem überhitzten akademischen Rennen eine mehr als drei Jahre dauernde Anstellung als wissenschaftliche Mitarbeiter ergattert haben, sind zudem meist noch für den täglichen Kampf mit den bürokratischen Monstren der Bachelor- und Masterstudiengänge verantwortlich. Ohne ihre Kärrnerarbeit in der akademischen Selbstverwaltung liefe im Alltagsbetrieb der meisten Institute und Seminare gar nichts – so wie bei ihren eigenen Qualifikationsarbeiten, die im Multitasking des gegenwärtigen akademischen Kapitalismus untergehen. Die vermeintlich üppige Frist von sechs Jahren erweist sich unter diesen Umständen schnell als ziemlich kurz.

Die vielleicht dramatischste Folge dieser Entwicklung ist kaum in Zahlen zu fassen. Dass immer mehr kluge Köpfe die Hochschule in Richtung Ausland oder attraktivere Berufsfelder verlassen, ist nur die eine Seite der Medaille. Weil zugleich die Zeit, die den Jungen für gediegene wissenschaftliche Forschung bleibt, immer knapper wird, verringert sich (vor allem in den notorisch leseintensiven und mußebedürftigen Geisteswissenschaften) beinahe zwangsläufig auch die Qualität der abgelieferten Forschungsarbeiten: Massen von Aufsätzen und Doktorarbeiten mit höchsten Ansprüchen, aber dürftigen Ergebnissen. Man könnte ein Gesetz daraus ableiten. Der tendenzielle Fall der akademischen Profitrate hat viele Facetten. Über eine Empirie, die kaum von Belang ist, wird mangels gründlicher Reflexion ein dünnes, aber möglichst exotisches Theoriesößchen gegossen. Statt eigener, mutiger Entwürfe, die auch scheitern können, bleibt man bei der gängigen Mode oder erfindet gleich das Rad neu: Körper, Raum, Zeit, Emotionen –, alles wird rhetorisch pompös zum zweiten Mal entdeckt, der *dernier cri* zum neuesten Paradigma oder wenigstens *turn* gepäppelt. Aus einer Nullinformation lassen sich im Stakkato zehn „Salami-Publikationen" herausschneiden, und jedes einmal im Studium belegte Seminar wird auf der eigenen Webseite prompt zum „Forschungsschwerpunkt" aufgeblasen.

Wen wundert's! Wer keine Zeit mehr hat, seiner wissenschaftlichen Intuition zu folgen, unausgegorene Gedanken reifen zu lassen und in einem, sei es noch so begrenzten Feld substanzielle Expertise zu erlangen, wird beinahe notwendig zum Blender. Weil ständig anderes dringlicher ist als das Wesentliche – die Erlangung neuer, fruchtbarer und inspirierender Erkenntnisse –, am Ende der befristeten Existenz aber das vertraglich fixierte berufliche Aus an der Universität steht, verfahren selbst die Besten der Besten nach der Devise „Augen zu und durch". Das funktioniert, indem man egoistisch nur das macht, was der eigenen Karriere bzw. ihrer möglichst raschen Überführung in den sicheren Hafen der Festanstellung dienlich ist. Zu kurz kommen dann z.B. die intensive Betreuung von Studierenden, ausgefeilte Seminare (das „Nachwuchsbecken" der Zukunft) oder auch die eigenen Kinder.

Am schlimmsten aber für die Betroffenen und die Wissenschaft sind die psychischen Effekte des Knebelinstruments *WissZeitVG*: Statt frei flottierender Neugierde und produktiver Muße regiert im Mittelbau die Angst, die bekanntlich nicht nur ein schlechter Ratgeber, sondern auch ein Ideenkiller ist. Angst rät zur Vorsicht, zum doppelt abgesicherten und x-mal verwursteten Einfall, zum angestrengten Schwimmen im moderaten Wellengang des Mainstreams. Weil publizierte Texte für unsereinen harte Währung sind, weil bessere Berufungschancen hat, wer mehr davon vorweisen kann – am besten auf Englisch und in angesehenen Fachzeitschriften –, simuliert das Heer der prekär beschäftigten Mittelbauer nonstop Produktivität, presst jeden halbwegs garen Gedanken aufs Papier und in die Journale – ein unablässiger, aus Karrieregründen forcierter publizistischer CO_2-Ausstoß, der nicht nur Studienanfängern den

Atem verschlägt und die Sicht auf das Wesentliche vernebelt. Kurzum: Wo die Angst wächst, gedeiht keine Wissenschaft. Forschung ist eine schöpferische Tätigkeit, kein Dienst nach Vorschrift, der sich im Galopp erledigen ließe. Wer die Existenzsorge zum gesetzlich zementierten Dauerbegleiter einer wissenschaftlichen Nachwuchslaufbahn macht, untergräbt daher das Fundament der Forschung.

Überall sonst auf dem gehobenen Arbeitsmarkt herrscht – zumindest in der Theorie und unter normalen gesamtwirtschaftlichen Rahmenbedingungen – das Prinzip Anerkennung gegen Leistung. Wer gute Arbeit liefert, wird in der Regel honoriert, sprich: befördert und besser alimentiert. Natürlich sieht die Praxis häufig anders aus. Und weil es heutzutage außerdem jeden und jede jederzeit treffen kann und alle unter erhöhtem Kündigungsdruck leiden, erscheint die Hochschulmisere auf den ersten Blick gering und die Klage der Betroffenen weinerlich. Gewiss wäre sogar mehr Wettbewerb und Leistungsorientierung an der ein oder anderen (vor allem beamtenrechtlich doppelt und dreifach abgesicherten) Stelle in den Universitäten nicht von Übel. Dass aber ausgerechnet die Hoffnung der Alma Mater auf Zukunft, auf frische Ideen und neue Forschungsansätze, in ihrer beruflichen Entwicklung schließlich und endlich nicht nach Leistung und Engagement, sondern mit Kalender und Stechuhr bewertet wird, lässt das hässliche Bild von der mutwilligen „Verschrottung" letztlich sehr plausibel erscheinen. Keine Firma der Welt könnte es sich erlauben, so ineffizient und zynisch mit ihren eigenen Nachwuchskräften umzugehen. Wäre die Universität ein Unternehmen, das Erfrischungsgetränke braut oder Autos verkauft, würde sich bald niemand mehr ernsthaft für ihre Stellenausschreibungen im unteren und mittleren Management interessieren.

„Karriere mit Zukunft" lautet ein Werbeslogan der Bundeswehr – angesichts ihrer partiell desolaten Verfassung ein großes Versprechen. Doch die Verantwortlichen zeigen sich aufgeschreckt. Über die fatale Lage des akademischen Nachwuchses hingegen scheint man sich weniger Sorgen zu machen. Die Folgen der unterlassenen bildungspolitischen Hilfeleistung für das kaputte Mittelbausystem sind jedoch schon jetzt gravierend. Daran kann auch die jüngste Novelle des Wissenschaftszeitvertragsgesetzes gegen das grassierende

Unwesen der Einjahresverträge wenig ändern. Besser wäre es, gänzlich neue Ideen für attraktive und vor allem planbare Mittelbaukarrieren auch jenseits der Professur zu entwickeln und anstelle der Zukunft junger Forscherinnen und Forscher endlich die „Missgeburt" (Wehler) des *WissZeitVG* zu verschrotten.

Möglichkeiten, alternative Karrierepfade anzulegen, hätte man allerdings auch im Rahmen des *WissZeitVG*. Zwar sollen Mitarbeiter nicht über die zweimal sechs Jahre ihrer beiden Qualifikationsphasen hinaus fest an Hochschulen beschäftigt werden. Die Entscheidung über eine Weiterbeschäftigung außerhalb dieser Frist überlässt das Gesetz jedoch ausdrücklich den Hochschulen selbst. Meist sind es nicht die Professoren, die sich gegen diese flexible Auslegung wehren, sondern die universitären Personalverwaltungen und Rechtsabteilungen – aus Sorge, wissenschaftliche Mitarbeiter könnten sich auf eine Dauerstelle einklagen. Die Angst, in diesem Fall vor den eigenen Beschäftigten, regiert auch hier. Wenn die viel beschworene Bildungsrepublik Deutschland eines Tages einmal Wirklichkeit werden soll, muss sie das unerträgliche Klima der Hetze, der Angst und des gegenseitigen Misstrauens beenden und ihrem akademischen Spitzenpersonal eine echte „Karriere mit Zukunft" bieten.

Anna Grear

'Growing Justice' –
An 'Anthropocene Meditation'[1]

'Growth' – as an economic goal – has long underwritten the trajectories implicated in the production of the climate crisis, and the neoliberal obsession with limitless growth is increasingly cited as being intensely problematic for a planet bounded by ecological limits.[2] Limitless growth increasingly seems to be a kind of insanity – a form of structural dissociative disorder – a pathology marked by convergences between ecocidal practices and forms of radical global unevenness.[3] In the so-called 'Anthropocene' epoch it seems essential – if the future is to be anything other than calamitous – to question the ideology of limitless growth.

The present reflection considers what it might mean to 'grow justice' rather than the neoliberal economy by addressing its attention foundational questions concerning the 'the human' in the Anthropocene context. How might the 'human' be reimagined? How might the human be resituated – moved from the centre? What if the entire subject-object order assumed by the conventional juridical and economic imaginary were to be replaced by a radically *de-centred* onto-epistemology? What might it mean to replace the all-knowing epistemic master-subject at 'the centre' with radical epistemic humility reflecting a shifting range of mutable subject positions? What would it

---

[1] The present reflection draws in part on earlier work: A. Grear, 'Deconstructing *Anthropos*: A Critical Legal Reflection on "Anthropocentric" Law and Anthropocene "Humanity"' (2015) 26/3 *Law and Critique* 225-249; A. Grear, 'Towards a New Horizon: In Search of a New Social and Juridical Imaginary' in A. Grear, *Human Rights and the Environment: In Search of a New Relationship* (2013) 3/5 *Onati Socio-Legal Series* 966-990.

[2] See J. Rockström et. al., 'Planetary Boundaries: Exploring the Safe Operating Space for Humanity' (2009) 14(2) *Ecology and Society* 32; M. Koch, Capitalism and Climate Change: Theoretical Discussion, Historical Development and Policy Responses (Palgrave Macmillan, Basingstoke 2012); P. Newell and M. Paterson, Climate Capitalism: Global Warming and the Transformation of the Global Economy (Cambridge University Press, Cambridge 2010).

[3] R. Radhakrishnan, *Theory in an Uneven World* (Oxford, Blackwell 2003).

mean, instead of living as if humans are amputated from the rest of the living order, to live from a sense of kinship between the human and non-human elements of a world freshly charged with lively significance? The present meditation proceeds by offering a set of three related reflections, informed by such questions and concerns: 'An Anthropocene Problematic'; 'Flesh of my Flesh'; 'Eco-Humanity and Agential Materiality'. The meditation ends by offering some final reflections on 'growing justice'.

Re-situating 'the Human' I: An Anthropocene Problematic

There is much talk lately of a new 'human' geological epoch: the so-called 'Anthropocene'. 'The Anthropocene' is a term the etymology and meaning of which draws on a convergence between the activities of *anthropos* ('human being'/'man') and the emergence of a new geological era (*kainos* ('new'/'current')).[4] It is an epoch characterized, above all else, by 'large-scale human modification of the Earth System, primarily in the form of climate change, the most salient and perilous transgression of Holocene parameters'[5] – and by the '[catapulting of] the human species to full spectrum dominance'.[6] According to Crutzen, one of those first popularizing the terminology of the Anthropocene, the epoch was triggered by 'human' industrial impacts upon the biosphere. Crutzen argues that

> [c]onsidering these and many other major and still growing impacts of human activities on earth and atmosphere, and at all, including global scales, it is thus more than appropriate to emphasise the central role of mankind in geology and ecology by using the term 'Anthropocene' for the current geological epoch.[7]

Here, 'mankind' (Crutzen's term) is portrayed as a Promethean force forging the planetary geological present and a future locked in by 'current human activities' the impact of which is 'projected to last over very long periods'.[8] The Anthropocene can thus be read as an

---

[4] Paul J. Crutzen, 'Geology of Mankind' (2002) 23 *Nature* 415.
[5] A. Malm and A. Horborg, 'The Geology of Mankind? A Critique of the Anthropocene Narrative' (2014) 1/1 *The Anthropocene Review* 62–69 at 63.
[6] Ibid, at 63.
[7] Paul J. Crutzen, 'The Anthropocene' in E. Ehlers and T. Krafft, *Earth System Science in the Anthropocene* (Berlin and Heidelberg: Springer, 2006) 13-18 at 16.
[8] Crutzen, ibid.

epoch expressing the culmination of an underlying logic – as an *apotheosis.*

The 'standard Anthropocene narrative'[9] locates the genesis of the Anthropocene firmly in the Industrial Revolution – and in particular – the invention of steam technology. Crutzen argues that the dating of the first signs of the Anthropocene's emergence '[coincide] with James Watt's invention of the steam engine in 1782'[10] – a suggestion that has 'stuck: in the burgeoning literature on the Anthropocene, the steam-engine is often referred to as the one artifact that unlocked the potentials of fossil fuel energy and thereby catapulted the human species to full spectrum dominance'.[11]

For Crutzen, as for many others, there is now a corresponding Anthropocene responsibility placed upon the human species to act in the face of a now clearly looming global climate crisis.[12] Yet, is it safe to accept the notion of Anthropocene responsibility *as if* there is a straightforward *species*-being for such responsibility to address? Who/what, precisely, *is the anthropos* of the Anthropocene? Does not the Anthropocene – in any case – at least on the dominant account of its emergence, reflect a peculiarly Eurocentric notion of 'mankind'?

Such questions reflect an important suspicion. The suspicion is that the emergence of the 'Anthropocene' and climate change as its clearest symptomatic marker reflects *a crisis of human hierarchy* such that the dominant discourse of the Anthropocene runs the risk of re-embedding the very hierarchical trajectories that gave rise to the crisis in the first place.

The relationship between questions of human hierarchy and the designation of 'Anthropocene humanity' has not gone entirely unaddressed by critical thinkers. As Malm and Hornborg note, Chakrabarty has made the most notable intervention in the Anthropocene debate from a critical theory standpoint.[13] Chakrabarty is concerned with how the Anthropocene crisis of climate change 'appeals to our sense of human universals while challenging at the

---

[9] Malm and Hornborg, n 5 above, at 63.

[10] Ibid.

[11] Ibid.

[12] Crutzen, n 4 above.

[13] Malm and Hornborg, n 5 above at 5, referring to D Chakrabarty, 'The Climate of history: Four theses' (2009) 35 *Critical Inquiry* 35: 197–222.

same time our capacity for historical understanding'.[14] Humans, Chakrabarty notes, are now 'something much larger than the simple biological agent that he or she always has been. Humans now wield a geological force'.[15] Putting aside the uneasy tension in this statement between individual gendered humans and humanity as a collective, it is apparent that Chakrabarty claims that the climate crisis appeals to our sense of human universals notwithstanding the value and importance of a critical hermeneutics of suspicion.[16] Addressing the Anthropocene species-agent (and alive to whether it is fair to include the 'poor of the world', whose carbon footprint is small, in the notion of responsibility for the epoch's genesis[17]) Chakrabarty insists that climate change – unlike the crisis of capitalism – *does* invite a role for the universal human species agent. This is because, Chakrabarty argues, '[u]nlike in the crises of capitalism, there are *no lifeboats here for the rich and the privileged* (witness the drought in Australia or recent fires in the wealthy neighborhoods of California)'.[18] Chakrabarty's logic thus asserts an ultimate commonality of predicament as a reason for placing an Anthropocene limit – as it were – on the hermeneutics of suspicion. While such hermeneutics remain 'an effective critical tool in dealing with national and global formations of domination',19 such an approach is inadequate to the crisis of climate change. This, Chakrabarty argues, is for two main reasons: first, because the longstanding wall between natural and human history is breached by the emergence of the Anthropocene, and secondly, because 'inchoate figures of us all and other imaginings of humanity invariably haunt our sense of the current crisis': In the Anthropocene 'we appear to have become one at the level of the species',20 and there is a role for a new human universal born of the 'emergent, new universal history of humans that flashes up in the moment of danger that is climate change'.21 This is, Chakrabarty insists,

---

[14] D Chakrabarty, 'The Climate of history: Four theses' (2009) 35 *Critical Inquiry* 35: 197, at 201.
[15] Ibid, at 206.
[16] Ibid, 221.
[17] Ibid, 217.
[18] Ibid, 221. Emphasis added.
[19] Ibid.
[20] Ibid.
[21] Ibid.

a question of a human collectivity, an us, pointing to a figure of the universal that escapes our capacity to experience the world. It is more like a universal that arises from a shared sense of a catastrophe. It calls for a global approach to politics without the myth of a global identity, for, unlike a Hegelian universal, it cannot subsume particularities. We may provisionally call it a 'negative universal history'.[22]

This is a powerful idea. However, the question of hierarchy and unevenness of situation cannot be pressed aside. First, it is important to ask the question, with Braidotti, of whether it is 'risky to accept the construction of a negative formation of humanity as a category that stretches to all human beings, *all other differences notwithstanding*'.[23] Secondly, it is evident that while the climate catastrophe may be common – it also remains intransigently uneven[24] – along familiar, patterned and entirely predictable lines.[25] Chakrabarty's negative universalism runs the risk of subsuming important differences *within* the climate crisis. Malm and Hornborg, for example, directly challenge Chakrabarty's claim that there are 'no lifeboats here for the rich and privileged'. This, Malm and Hornborg point out,

> blatantly overlooks the realities of differentiated vulnerability on all scales of human society: witness Katrina in black and white neighborhoods of New Orleans, or Sandy in Haiti and Manhattan, or sea level rise in Bangladesh and the Netherlands, or practically any other impact, direct or indirect, of climate change. For the foreseeable future – indeed, as long as there are human societies on Earth – there *will* be lifeboats for the rich and privileged. If climate change represents a form of apocalypse, it is not universal, but uneven and combined: the species is as much an abstraction at the end of the line as at the source.[26]

---

[22] Ibid, 222.

[23] R Braidotti, *The Posthuman* (Cambridge: Polity, 2013) at 88. Emphasis original.

[24] JT Roberts, 'Global Inequality and Climate Change' (2001) 14/6 *Society and Natural Resources: An International Journal* 501-509.

[25] A Grear, 'Towards 'Climate Justice'? A critical reflection on legal subjectivity and climate injustice: Warning signals, patterned hierarchies, directions for future law and policy' (2014) Special Edition *Journal of Human Rights and the Environment* 103-133; L Westra and BE Lawson, *Faces of Environmental Racism: Confronting Issues of Global Justice* (Oxford, Rowman and Littlefield 2001).

[26] Malm and Hornborg, above n 5 at 67. Here the authors cite A Malm, 'Sea wall politics: Uneven and combined protection of the Nile Delta coastline in the face of sea level rise' (2013) 39 *Critical Sociology* 803–832; A Malm and S Esmailian, 'Ways in and out of vulnerability to climate change: Abandoning the Mubarak Project in the northern Nile Delta Egypt' (2012) 45 *Antipode* 474–492.

And why – in any case – is there reason to think that the patterns of predation, privilege, centrality and marginalization so thoroughly implicated in the genesis of industrialization and the rise of the Global North would be so easily pressed aside in the Anthropocene? Industrialization – the root of the Anthropocene on the dominant account – was itself, as Malm and Hornborg note, fundamentally exclusory, and intimately related to European capitalist colonialism abroad and class exploitation 'at home':

> A scrutiny of the transition to fossil fuels in 19th-century Britain . . . reveals the extent to which the historical origins of anthropogenic climate change were predicated on highly inequitable global processes from the start. The rationale for investing in steam technology at this time was geared to the opportunities provided by the constellation of a largely depopulated New World, Afro-American slavery, the exploitation of British labour in factories and mines, and the global demand for inexpensive cotton cloth. Steam-engines were not adopted by some natural-born deputies of the human species: by the nature of the social order of things, they could only be installed by the owners of the means of production. A tiny minority even in Britain, this class of people comprised an infinitesimal fraction of the population of *Homo sapiens* in the early 19th century. Indeed, a clique of white British men literally pointed steam-power as a weapon – on sea and land, boats and rails – against the best part of humankind, from the Niger delta to the Yangzi delta, the Levant to Latin America. Capitalists in a small corner of the Western world invested in steam, laying the foundation stone for the fossil economy: at no moment did the species vote for it either with feet or ballots … .[27]

The genesis of the Anthropocene crisis reflects the very dynamics that explain the radical structural unevenness characterizing the contemporary international legal order. This is an order so pathologically uneven in its distribution of vulnerability[28] that it is impossible to deny that the species is 'as much an abstraction at the end of the line as at the source'.[29] And the roots of that unevenness lie precisely in the industrial colonial impulses as the heart of the dominant Anthropocene narrative. Anghie, in *Imperialism, Sovereignty and the Making of International Law*[30] exposes the foundations of the

---

[27] Malm and Horborg, above n 5, at 63-64.

[28] Radhakrishan, above n 3; P Kirby, *Vulnerability and Violence: The Impact of Globalisation* (London, Ann Arbor: Pluto Press, 2006).

[29] Malm and Hornborg, above n 5 at 67.

[30] A. Anghie, *Imperialism, Sovereignty and the Making of International Law* (Cambridge: CUP, 2005).

international legal order and their dependency on the ambitions of Northern states for 'natural resources' to feed their increasingly industrialized social order.[31] European (and then Western) resource-predation has decisively shaped the modern international legal order, and the 'importance of raw materials to the global economy was always well understood by the more powerful States'.[32] Colonial 'imperial expansion was powerfully motivated by the desire of colonial states to exploit the resources of non-European territories'[33] and 'Western trading and mining companies' acquired 'extraordinarily favourable' terms in the nascent system of colonial state relations.[34] So embedded are these structural inequalities of international law that Simons has argued that the entire *purpose* of international law 'that was developed in the context of the colonial and post-colonial eras was precisely the promotion and protection of economic interests of the North'.[35] It is hardly surprising then, that the entire global system is predicated on highly uneven processes that have become even more entrenched in the era of neoliberal globalization.

Globalization is characterized by the increased complexity and intensification of global transnational flows, a widening global gap between the richest and the poor, the emergence of new anxieties about global security and international terrorism post 9/11, the privatization of organized violence, escalating violence and deepening vulnerability.[36] It is also characterized by a disorientating 'rush of products, ideas, persons and money [stimulated by] jet transportation, electronic telecommunication, massive decolonization and extensive computerization',[37] techno-science (including bio-technologies and nanotechnology) and – *above all* – by extensive financialization,

---

[31] Ibid, at 211.
[32] Ibid at 212.
[33] Ibid at 211.
[34] Ibid.
[35] P. Simons, 'International Law's invisible hand and the future of corporate accountability for violations of human rights' (2013) 3/1 *Journal of Human Rights and the Environment* 5-43 at 21.
[36] Kirby, above n 28.
[37] T.W. Luke, 'New World Order or Neo-World Orders: Power, Politics and Ideology in Informationalizing Glocalities'(1995) 91 *Global Modernities* at 99-100, cited by R. McCorquodale and R. Fairbrother, 'Globalization and Human Rights' (1999) 21 *Human Rights Quarterly* 735-766 at 738.

marketization, commodification (including of nature[38]) and the directly related neocolonial ascendency of transnational corporations (TNCs[39]) as the '*key agents*' of the economic and juridical order.[40] Even those strategies designed to preserve natural systems and biodiversity and/or to avoid the most calamitous levels of carbon emissions are intensely locked in to corporation-friendly market-based approaches that financialize and commodify the living order itself.[41]

Indeed, so sustained are the economic patterns of earlier colonial hegemony notwithstanding decolonization movements that Gill has argued that the worldwide amendment of old constitutions and the formation of new ones under the influence of the International Monetary Fund, the World Bank and other institutional agencies of global capitalism, amounts to the construction of a '*de facto* constitution for global capital*' operative in a range of contexts: international, regional and national.[42] And while hegemonic capitalist global political economy is not unopposed by countervailing conceptions,[43] the sheer intensification of global corporate dominance has produced a situation in which no legal and governance structures retain much – if any – genuine critical distance from the neocolonial

[38] C. Corson and K.I. MacDonald, 'Enclosing the global commons: The convention on biological diversity and green grabbing' (2012) 39/2 *The Journal of Peasant Studies* 263-283.

[39] Paragraph 20 of the UN Document 'Norms on the Responsibilities of Transnational Corporations and other Business Enterprises with regard to Human Rights' (2003) UN doc E/CN/.4/Sub.2/2003/12/Rev.2 defines a TNC as 'an economic entity operating in more than one country or a cluster of economic entities operating in two or more countries – whatever their legal form, whether in their home country or country of activity, and whether taken individually or collectively'.

[40] B. De Sousa Santos, *Toward a New Legal Common Sense: Law, Globalization and Emancipation* (London: Butterworths, 2002) at 167. Emphasis added.

[41] T.W. Luke, 'On Environmentality: Geo-Power and Eco-knowledge in Discourses of Contemporary Environmentalism' (1995) 31/2 *The Politics of Systems and Environments* 57-81.

[42] S. Gill, 'Constitutionalizing Inequality and the Clash of Globalizations' (2002) 4 *International Studies Review* 47-65 at 49. Gill writes, '[a]s I conducted research, I realized the scale of the historical experiment under way, particularly in the former East bloc and the former Soviet Union, and how this was associated with the new constitutionalism. It also was linked to the "great transformation" in the Third World, where, following the debt crisis, in many nations there was a shift away from state-mercantilist economic development toward what Latin Americans call *neoliberalismo*' (ibid). All these constitutional amendments amount to the 'institutionalization of a framework of constitutional constraints theoretically designed to maximize the efficiency of . . . global capitalism' (ibid).

[43] See, for example, the conception of 'counter-hegemonic globalisation' offered by De Sousa Santos, above n 40.

activities of global capital. Beck characterizes contemporary globalization as 'one of the most important changes there has been in the history of power'[44] – a complex set of shifts and struggles in which TNCs have emerged as 'private sector *quasi-states*'.[45] Perhaps it is unsurprising that despite all the theoretical complexity and variation in scholarly understandings of globalization, the one thing that scholars of the global political economy agree on '… regardless of their disciplinary, analytic or ideological inclinations … [is the fact that] corporate global rule is already here'.[46]

The extent of *de jure* and *de facto* TNC power – and the hegemonic tendencies of neoliberal governmentality suffusing mainstream attempts to steer off climate and environmental crisis, underline, if anything, the continued salience of paying attention to radical inequality *within* the climate crisis (and not simply in its industrial colonial origins). Not only is there, at the heart of the standard account of Anthropocene, an identifiable, highly selective, group of dominant humans but the patterns established by Eurocentric industrialization and colonialism still emerge in the predictable unevenness of the contemporary global juridical order – an order rightly described by Radhakrishnan as being *pathological*.[47]

If the universal still requires a high degree of hermeneutical suspicion, how might we begin to re-imagine the human and to 'grow justice'?

Re-situating the Human II: 'Flesh of my Flesh'

At the heart of Chakrabarty's new negative human universal is an important attempt to appeal to a shared sense of situatedness summoned by the planetary scale of the climate crisis. While it seems important not to lay aside the hermeneutics of suspicion concerning the construction of an Anthropocene universal *all other differences notwithstanding*, there remains, nonetheless, a sense in which the *aspiration* for 'a shared sense of catastrophe' might yet carry the seeds

---

[44] U. Beck, *Power in the Global Age*, (Cambridge, Polity Press 2005/2006) at 52.

[45] Ibid, at 75.

[46] See R. Shamir, 'Corporate Social Responsibility: A Case of Hegemony and Counter-Hegemony' in B de Sousa Santos and CA Rodrigues-Garavito (eds.) *Law and Globalisation from Below: Towards a Cosmopolitan Legality* (Cambridge, Cambridge University Press 2005) 92-117 at 92.

[47] Radhakrishan, above n 3.

of a re-imagination of the human. And any such reimagination – I suggest – should first explicitly understand the human as *corporeal* – as *flesh*.

'Flesh' as a figuration is a concept closely associated with Merleau-Ponty's insistence that there is a 'natal pact between our body and the world, between ourselves and our body'.[48] Completely rejecting the ontological separation of body and mind characterizing the traditional Cartesian view of reality (which underpins capitalist coloniality and neoliberal *homo economicus* alike) Merleau-Ponty, addressing perception as the foundation of knowledge, insists that the 'body is in the world as the heart is in the organism: it keeps the visible spectacle constantly alive, it breaths life into it and sustains it inwardly, and with it forms a system'.[49] Perception is a quintessentially 'practical relationship to and involvement in the world'[50] arising from an intimate bodily continuity – a fleshy intimacy that takes place at a level below the threshold of conscious awareness. This intimate continuity, moreover, 'means that [the body] is part of a single reversible fabric or flesh'.[51] Adams argues that Merleau-Ponty's view of the lived body is that it is naturally '"ethesiological" – sensing, feeling, libidinal, erotic, desiring, empathic. Spontaneously, "[t]he body asks for something other than ... its relations with itself'.[52] And, indeed, for Merleau-Ponty intercorporeality is 'intrinsic to the very structure of subjectivity and lived reality'.[53]

The 'flesh' is explored most fully in Merleau-Ponty's later work, *The Visible and the Invisible*, [54] particularly in his chapter on 'The

---

[48] M. Merleau-Ponty, 'An Unpublished Text by Maurice Merleau-Ponty: A Prospectus of His Work' in M. Merleau-Ponty (J.M. Edie (ed)), *The Primacy of Perception* (Evanston, Illinois: Northwestern University Press, 1964) at 6.

[49] M. Merleau-Ponty, *Phenomenology of Perception*, (London: Routledge Classics, 2002) (First published by Routledge and Kegan Paul, 1962) at 235.

[50] S.J. Williams and G. Bendelow, *The Lived Body: Sociological Themes, Embodied Issues* (London: Routledge, 1998) at 53.

[51] Ibid.

[52] W.W. Adams, 'The Primacy of Interrelating: Practicing Ecological Psychology with Buber, Levinas and Merleau-Ponty' (2007) 38 *Journal of Phenomenological Psychology* 24-61 at 40, citing M. Merleau-Ponty, *Nature: Course Notes from the College de France* (R. Vallier, trans) (Evanston, Illinois: Northwestern University Press, 2003) at 210 and 225.

[53] Adams, above n 52, at 40.

[54] M. Merleau-Ponty, *The Visible and the Invisible* (J.M. Edie, Ed) (Northwestern University Press, 1968).

Intertwining – the Chiasm'. Enlarging on the nature of 'flesh', Merleau-Ponty suggests that it is 'a sort of incarnate principle that brings a style of being wherever there is a fragment of being'.[55] Adams remarks that this style of being is 'a dynamic happening or transpiring or presencing – or ... a process of interrelating'.[56] And since the flesh is a radically non-dual reversible interpermeation of self and world, 'intersubjectivity ... is carnal through and through, forged as it is by the intercorporeal relations of sentient body-subjects and their primordial bonds with a common reversible world'.[57]

The phrase 'flesh of my flesh', however, is not taken from Merleau-Ponty. As readers may recognize, it is from the Book of Genesis – a book most commonly associated in ecological discourse with the destructive myth of human mastery lying at the root of the long developmental arc terminating in the Anthropocene. (Indeed, Francis Bacon famously used a particular reading of the Genesis account to inaugurate the trajectories leading to what Merchant calls 'the death of nature'.[58]) Yet an altogether alternative reading of Genesis – and in this particular instance, the phrase 'flesh of my flesh' is available – one that resonates with the radical intercorporeality at the heart of Merleau-Ponty's account. 'Flesh of my flesh, bone of my bones!' is taken from the Genesis account of human origin and is the heart-cry uttered when 'Adam' first sees 'Eve' (often called 'the first woman'). This cry is often read as a cry of relief issuing from a masterful but lonely Adam, the dominant pinnacle of creation lacking a mate with whom to share 'his' world of plants and animals. Yet, on further examination, this heart cry can be reinterpreted and used to encapsulate a future-facing and urgently necessary Anthropocene cry of kin-recognition addressed to living materiality itself. Such recognition, to be explored further below, is, I suggest, now fundamental to the task of 'growing justice'.

Adam's is a gut-cry. It arises from the intestinal depths of an irreducible *'body-of-my-body'* knowing. A brief reflection on the

---

[55] Ibid, at 139.

[56] Adams, above n 52, at 43.

[57] Williams and Bendelow, above n 50 at 53, emphasis removed.

[58] See F. Bacon, 'De Augmentis', *Works,* volume 4, as cited by C. Merchant, 'The Death of Nature' in M.E. Zimmerman, *Environmental Philosophy: From Animal Rights to Ecology* (New Jersey: Prentice Hall, 1998) 277-290.

language in Genesis about the nature of the human 'flesh' that cries out, moreover, suggests the more radical eco-implications of this heart cry and its potential as a *cri de coeur* for growing justice in the Anthropocene.

The first human being created in the Genesis account is referred to as '*Adamah*'.[59] As Benner points out, this is the Hebrew word אדמה, which is the feminine form of אדם meaning 'ground' or 'earth'. *Adamah* is literally, materially, flesh *of* 'earth', formed of the very soil. In *Adamah*, Earth and humanity are *inter-materially* one – the Earth the living materiality of which *Adamah* is formed. The name *Adam* derives from the intimately related word דם meaning 'blood'. 'Blood', in a wonderful semiotic reflexivity, is also the parent root of the word for 'ground'.[60] Thus, materio-semiotically, humanity, blood and ground are interwoven – signaling a powerful primordial identity between humanity and planet: humans are, incontrovertibly on this account, *earthlings*.

The heart cry 'flesh of my flesh', when read in the light of such an exegisis and folded through the intercorporeality of Merleau-Ponty's account of 'flesh', opens out into a radically *eco-humane* cry endorsing an emphatically post-Cartesian ontology. These are words of recognition for a being *of the earth* – words expressing, because of the nature of the flesh itself, the vital natal pact between bodies of all kinds: soils, air currents, waters, humans, animals, plants, microbes and so forth. Accordingly, the cry 'flesh of my flesh' can now be read – and deliberately deployed – as a *cri de coeur* calling for the kinship recognition of living materiality so urgent for growing justice in the 21st century and beyond.

Re-situating the Human III: Eco-Humanity and Agential Materiality

'Flesh of my flesh', as we have seen, can be deployed as a provocation to signal the need for an ethical awakening fundamental to re-situating the human in the midst of a lively ontology rather than at the centre of an 'environment' acted upon as mere *res extensa*. Nowhere is such a new awakening more challenging to the core closures of the

---

[59] Genesis Chapter 2, verse 7.
[60] J. Benner, 'Name of the Month: Adam' http://www.ancient-hebrew.org/emagazine /001.html <last accessed 18 December 2015>.

Cartesian worldview underlying unbridled economic dominance than in new materialist philosophy. Coole and Frost rightly argue that new materialism is 'nothing less than a challenge to some of the most basic assumptions that have underpinned the modern world, including its normative sense of the human and its beliefs about human agency, ... [and] material practices such as the ways we labor on, exploit and interact with nature'.[61] Indeed, the distinctively 21st century convergence of complexities in which Anthropocene crisis discourse now rises to prominence forces a reevaluation of materiality – and reveals the implausibility of clinging to Cartesian assumptions. As Coole and Frost point out, climate change, population displacements, biotechnologies (GMOs, bio-engineering, new medical technologies, genetic recombination, shared genetic materiality, etc.), instantaneous algorithm-driven global capital flows, rapidly evolving artificial and robotic intelligences and the saturation of contemporary life in digitalization and virtual technologies force into view the fact that materialization is 'a complex, pluralistic, relatively open process' in which 'humans . . . [are] thoroughly immersed'.[62] Matter, in other words, far from being inert Cartesian *res extensa*, has its own lively agencies: 'its own modes of self-transformation, self-organization and directedness' – and these characteristics necessarily thoroughly 'disturb the conventional sense that agents are exclusively humans who possess cognitive abilities, intentionality and freedom to make autonomous decisions and the corollary presumption that humans have the right or ability to master nature'.[63] The pre-existent, fully formed subject that the figure of Anthropos assumes is exposed as the oppressive illusion it always was, and the assumed subject-object relations and fixed ontological boundaries that shored up masterful Eurocentric 'mankind' simply dissolve.

How then, to respond? How, in the light of this destabilization of old false certainties, might justice be grown?

Perhaps the first step is to acknowledge the disappearance of 'the centre' so long commandeered by the Anthropos and its

---

[61] D. Coole and S. Frost (eds.), *New Materialisms: Ontology, Agency and Politics* (Durham: Duke University Press, 2010) at 4.

[62] Ibid, at 7.

[63] Ibid, at 10.

epistemology of mastery.[64] Humans are – as Philippopoulos-Mihalopoulos has put it – 'thrown' into 'the middle' (or, better, the midst of) a radically open ontology.[65] There is *no centre to occupy*. What is real turns out to be the 'fleshy' chiasmic (to recall Merleau-Ponty) ontological plane where forces of lively materialities operate in an entanglement of multiple bodies across multiple scales. To accept this is to reposition the human and means that the privileged human autonomous subject assumed by Anthropocene origin-discourse and the logics of Eurocentric colonialism and industrialization can no longer hold.

Secondly, given the generative pluralities of sites and nodes of lively materiality, it makes infinitely more sense, as Barad has argued, to eschew a stable subject-object division. There are, Barad insists, no 'natural, pure and innocent separations [but this is not to reach] for the rapid dissolution of boundaries'.[66] It is possible to reject ontological fixity and yet retain the meaning-making function of boundary drawing: *divergence* is not ruled out. But an important, world-reordering shift is achieved, for the abandonment of 'the centre' means becoming epistemically humble: speaking for purposes, in contexts, not about the interaction of separate entities but about '*differential* patterns of matter*ing* ("diffraction patterns")'.[67] The divergences that emerge (what Barad calls 'agential separability') do not suppose – or produce – absolute separation.[68]

New materialist accounts such as Barad's resituate humans as partners in intelligent and sensitive (sensing) engagements, in 'world-making entanglements', in 'material-semiotic nodes or knots in which diverse bodies and meanings coshape one another'.[69] The factity of co-constitution – the sense in which materiality is folded in multiple

---

[64] L. Code, *Ecological Thinking: The Politics of Epistemic Location* (Oxford: OUP, 2006).

[65] A. Philippopoulos-Mihalopoulos, 'Towards a Critical Environmental Law', in A Philippopoulos-Mihalopous (ed.), *Law and Ecology: New Environmental Foundations* (Abingdon: Routledge (2011) 18-38; A. Philippopoulos-Mihalopoulos, '… the sound of a breaking string': critical environmental law and ontological vulnerability' (2011) 2/1 *Journal of Human Rights and the Environment* 5-22.

[66] K. Barad, *Meeting the Universe Halfway: Quantum Physics and the Entanglement of Matter and Meaning* (Durham, N.C. and London: Duke University Press, 2007) Kin.Loc 187.

[67] Ibid, Kin.Loc 2810.

[68] See ibid, Kin.Loc 1863-1902 for a diagrammatic representation of Barad's onto-epistemological positions.

[69] D. Haraway, *When Species Meet* (Minnesota: University of Minnesota Press, 2008) at 4.

dynamic, porous flows and intensities – points to the fact that the sense of the 'human' becomes a question of continuously emergent engagements in which the search for the meaning of the human itself, in any context, is a collaborative, situated materio-semiotic endeavour. Growing justice in the Anthropocene requires a profound sense of human immersion in a lively world of generative materiality – a new form of radical, fleshly commonality that reflects natal bonds between humans and between humans and multiple forms of living agency – and requires humility. And it remains imperative, in the light of the *patterns* of *uneven* situatedness to retain a profound suspicion concerning the construction of commonalities and to remember that all life forms remain potentially oppressed by selective intensifications of ontic vulnerability. This includes, for humans and others, differential positioning both chosen *and imposed* – and radically uneven distributions of precarity and privilege. New materialist onto-epistemology, if anything, renews ethics, for there is, as Barad insists, a profound responsibility 'for the fact that our practices *matter*'.[70] 'Growing justice' will thus require far closer attention to lively materialities and their multiple forms of distinctiveness – *and centrally* – calls for the re-imagination of the 'situation of the human in a more-than-human world'.[71]

A focus on how bodies of *all kinds* affect each other suggests the continuing urgency of critique. Dense orders of power, differing levels of access to decisional agency, and multiple sites of exclusion and marginalization gain renewed material significance. New questions of justice and injustice seem to multiply: Who, for example, is the 'we' at stake when new biotechnological developments produce technology *as regulation* inscribed into the very physical structure of plants?[72] Who is the 'we' produced by new medical, genetic and cybernetic advances? How do capital flows and globalized market processes interact with new technological facility for the diffusion of 'bodies' of various kinds into genetic information? And so on.

---

[70] Barad, above n 66, Kin.Loc 1891, emphasis added.

[71] A. Neimanis, 'Alongside the right to water, a posthumanist feminist imaginary' (2014) 5/1 *Journal of Human Rights and the Environment* 5-24, at 14.

[72] A. Pottage, 'Biotechnology as environmental regulation' in A. Philippopoulos-Mihalopoulos (ed.) *Law and Ecology: New Environmental Foundations* (Oxford: Routledge/Glasshouse, 2011) 105-125.

New materialism throws 'us' more deeply into a porous, chiasmic world of 'flesh' in which intercorporeality remains marked by complex plays of forces in which patterned and predictable injustices are constantly re-iterated. Familiar questions of injustice, in short, do not diminish in the face of new materialist complexities. And this includes central questions of the Anthropocene and matters of human technological hubris: what, for example, to make of the implications of new technologies placing some humans in a position to quite literally change the structure of the living world? Who, precisely, is putting 'Mother Nature on the Run in the 21ˢᵗ Century'[73] – for whose benefit and at whose cost? If anything, in the face of the Anthropocene, the need for suspicion is more important than ever: *so much more is at stake* – and the frame of attention must now expand to interrogate the actions of bodies of all kinds – including our own – on affectable bodies of all kinds. All bodies – no matter what kind of living assemblage they constitute – must be embraced by the attentive gaze of those who understand all life on Earth to be 'flesh of my flesh'.

Growing Justice

What, in practical terms, do such reflections imply? As noted above, the first thing required is a conscious sense of epistemic humility. Embracing the energies of the in-the-midst-of requires new modes of learning, new ways of hearing and engagement responsive to open-ended thought categories, percept ambiguity, situatedness and the 'politics of epistemic location'.[74] Secondly, justice praxis for the Anthropocene epoch will require the solemn realization that the forces at play still include those historical and contemporary energies productive of the patterned and predictable injustices arising from Anthropos-centred actions on 'nature'. These forces necessarily include the legitimated forms of predation marking the neoliberal global order and the uneven distribution of vulnerability in the face of the Anthropocene climate crisis. Praxis must never case to engage

---

[73] R.G. Lee, 'Look at Mother Nature on the Run in the Twenty-First Century: Responsibility, Research and Innovation' (2012) 1(1) *Transnational Environmental Law* 105-117.
[74] Code, above n 64.

with the fact that the 21st century world remains an emphatically uneven one.

Growing justice, then, requires throwing off the shackles of the epistemology of the centre. It requires the multiplication of sites and modes of knowing. It requires practical engagements responding to the lively generativity of intercorporeality itself.

The most promising sites at which such practical engagements are developing are commoning networks and communities all over the world.[75] In commoning practices, the resituating of the human works itself out in a radical reordering of modes of social organisation – returning, in some cases, to older, pre-market enclosure socio-normative patterns around shared physical locations, and in others, evolving new diffuse networked relations of internet and digital sharing. In commoning, a new way of being is given expression: Weber argues that the 'commons describes an ontology of relations that is at the same time existential, economic and ecological'.[76] 'As a philosophy and practice', he argues, 'commoning considers the coexistence of living things on this planet as a joint, creative process ... Thinking in the categories of the commons actualizes an ontology that, while not fundamentally new in Western thinking, has been underestimated and suppressed for a long time'.[77] A commons, Weber explains, 'is a way of entering into relationships with the world, both materially and conceptually ... it fuses theory and practice as one. Principles of acting are embedded in concrete, situational processes of conflict, negotiation and cooperation, which in turn alter reality and generate new situations'.[78] These new situations include a wide range of non-state normativities – or what Weston and Bollier call forms of 'vernacular law': forms of law forged in responsiveness to grassroots commoning dynamics, activisms and self-organized local governance structures – all of which will be in some sense the informal product of

---

[75] For an introduction, see D. Bollier's book, *Think Like a Commoner: A Short Introduction to the Life of the Commons* (New Society Publishers: Gabriola Island BC 2014); E Ostrom, *Governing the Commons: The Evolution of Institutions for Collective Action* (Cambridge: CUP, 1990).

[76] A. Weber, 'Reality as Commons' in D. Bollier and S Helfrich, *Patterns of Commoning* (Amherst Massachusetts; Jena Germany; Chiang Mai Thailand: The Commons Strategies Group, 2015) 369-391 at 371.

[77] Ibid, 378.

[78] Ibid, 378-9.

convergent networks of concern. And, perhaps most importantly of all for the Anthropocene age of neoliberal commodification,

> commons-based governance could also help to sidestep the growth imperative of capital and debt-driven markets that fuel so much ecological destruction. Because commons typically function at a more appropriate scale and location than does centralized government and therefore draw on local knowledge, participation and innovation, they offer a more credible platform of advancing a clean, healthy, biodiverse and sustainable environment ...[79]

Such an approach implies the need to promote organizational structures that respond to, and value, 'self-organized governance and bottom up innovation as elements of complex systems'.[80] Examples of such self-organized commons-based structures are plentiful – but their vitality nonetheless requires, I suggest, a ceaseless vigilance concerning the resilience of neoliberal capitalism's power to insert itself into its critiques and counter-values. It will remain important, in other words, to remain vigilant concerning the patterns of privilege and predation that show such persistence in the Anthropocene and to remain alive to their capacity to survive and distort their counter-values. Commoning dynamics cannot be assumed or be expected to possess immunity from such questions of power.

The need to remain critically attentive to the characteristics of Anthropos – a figuration that has never represented an Anthropocene species being *all other differences notwithstanding* – retains its urgency. Indeed, extensive Anthropocene closure is what commoning challenges: Weber argues that '... the Anthropocene consummates the colonialization of elemental non-human creative forces that Western culture has dreamed of for centuries. In other words, Anthropocene thinking is proving to be a new, more extensive iteration of enclosure'.[81] The Anthropocene hypothesis, which collapses the longstanding gulf between human and natural history – the collapse central to Chakrabarty's analysis – can only be transformed when – and if – a 'masterful' human centrality is replaced by a human consciously responsive to the intercorporeality and lively agential significance of materiality itself.

---

[79] B.H. Weston and D. Bollier, *Green Governance: Ecological Survival, Human Rights and the Law of the Commons* (Cambridge: CUP, 2014) at 6.
[80] Ibid, at 80.
[81] Weber, above n 76 at 373.

With renewed understanding of a resituated sense of humanity, and with enough care and imagination, there is just a chance that in our philosophy, practice and day to day corporeal lives we can 'redesign our mental operating systems'[82] so as to forge the conditions for 'growing justice'. The commons holds out hope of transforming the Anthropocene horizon by providing a directly accessible way of engaging in the urgent task of reimagining who 'we' are. Yet the need to remain attentive to patterns of injustice and to the implications of a world marked by radical forms of unevenness remains vital. Growing justice in the Anthropocene epoch cannot be achieved in any lasting way without close critical attention to the resilience of historical and contemporary patterns of Anthropocene injustice.

---

[82] Weston and Bollier, above n 79 at 80.

Neue Bücher

José SÁNCHEZ DE MURILLO, *Über die Sehnsucht – Urgrund und Abgründe*, AUFGANG Verlag, Augsburg 2015. ISBN 978-3-945732-06-9, 350 Seiten. € 12,90.

Der Dichter und Philosoph José Sánchez de Murillo fragt in seiner neuen Schrift nach Ursprung und Bedeutung der Sehnsucht. Bei seinen langjährigen Studien über historische Gestalten und Naturerscheinungen wird der Autor zu einer noch unterhalb des Denkens und Fühlens liegenden Dimension geführt, zur *Ortschaft* nämlich, *in der sich die Schicksale schmieden.* Während Denkansätze von epochalen und individuellen Umständen abhängen und Gefühle schwanken, bezeichne das davon unabhängige Phänomen Sehnsucht die Wesensdynamik des Menschen. Als allgemein menschliches Tiefenphänomen betreffe es die *tiefste Innerlichkeit*, obwohl es bei jedem Einzelnen individuell erscheine. Bei seinen sehr detaillierten, gründlichen Recherchen entdeckt Sánchez, dass es vielen führenden Persönlichkeiten der Weltgeschichte an der wichtigen Einsicht in die Selbsterkenntnis mangele. So scheiterten sie oft an der Bewältigung der eigenen Existenz, während ihre Werke und Entdeckungen als bahnbrechend gelten. Sánchez zeigt die Abgründigkeit dieses existenziellen Scheiterns an den Lebensläufen von Kierkegaard, Marx und Nietzsche. An den Beispielen Odysseus und Christoph Kolumbus werden die Schicksale der von äußerer Unruhe Getriebenen erhellt, während sich das Schicksal der inneren Unruhe und der Leidenschaft aus den Lebensläufen von Mechthild von Magdeburg, Jeanne d`Arc, Katharina von Siena oder Teresa von Ávila erschließt. Die Phänomene Trennung, Melancholie und Trauer werden am Fall des Dichters Hölderlin erhellt, die Phänomene Normalität, Verwirrung und Genialität als Phantasien der Sehnsucht am Leben von Novalis.

Bei den vorgeführten Lebensentwicklungen wird deutlich, dass menschliches Leben zutiefst *widersprüchlich und abgründig* erscheint und von Denken und Vernunft nur bedingt erfasst werden kann. Fehlt diesen Kräften die Verbindung zum existenziellen Ursprung, verlieren sie ihre Lebendigkeit. Sie blühen aber auf, wenn sie sich aus dem tätigen Leben ereignen, bei dem der Mensch mit Besonnenheit zu seinen Ursprüngen zurückkehrt und Phasen der Stille in seinen Lebensentwurf integrieren lernt. Sánchez spricht von „seelenverwandten Minderheiten", die in vielen Epochen der Menschheitsgeschichte die *Bereitschaft bekundeten, an sich selbst und der eigenen Existenz arbeiten zu wollen.* Solch besonnenere Lebensentwürfe stellen sich auf ihrem Weg zum Ursprung *nicht in Theorien und Denkkonstruktionen dar, sondern in Mythen und Märchen,* die sich als Urgedächtnis der Menschheit tief im Inneren verbergen. Da sie als Erlebnisse von Generation zu Generation weitergegeben werden und sich im Laufe der Jahrtausende in Leib und Seele des Menschen eingeprägt haben, wirken sie als *Urphänomene* individuell und kollektiv nach. Sie liegen tiefer als Willensentscheidungen, Bewusstsein und Verstand, werden heute mit den Begriffen, Archetypus, kollektives Unbewusstes oder Tiefenphänomen benannt und von Archäologie, Ethnologie, Tiefenpsychologie und Tiefenphänomenologie erforscht. Sánchez vertritt die These, „dass historische Urtatsachen nicht mehr als solche rekonstruiert werden können. Die durch Erzählungen und Bauwerke überlieferten Interpretationen jedoch dienen als Spiegel, in dem wir die Labyrinthe unserer eigenen Seele erblicken" (297f). Urstoff dieser Erfahrungen seien Empfindungen, Erinnerungen und Erlebnisse, nicht Denkvorgänge. „Gefühle sind fundamentaler und früher als Denken – kollektiv wie individuell. Kinder handeln primär aufgrund von Gefühlen – Erwachsene ebenso, aber getarnt, also kaum mehr ursprünglich" (298). Weil Mythen und Märchen von dieser grundlegenden Gefühlswelt handeln, stellen sie das *Urgedächtnis der Menschheit* dar und sind in diesem Sinne *zeitlos.* Theorien greifen beim Erklären des Phänomens Sehnsucht deswegen zu kurz, weil die abstrakte Begrifflichkeit die Urerlebnisdimension des Menschen nicht zu erreichen vermag. Das Insgesamt der Urerlebnisse geht dem Wollen, Planen und Tun des Menschen voraus und legt für diese Intentionen den Rahmen fest. „Deshalb wird in ihnen nicht begründet, nicht analysiert – nur erzählt, wie es *in illo tempore* war. In illo tempore ist die Redewendung für das Überzeitliche. Was mythologisch *ehedem* geschah, geschieht immer, also auch heute" (298). So endet das Buch mit einem Blick auf die Mythen der Griechen und das biblische Konzept. Ganz am Ende findet keine explizite Interpretation mehr statt. Es werden zwei Texte dargeboten: eine islamische Liebesgeschichte und eine hinduistische Erzählung, in denen die Sehnsucht nach Glück Thema wird und in einer *offenen Antwort* Klärung findet. Der dafür empfängliche Leser wird durch den Text direkt in seinem seelischen Lebenszentrum, dem Herzen, berührt. Zu erwähnen ist noch, dass Sánchez die menschliche Vernunft mit dem Hinweis auf die mythologische Urdimension keineswegs herabsetzen will, im Gegenteil: „Vernunft ist – als notwendige Illusion – eine erhabene Hervorbringung, eine der höchsten Leistungen der *Kraft der menschlichen Sehnsucht*."

(Rüdiger Haas)

Franz Alt, *Der Appell des Dalai Lama an die Welt – Ethik ist wichtiger als Religion.* Red Bull Media House GmbH, Salzburg 2015, ISBN 978-3-7109-0000-6935-1, 56 Seiten, € 4,99.

In dem kleinen, aber sehr beachtenswerten Büchlein ist ein wichtiges Gespräch von Franz Alt mit seiner Heiligkeit, dem Dalai Lama, abgedruckt. Darin erörtert der Dalai Lama seine Gedanken und Visionen über das 21. Jahrhundert, über eine säkulare Ethik und über die Zukunft seiner Heimat Tibet. Die Stimmung des Dialogs ist geprägt von Toleranz, Verständnis und menschlicher Weitsicht. Das Vorwort des Dalai Lama vom März 2015 sei hier wegen seiner Prägnanz und Tiefe ungekürzt wiedergegeben (9–14):

„Der Appell des Dalai Lama für eine säkulare Ethik und Frieden"

Seit Jahrtausenden wird Gewalt im Namen von Religionen eingesetzt und gerechtfertigt. Religionen waren und sind oft intolerant. Um politische oder wirtschaftliche Interessen durchzusetzen, wird Religion oft missbraucht oder instrumentalisiert – auch von religiösen Führern. Deshalb sage ich, dass wir im 21. Jahrhundert eine neue Ethik jenseits aller Religionen brauchen. Ich spreche von einer säkularen Ethik, die auch für über eine Milliarde Atheisten und für zunehmend mehr Agnostiker hilfreich und brauchbar ist. Wesentlicher als Religion ist unsere elementare menschliche Spiritualität. Das ist eine in uns Menschen angelegte Neigung zur Liebe, Güte und Zuneigung – unabhängig davon, welcher Religion wir angehören.

Nach meiner Überzeugung können Menschen zwar ohne Religion auskommen, aber nicht ohne innere Werte, nicht ohne Ethik. Der Unterschied zwischen Ethik und Religion ähnelt dem Unterschied zwischen Wasser und Tee. Ethik und innere Werte, die sich auf einen religiösen Kontext stützen, sind eher wie Wasser. Ohne Wasser kein Leben. Der Tee, den wir trinken, besteht zum größten Teil aus Wasser, aber er enthält noch weitere Zutaten – Teeblätter, Gewürze, vielleicht ein wenig Zucker und – in Tibet jedenfalls – auch eine Prise Salz, und das macht ihn gehaltvoller, nachhaltiger und zu etwas, das wir jeden Tag haben möchten. Aber unabhängig davon, wie der Tee zubereitet wird: Sein Hauptbestandteil ist immer Wasser. Wir können ohne Tee leben, aber nicht ohne Wasser. Und genau so werden wir zwar ohne Religion geboren, aber nicht ohne das Grundbedürfnis nach Mitgefühl – und nicht ohne das Grundbedürfnis nach Wasser.

Ich sehe immer deutlicher, dass unser spirituelles Wohl nicht von der Religion abhängig ist, sondern der uns angeborenen menschlichen Natur, unserer natürlichen Veranlagung zu Güte, Mitgefühl und Fürsorge für andere entspringt. Unabhängig davon, ob wir einer Religion angehören oder nicht, haben wir alle eine elementare und menschliche ethische Urquelle in uns. Dieses gemeinsame ethische Fundament müssen wir hegen und pflegen. Ethik, nicht Religion, ist in der menschlichen Natur verankert. Und so können wir auch daran arbeiten, die Schöpfung zu bewahren. Das ist praktizierte Religion und praktizierte Ethik. Das Mitfühlen ist die Basis des menschlichen Zusammenlebens. Es ist meine Überzeugung, dass die menschliche Entwicklung auf Kooperation und nicht auf Wettbewerb beruht. Das ist wissenschaftlich belegt.

Wir müssen jetzt lernen, dass die Menschheit eine einzige Familie ist. Wir alle sind physisch, mental und emotional Brüder und Schwestern. Aber wir legen den Fokus noch viel zu sehr auf unsere Differenzen anstatt auf das, was uns verbindet. Dabei sind wir doch alle auf dieselbe Weise geboren und sterben auf dieselbe Weise. Es ergibt wenig Sinn, mit Stolz auf Nation und Religion auf dem Friedhof zu landen!

Ethik geht tiefer und ist natürlicher als Religion. Auch der Klimawandel ist nur global zu lösen. Ich hoffe und bete, dass diese Erkenntnis auf dem nächsten Klimagipfel in Paris Ende 2015 endlich zu konkreten Ergebnissen führt. Egoismus, Nationalismus und Gewalt sind der grundsätzlich falsche Weg. Die wichtigste Frage für eine bessere Welt heißt: Wie können wir einander dienen? Dafür müssen wir unser Bewusstsein schärfen. Das gilt auch für Politiker. Wir benötigen positive Geisteszustände. Ich übe täglich vier Stunden. Meditation ist wichtiger als ritualisierte Gebete. Kinder sollten Moral und Ethik lernen. Das ist hilfreicher als alle Religion.

Die Hauptursachen für Kriege und Gewalt sind unsere negativen Emotionen. Diesen geben wir zu viel Raum und unserem Verstand und unserem Mitgefühl zu wenig.

Ich schlage vor: Mehr zuhören, mehr nachdenken, mehr meditieren. Mit Mahatma Gandhi meine ich: „Wir müssen selbst die Veränderung sein, die wir in der Welt zu sehen wünschen."

In einigen totalitären Ländern sehen wir, dass Frieden nur von Dauer sein kann, wenn die Menschrechte respektiert werden, wenn die Menschen zu essen haben und wenn der Einzelne und die Völker frei sind. Wahren Frieden mit uns, zwischen uns und um uns herum können wir nur durch inneren Frieden erlangen. Zum Glück gehört die Entwicklung einer universalen Verantwortung und einer säkularen Ethik.

Ich werde immer an der Gewaltfreiheit festhalten. Das ist intelligente Feindesliebe. Durch intensives Meditieren werden wir feststellen, dass Feinde unsere besten Freunde werden können. Aus der Perspektive einer rein säkularen Ethik werden wir so zu gelasseneren, mitfühlenderen und urteilsfähigeren Menschen. Dann haben wir auch die Chance, dass das 21. Jahrhundert ein Jahrhundert des Friedens, ein Jahrhundert des Dialogs und ein Jahrhundert einer fürsorglicheren, verantwortungsvolleren und mitfühlenden Menschheit wird.

Das ist meine Hoffnung. Und das ist mein Gebet. Ich blicke mit Freude dem Tag entgegen, an dem Kinder in der Schule die Grundsätze der Gewaltlosigkeit und der friedlichen Konfliktlösung, also der säkularen Ethik, lernen.

Den materiellen Werten wird heute zu viel Bedeutung beigemessen. Sie sind wichtig, aber sie können unseren psychischen Stress, unsere Furcht, Wut oder Frustrationen nicht verringern. Wir müssen jedoch unsere mentalen Belastungen, wie zum Beispiel Stress, Ängste, Frustrationen, überwinden. Deshalb brauchen wir eine tiefere Ebene des Denkens. Das verstehe ich unter Achtsamkeit.

Durch Meditation und Nachdenken können wir zum Beispiel lernen, dass Geduld das wichtigste Gegenmittel gegen Wut ist, Zufriedenheit gegen Gier wirkt, Mut gegen Angst, Verständnis gegen Zweifel. Zorn über andere hilft wenig, stattdessen sollten wir dafür sorgen, dass wir uns selbst ändern.

Jetzt scheint der Mensch etwas an Reife zu gewinnen. Das Bedürfnis nach Frieden bzw. die Ablehnung von Gewalt ist sehr stark. Wir müssen weltweit Anstrengungen unternehmen, alle gewalttätigen Methoden zu stoppen, einzudämmen oder abzuschaffen. Jetzt reicht es nicht mehr aus, den Menschen zu sagen, dass wir Gewalt ablehnen und Frieden wollen.

Wir müssen wirksamere Methoden anwenden. Waffenexporte sind ein großes Hindernis für mehr Frieden.

Wann immer wir auf Probleme stoßen oder wirtschaftliche Konflikte entstehen, aber auch in Fällen von religiösen Differenzen, müssen wir darauf hinwirken, dass die einzig wahre Methode der Dialog ist.

Wir müssen lernen, dass wir alle Brüder und Schwestern sind. Das letzte Jahrhundert war das Jahrhundert der Gewalt. Unser 21. Jahrhundert sollte das Jahrhundert des Dialogs sein! Die Vergangenheit können wir niemals ändern, aber wir können immer lernen für eine bessere Zukunft.

Die Vorstellung, Probleme seien mit Gewalt und Waffen zu lösen, ist ein verheerender Irrglaube. Außer in seltenen Ausnahmefällen führt Gewalt immer zu neuer Gewalt. Krieg ist in unserer vernetzten Welt nicht mehr zeitgemäß und widerspricht der Vernunft und der Ethik. Der Irak-Krieg, den George W. Bush 2003 begann, war ein Desaster. Dieser Konflikt ist bis heute nicht gelöst und hat vielen Menschen das Leben gekostet.

Es reicht freilich nicht, nur an den Friedenswillen der Politiker zu appellieren. Wichtiger ist, dass sich immer mehr Menschen auf der ganzen Welt zur Abrüstung bekennen. Abrüstung ist praktiziertes Mitgefühl. Voraussetzung einer äußeren Abrüstung ist allerdings eine

innere Abrüstung von Hass, Vorurteilen und Intoleranz. Ich appelliere an die aktuellen Kriegsparteien: „Rüstet ab und nicht auf!", und an alle Menschen: „Überwindet Hass und Vorurteile durch Verständnis, Kooperation und Toleranz!"
Trotz allen Leids, das China uns Tibetern seit Jahrzehnten zufügt: Ich bin zutiefst davon überzeugt, dass die meisten menschlichen Konflikte durch aufrichtigen Dialog gelöst werden können. Diese Strategie der Gewaltfreiheit und der Ehrfurcht vor dem Leben ist das Geschenk Tibets an die Welt.
Dharamsala, im März 2015   *Dalai Lama*
                                                          (RÜDIGER HAAS)

Albert KITZLER, *Wie lebe ich ein gutes Leben? – Philosophie für Praktiker.* Pattloch, München 2014, ISBN 978-3-629-13045-7, 267 Seiten, € 9,99.

Der Philosoph, Rechtswissenschaftler und Filmeproduzent Albert Kitzler fragt danach, wie ein gutes Leben gelebt werden sollte. Er rekurriert dabei auf die Weisheitstraditionen des Orients und Okzidents (Griechenland, Indien, China), die er differenziert, prägnant und sehr wesentlich darzustellen weiß. Das Buch besticht durch eine sehr klare, einfache Sprache, mit der es Kitzler gelingt, alten Wein allgemein verständlich in neue Schläuche zu füllen. Der Autor führt den Leser direkt auf den Weg zur Selbsterkenntnis und vermittelt ihm den Eindruck, dass alte Traditionen neu aufleben.
Schon zu Beginn wird auf den zu gehenden Übungsweg hingewiesen, der die Änderung von Gewohnheiten anmahnt: „Willst du etwas an deinem Leben ändern, was dich belastet oder stört, ändere deine Gewohnheiten, sonst ändert sich nichts" (19). Bildung sei nicht nur Kopfwissen, sondern müsse den ganzen Menschen ergreifen und ihn zu einer bestimmten Lebenshaltung führen. Eine solche Kunst des Lebens bedürfe ständiger Einübung und Anstrengung. Es wird darauf hingewiesen, dass es dazu keine Rezepte gebe; die Philosophen des Altertums gaben nur Leitsätze, keine praktischen Ratschläge. Bei jeder konkreten Entscheidung sei jeder Mensch auf sich selbst gestellt, weil keiner dem anderen gleiche. Maß und Mitte liege bei jedem woanders.

Es komme darauf an, selbst mitzudenken, Gelesenes nachzuvollziehen und zu prüfen. Der Autor ist sich dessen bewusst, dass er nichts Neues mitteile, sondern einem Weg folge, den Konfuzius schon vor 2500 Jahren beschritten habe. Gerade in solchem Bewusstsein liegt aber eine tiefere Selbsterkenntnis.

Seelisches Wohlbefinden bedeutet, Zeit für sich selbst nehmen, ureigene Bedürfnisse und Lebensinteressen erkennen. Am Weg gilt es, sich das eigene Seelenleben bewusst zu machen und zu pflegen. Persönlichkeitsentwicklung bedarf einer gewissen Distanz zu Alltag und Arbeit, was der Sammlung, des Rückzugs und der Meditation bedarf. Solche Ruhephasen dienten der Rückkehr zur eigenen Wurzel, regelmäßige Übung darin stärke die Gesundheit. Weil es bei der Selbsterkenntnis darum gehe, das eigene Selbst zu erfahren, seien Achtsamkeit und Aufrichtigkeit beim Forschen nötig. Zu sich selbst ehrlich zu sein sei schwierig, weil störende Prägungen aufgedeckt werden müssen. Es gehe um Loslösung, Reinigung und Befreiung von Unwissenheit. So ist es wichtig, sich immer wieder selbst zu prüfen. Echte Selbsterkenntnis muss immer von der Klärung der eigenen Persönlichkeit ausgehen, wenn die Wirklichkeit erfolgreich gestaltet und beeinflusst werden soll. So sei die Änderung der Wirklichkeit nur möglich, wenn sie von der ehrlichen Selbsterkenntnis ausgehe. Wer meint, etwas zu wissen, aber nicht danach handelt, erkenne überhaupt nicht, denn wer wirklich etwas begriffen habe, der handle auch danach. Charisma sei den Menschen nicht durch Geburt oder Zufall gegeben, sondern das Ergebnis einer kontinuierlichen Arbeit an sich selbst. Dies habe nichts mit Egoismus zu tun, weil eine richtig verstandene Selbsterkenntnis immer auch praktizierte Mitmenschlichkeit bedeute. „Richtig verstandene ‚Selbstsorge‘ (Platon) ist die nachhaltigste Fürsorge, die wir unseren Mitmenschen bieten können" (59). Unsere Probleme haben immer zunächst mit uns selbst zu tun, sie lägen weniger bei den anderen. Wir sollten im Mitmenschen uns selbst sehen und in uns selbst den Mitmenschen. So entwickelten sich Empathie, Verstehen, Unparteilichkeit und Anpassungsfähigkeit, also „weibliche, weiche" Qualitäten, die auf Dauer Erfolg versprechen und nachhaltig wirken. Diese Fähigkeiten führten zur klugen und besonnenen Lebensführung. Sie müssen stets verinnerlicht und im Lebensalltag praktisch eingeübt werden.

Der Autor führt weiter zu den unbequemen Gegebenheiten des Lebens, zu Schicksal, Veränderung und Tod. Lebenskrisen seien unvermeidbar, es komme aber darauf an, sein Inneres vor Schicksalsschlägen zu schützen. Wer sich dem natürlichen und unausweichlichen Wechsel des Lebens öffne und bedenke, dass es im äußeren menschlichen Leben nichts Beständiges gebe, bereite sich mental angemessen vor, werde duldsamer und gelassener, von Schicksalsschlägen weniger unvorbereitet überrascht. Die Möglichkeit des Verlustes sei stets regelmäßig zu vergegenwärtigen, wozu Gelassenheit nötig sei. Es gehe darum, die innere Haltung so zu verändern, dass auch in schwierigen Zeiten langfristige Ziele nicht verloren gehen. Bei dieser Übung der Wahrung der eigenen Mitte gehe es darum, Ängste abzubauen. Der Weise lebe mit der Veränderung. Wird diese frühzeitig wahrgenommen, könne sie mit bewusstem Handeln oder Nichthandeln beeinflusst werden. Auch wir selbst ändern uns, da wir lebendige Organismen sind, die der Veränderung unterliegen. Daher sollte es unser Ziel sein, „diese inneren Veränderungen wahrzunehmen und auf sie einzugehen, d.h., ständig dazuzulernen und zu reifen – ungeachtet der äußeren Einflüsse" (89). Wir verändern uns und lernen erst dann dazu, wenn wir unsere Gewohnheiten ändern. Natürlich stößt das beim Menschen auf starke innere Widerstände, weil der Mensch seine Gewohnheiten liebt und die Veränderung gewöhnlich scheut. Doch wem es gelingt, „die eigenen Ängste zu überwinden, und statt Erstarrung und Stillstand die Entwicklung und Veränderung zu wählen, der lässt sich ein auf Entstehen und Vergehen" (91). Er wählt das Leben. Aber dieses ist endlich, d.h., wir müssen alle sterben. Daher sei es weise, den Tod nicht aus dem Leben zu verbannen, sondern sich im Sterben zu üben. Sterben sei der erlebte Prozess der eigenen Vergänglichkeit, der uns sehr wohl etwas angehe. Wenn wir täglich Sterben lernen, entdecken wir die Überwindung von Furcht und Angst und gelangen zu innerer Zufriedenheit. Epikur hielt die Lust in der Ruhe für erstrebenswert: Hauptursache der seelischen Unruhe sei die Furcht vor Strafe, Unheil, Scheitern und Enttäuschung. Ziel der Philosophie sei es, den Menschen von solcher Furcht zu befreien, auch vor der Furcht vor dem Tode, dem Inbegriff aller Vergänglichkeit. Kitzler weist auf die praktische Umsetzung hin: Angst und Sorge um Dinge und Beziehungen führten dazu, sich mit ihnen noch mehr zu identifizieren. Auf diese Weise werde der Status quo bis hin zur Unbeweglichkeit verfestigt und das Leben verdinglicht. Wir neigen dann dazu, nicht mehr loszulassen und empfinden negative Beeinträchtigungen häufig als persönliche Verletzung oder Gefährdung unserer Existenz. Diesen negativen Folgen können wir uns nur entziehen, wenn wir uns aus der Identifikation mit Besitz und Beziehungen lösen. Die Loslösung als Zur-Ruhe-Kommen der seelisch geistigen Vorgänge müsse deshalb so eingeübt werden, dass wir uns immer wieder vergegenwärtigen, „dass wir all das nicht sind, was wir besitzen und was unsere Bezüge ausmacht; dass es daneben einen Kern persönlicher Identität gibt, der nicht in diesen Beziehungen aufgeht" (106). Gelingt uns die Übung, verändert sich im Laufe der Zeit unsere Einstellung zu Verlusten. Unsere Verlustangst wird immer kleiner und unbedeutender, unsere Grundstimmung leidet immer weniger an Erschütterungen, auch wenn Schicksalsschläge uns vorübergehend betrüben. Mit diesen Ausführungen beschreibt der Autor meisterlich tiefste Erkenntnisse der Zen-Praxis.

Managerkrankheiten als Folge von Selbstüberschätzung und mangelnder Selbsterkenntnis seien Ausdruck einer Hybris, der Überschreitung des rechten Maßes. Denn in unserer Seele sei ein vielköpfiges Ungeheuer in Form von maßloser Leidenschaft, Gier nach Macht und Ruhm, Ansehen, Erfolg, Sex, Geld und Reichtum. Aber auch Begabungen, Wünsche, Wertungen, Ängste, Neid Zorn und Hass können in ein seelisches Ungleichgewicht führen. So komme es darauf an, eigene Schranken zu erkennen und Entscheidungen und Fehler zu korrigieren, wenn es die bessere Erkenntnis erfordere. Ziel der Persönlichkeitsentwicklung sei die Harmonie der inneren Kräfte, der Seelenruhe, wie es die Alten nannten. Konfuzius empfahl deswegen, „Maß und Mitte bewahren". Je mehr es uns „gelingt, unseren unterschiedlichen Bedürfnissen in einem ausgewogenen Verhältnis nachzukommen, umso besser fühlen wir uns, umso mehr Kraft, Energie, Widerstandsfähigkeit und Gelassenheit gewinnen wir" (123). Lebenskunst erfordere hier ein Höchstmaß an Selbstdisziplin. In diesem Zusammenhang muss darauf verwiesen werden, dass der Autor 2010 in Berlin die Schule für antike Lebensweisheit, *Maß und Mitte*, gegründet hat.

Streben nach dem rechten Maß führt zu seelischer und körperlicher Harmonie. Und auch die Begegnung mit der Natur sei wichtig, denn sie öffne unser Denken für das Lebendige und helfe, Wesentliches und Übergeordnetes nicht aus den Augen zu verlieren.

Richtige Selbstsorge führe zu Selbstgenügsamkeit, die uns vom Zwang nach Erfolg befreie und diesen als zweitrangig erscheinen lasse. Philosophische Lebenspraxis lasse den Erfolg kommen und gehen. Wenn wir es nehmen, wie es kommt, dabei aber immer unsere Pflicht tun, litten wir nicht mehr unter dem Verhaftetsein an den Dingen und zu starken Identifizierungen mit unseren Zielen. Weisheit bedeute innere Unabhängigkeit und „dass das Wichtigste unser Leben selbst ist, losgelöst von den konkreten Umständen, in die wir hineingeworfen werden oder in die wir uns begeben haben" (169).

Erziehung sei Einübung von Gewohnheiten. Es komme weniger darauf an, viel Zeit auf eine Übung zu verwenden, als regelmäßig über einen längeren Zeitraum zu üben, bis sie verinnerlicht ist. So stellt sich denn auch bei Kitzler, wie in Hesses Glasperlenspiel, am Ende mit der Weisheit die Heiterkeit ein, die Ausdruck der Heiterkeit der Seele meint. Heitere Gelassenheit sei daher Gradmesser für die Fortschritte am Weg der Selbsterkenntnis. Sie sei die Grundstimmung der zur Weisheit gereiften Persönlichkeit. Mit ihr werden Missstimmungen geduldiger ertragen. So bestünden Wechselwirkungen zwischen der heiteren Gelassenheit und einem erfolgreichen sozialen Verhalten. Heiterkeit sei keine Eigenschaft, die man sich angewöhnen oder „aufsetzen" könne, sondern Ergebnis einer weisen Lebensführung. Ihre Erscheinungsweisen hingen vom individuellen Charakter ab und reichten von der inneren, stillen Freude bis hin zur ausgelassenen Heiterkeit. An dieser subtilen Differenzierung erkennt man die Ernsthaftigkeit und Wahrhaftigkeit des Autors auf dem Wege zur Weisheit und seine Weise, hier unterwegs zu sein. Ein wertvolles Buch, das, wie Kitzler vorausschickt, Kapitel für Kapitel, langsam und mit Pausen gelesen werden sollte.

(RÜDIGER HAAS)

Gabriele EBERT, *Ramana Maharshi – Sein Leben.* Norderstedt 2011 (2. Auflage), ISBN 978-3-8423-1842-7, 220 Seiten, € 17,90.

Die Dipl.-Bibliothekarin und Dipl.-Theologin Gabriele Ebert beschreibt auf sehr anschauliche und spannende Weise die außergewöhnliche Lebensgeschichte des indischen Heiligen Sri Ramana Maharshi. Sie schöpft aus einem reichhaltigen Quellenmaterial, aus dem sie in ihren äußerst gründlichen Studien fremdsprachliche Zitate eigens übersetzt hat. Das Buch ist deswegen sehr reizvoll, weil der Erzählfluss bei kürzeren Zitaten nicht durch Quellenangaben unnötig gestört wird. Alle Quellen sind im Literaturverzeichnis am Ende angeführt. Immer wieder wird viel Wert auf kleine Details und individuelle Erlebnisse aus dem Leben Ramanas gelegt und diese mit liebevoller Akribie und distanziertem Blick erzählt. Eberts Sprache ist einfach und schön, dabei aber unprätentiös. Es wird keine Heiligenverehrung betrieben; biographische Gegebenheiten werden relativ wertfrei in den Raum gestellt. So bleiben Interpretationen der Grundstimmung des Lesers überlassen. Das Buch ist mit vielen, teilweise farbigen Abbildungen unterlegt, die beim Lesen eine direkte Vorstellung vom Ort des Geschehens geben. Ebert erzählt das Leben des Venkataraman, des späteren Ramana Maharshi, von seiner Geburt im Dorfe Tiruchuli (80 Kilometer südlich von Madurai in Tamil Nadu) am 30.12.1879 bis zu seinem Tod am 14.04.1950 am Berge Arunachala (Berg der Morgenröte) in kleinen Episoden und seinen Bezügen zur Mitwelt. Der Leser lebt das Leben des verehrungswürdigen Mannes aus Indien wie in einem Kinofilm mit. Man hat den Eindruck, selbst eine Zeit lang an Ramanas Leben teilzuhaben.

Das Besondere im Leben des Ramana Maharshi ist die frühzeitige Lebensveränderung, die mit dem plötzlichen Tod des Vaters, Sundaram Iyer, im Februar 1892 begann und zur Auflösung der Familie führte. Ramana kam ins Haus seines Onkels und besuchte die Scotts Middle School und später die American High School. Dort betrieb er gerne Ringen, Boxen, Schwimmen, Wettlaufen und Turnen, weil er kräftiger war als die meisten Jungen seines Alters. Auch spielte er mit seinen Freunden gerne Fußball und es fiel auf, dass seine Mannschaft immer gewann. Ramana hatte in dieser Zeit keinen Kontakt zu den heiligen Überlieferungen des Hinduismus. Veden und

Upanischaden kannte er nicht. In der Schule bekam er Unterricht in christlicher Religion, was ihn aber wenig beeindruckte.

Im November 1895 hörte er zum ersten Mal vom Berge Arunachala, was in seinem Inneren ein ständiges inneres Pulsieren auslöste. Mitte Juli 1896 kam es in seinem Leben zur großen Wende. Er berichtet: „Es war sechs Wochen bevor ich Madurai für immer verließ, als sich die große Wandlung in meinem Leben ereignete. Das geschah ganz plötzlich. Eines Tages saß ich allein im ersten Stock des Hauses meines Onkels. Ich war wie immer gesund. Ich war selten krank. Ich schlief aber ungewöhnlich tief. [...] So war also an diesem Tag, als ich alleine in dem Zimmer war, mit meiner Gesundheit alles in Ordnung. Dennoch überkam mich eine plötzliche und unmissverständliche Todesfurcht. Ich spürte, dass ich sterben müsse. Kein körperliches Empfinden war dafür die Ursache. Ich konnte es mir damals selbst nicht erklären, warum ich so fühlte. Ich bemühte mich jedoch erst gar nicht herauszufinden, ob die Angst überhaupt begründet war. Ich spürte einfach: ‚Ich sterbe jetzt‘. Sofort fing ich an, darüber nachzudenken, was ich nun tun sollte. [...] Ich spürte, dass ich das Problem selbst lösen musste, hier und jetzt.

Der Schock der Todesangst bewirkte, dass sich meine Aufmerksamkeit sofort nach innen wandte. [...] Sofort spielte ich die Todesszene. [...] ‚Nun gut‘, sagte ich zu mir, ‚dieser Körper ist tot‘ [...] Aber bin auch ‚ich‘ mit dem Tode des Körpers gestorben? Ist dieser Körper ‚ich‘? Dieser Körper ist still und unbeweglich, aber unabhängig von ihm spüre ich die ganze Kraft meiner Person und sogar den Klang ‚ich‘ in mir. Also bin ‚ich‘ Geist, etwas, das den Körper transzendiert. Der materielle Körper stirbt, aber der ihn transzendierende Geist kann vom Tod nicht berührt werden. ‚Deshalb bin ich unsterblicher Geist.‘

All dies war kein intellektueller Prozess, sondern traf mich wie ein Blitz als lebendige Wahrheit und war etwas, das ich sofort und fast ohne eine Begründung erkannte. [...] Von diesem Zeitpunkt an hielt eine machtvolle Faszination meine gesammelte Aufmerksamkeit am ‚Ich‘ oder meinem ‚Selbst‘ fest. Die Todesangst war ein für alle Mal verschwunden. Das Verschmolzensein im Selbst hat von diesem Moment an bis heute fortbestanden“ (21 ff.).

Es wird berichtet, dass Ramanas Erleben etwa eine halbe Stunde gedauert, es für ihn darin aber keinen Zeitbegriff mehr gegeben habe. Er habe im Nachhinein auch nie einen Zweifel an seiner Selbstverwirklichung gehabt. „Die Erfahrung blieb ihm von da an ununterbrochen erhalten und ging nicht mehr verloren, noch wurde sie mit der Zeit schwächer. Er war sich ihrer absolut sicher und suchte auch nie die Bestätigung eines spirituellen Lehrers. Immer wieder betonte er in späteren Jahren, dass sich trotz äußerlich scheinbar verschiedener Lebensphasen nichts an dieser Erfahrung verändert habe und er immer derselbe geblieben sei" (23).

Ramanas Leben änderte sich schlagartig und vollkommen. Er sei als neuer Mensch wiedergeboren, sei danach allem gegenüber gleichmütig gewesen, habe weder Vorlieben noch Abneigungen gehabt, habe alles widerspruchslos hingenommen, sei nicht mehr zum Sport gegangen, sondern habe für sich allein mit geschlossenen Augen in Yogi-Haltung meditiert. Bücher haben ihn nicht mehr interessiert. Er verließ sein Zuhause brach zum Arunachala auf, an den Ort, den er zeit seines Lebens nicht mehr verließ, war nur noch mit einem Lendenschurz bekleidet und lebte sein Leben zu Ende, indem er die Dinge so nahm, wie sie kamen.

Ein wichtiges Buch für alle, die echte Selbsterkenntnis betreiben wollen. Es zielt auf das Wesentlichste und Wichtigste des menschlichen Daseins: „Gott, das Selbst, das ‚Herz‘ oder den Sitz des Bewusstseins – es ist alles dasselbe. Was du verstehen solltest, ist, dass das ‚Herz‘ der wirkliche Kern deines Wesens und das Zentrum ist, ohne das überhaupt nichts existiert. […] Meditation soll sich weder auf die rechte noch auf die linke Seite richten, sondern auf das Selbst. Jeder weiß ‚Ich bin‘. Wer ist das Ich? Es ist weder innen noch außen, weder rechts noch links. ‚Ich bin‘ – das ist alles" (204).

(RÜDIGER HAAS)

Otto SPECK, *Spirituelles Bewusstsein. Nahtod-Erfahrungen – wissenschaftliche und kulturelle Aspekte*. Norderstedt 2015, 2. überarbeitete und ergänzte Auflage 2015, 314 Seiten, ISBN 978-3-73575-935-1, € 21,10.

Otto Speck, hat sein Grundlagenwerk über die spirituelle Dimension menschlichen Lebens überarbeitet und ergänzt. Es liegt nun in einer zweiten Auflage vor (vgl. dazu die Rezension zur 1. Auflage. In: AUFGANG Bd. 12, 2015, Musik und Spiritualität).

Herausgestellt wird in der neuen Auflage die Dimension des Spirituellen, die keine bloße subjektive Übersteigerung des Ich-Erlebens sei, sondern das intuitive Sich-Öffnen über das Ego hinaus, die Selbsttranszendenz, betont.

Empfehlenswert ist dieses Buch für Pädagogen und Psychologen. Es wendet sich aber an alle, die am Aufbau einer spirituelleren Welt interessiert sind.

(RÜDIGER HAAS)

Autorenverzeichnis

Prof. Dr. Heinrich BECK ist emeritierter Professor für Philosophie, Pädagogik und Psychologie an der Universität Bamberg. Er leitet die Forschungsstelle der Universität Bamberg für interkulturelle Philosophie und Comeniusforschung.

Prof. Dr. Barbara BRÄUTIGAM ist Professorin für Psychologie und Jugendarbeit an der Hochschule Neubrandenburg und Familientherapeutin in der Tagesklinik für Kinder- und Jugendpsychiatrie in Neubrandenburg.

Dr. Christian DRIES ist wissenschaftlicher Mitarbeiter am Institut für Soziologie an der Albert-Ludwigs-Universität in Freiburg.

Prof. Dr. Silja GRAUPE ist Professorin für Ökonomie und Philosophie, Leiterin des Instituts für Ökonomie & Vizepräsidentin an der Cusanus Hochschule in Bernkastel-Kues.

Prof. Dr. Anna GREAR ist Professorin für Recht und Theorie an der Cardiff University in Wales. Sie leitet das Global Network for the Study of Human Rights and the Environment (GNHRE) und ist Chefredakteurin des „Journal of Human Rights and the Environment".

Klaus Haack, Dipl. Ing., Stud.Dir. i.R., Fahrzeug- und Luftfahrt-technik.

Dr. phil. Rüdiger HAAS studierte Philosophie, Pädagogik und Psychologie und ist als Lehrer im Förderschuldienst in einer Kinder- und Jugendpsychiatrie in Augsburg tätig.

Prof. Dr. Michael HÜTHER ist Professor an der EBS Universität für Wirtschaft und Recht in Oestrich-Winkel. Er ist Direktor und Mitglied des Präsidiums des Instituts der deutschen Wirtschaft in Köln.

Dr. Ingrid LANZL ist promovierte Ingenieurin und arbeitet seit fast 20 Jahren in unterschiedlichen Führungspositionen in der Entwicklung, im Vertrieb und im Marketing. Sie ist heute als Direktorin für das weltweite Marketing bei einem amerikanischen Maschinenbauunternehmen verantwortlich.

Prof. Dr. Christoph LÜTGE ist Inhaber des Peter Löscher-Stiftungslehrstuhls für Wirtschaftsethik an der Technischen Universität München und Mitglied des Senats und des Hochschulbeirats der Hochschule für Politik München.

Dr. Abdel-Hakim OURGHI ist Abteilungsleiter am Institut für Islamische Theologie und Religionspädagogik an der Pädagogischen Hochschule Freiburg.

Dr. Dr. Thomas RUSCHE unterrichtet an der Freien Universität Berlin Wirtschaftsethik und an der WHU – Otto Beisheim School of Management Unternehmensethik. Er gründete und leitete das interdisziplinäre Forschungsprojekt *Ethik und Wirtschaft im Dialog* am Hans-Jonas-Zentrum der Freien Universität Berlin.

Prof. Dr. Dieter WITT ist emeritierter Professor für Hauswirtschaftswissenschaft im Institut für Sozialökonomik des Haushalts an der Technischen Universität München in Freising-Weihenstephan.

Zeitfracht Medien GmbH
Ferdinand-Jühlke-Straße 7
99095 Erfurt, Deutschland
produktsicherheit@kolibri360.de